加工贸易及保税监管政策实务

"关务通·加贸系列"编委会◎编著

U0914462

中国海关出版社

图书在版编目（CIP）数据

加工贸易及保税监管政策实务／“关务通·加贸系列”编委会编著．—北京：中国海关出版社，2014.3
（“关务通”系列丛书）
ISBN 978-7-5175-0013-1

Ⅰ．①加… Ⅱ．①关… Ⅲ．①加工贸易-对外贸易法-基本知识-中国②加工贸易-对外贸易政策-基本知识-中国 Ⅳ．①D922.295②F752.0

中国版本图书馆CIP数据核字（2014）第037059号

加工贸易及保税监管政策实务
JIAGONGMAOYIJIBAOSHUIJIANGUANZHENGCESHIWU

作　　者：“关务通·加贸系列”编委会
总 策 划：谭宁
策划团队：钟刘　郭坤　王睿青　马超
责任编辑：马超
助理编辑：钟刘
责任监制：王岫岩
出版发行：中国海关出版社
社　　址：北京市朝阳区东四环南路甲1号　　邮政编码：100023
网　　址：www.hgcbs.com.cn；www.hgbookvip.com
编 辑 部：01065194242-7585（电话）　　01065194234（传真）
发 行 部：01065194221/4238/4246（电话）　　01065194233（传真）
社办书店：01065195616/5127（电话/传真）　　01065194262/63（邮购电话）
印　　刷：北京京都六环印刷厂　　经　　销：新华书店
开　　本：710mm×1000mm　1/16
印　　张：21.75　　字　　数：263千字
版　　次：2014年6月第1版
印　　次：2014年6月第1次印刷
书　　号：ISBN 978-7-5175-0013-1
定　　价：70.00元

海关版图书，版权所有，侵权必究
海关版图书，印装错误可随时退换

“关务通·加贸系列（二）”编委会

主　任： 张皖生

副主任： 刘来久　吴海平　李志辉

委　员： 张　彦　成兰州　覃　更　盛甫斌　杨　壮
钟耀辉　杨　旭　董晓林　励　红　崔立年

“关务通·加贸系列（二）”统审组

成　员： 钟耀辉　王江源　董　艳　陈丽芳　马　群
宏　业　龚　勋　商　磊　王彦杰　李晓航
杨燕冬　肖　辉　宋雅琦　叶　芸　张鼎炜
陈　镔　黄国华　郑红芬　陈文道

《加工贸易及保税监管政策实务》编写组

成　员： 姜　铭　宋雅琦　尤　磊　潘晓铎　王伟良
王建锴　陈国群　吴　颖　邵大为　韩述强

前　言

在经济全球化的背景下，我国充分利用跨国企业的战略机遇，大力发展加工贸易，强化国际合作，在短短的30多年时间里迅速成长为世界第一货物贸易大国。在加工贸易发展的进程中，海关作为国家进出境的监督管理部门，主动研究经济发展中出现的新情况新问题，积极创新监管模式，为加工贸易在中国发展提供了优良的运行环境，海关对加工贸易及保税监管管理已成为推动企业和国民经济社会发展的重要部分。

随着国际经济形势的变化，原本靠低成本竞争和依赖出口拉动的外贸增长方式面临着前所未有的挑战，同时由于加工贸易及保税监管政策性强、涉及面广、复杂度高，企业往往面临诸多难题，为此付出高昂的成本，甚至影响到企业的生存。因此，《中共中央关于制定国民经济和社会发展第十二个五年规划的建议》明确提出“延长加工贸易国内增值链，推进市场多元化，大力发展服务贸易，促进出口结构转型升级”等发展战略。在新形势下，为了贯彻落实党中央、国务院的决策部署，认真总结经验，认清形势、分析问题、统一思想、研究对策，海关应进一步提升对外开放水平，积极推进加工贸易转型升级。

为解决加工贸易企业生产经营中存在的问题，提升企业核心竞争力，“关务通·加贸系列”编委会组织长期从事加工贸易实务及保税政策研究的业务骨干，编写了“关务通·加贸系列”丛书。旨在立足海关现行规定，采取通俗易懂的写作手法，从企业角度出发，通过权威的政策解读，使用操作的指引，经典案例的分析等方式，深入浅出地介绍、宣传海关的制度规范与阳光执法，协助企业防范关务风险，帮助企业解决迫在眉睫的关务问题，努力达到“关企零距离、通关零障碍、关务零风险”的预期目标。

本书是编者思维定势转变与突破后的产物，这也是本书的最大亮点。如何才能将复杂的海关业务以通俗易懂的方式讲解到位；如何才能在政策讲解的同时将企业易出现的问题一针见血地指出；如何才能将海关认为比较简单而企业却很困惑的内容挖掘出来，做到从企业角度出发解读政策，紧扣加工贸易海关业务的特点及发展趋势；如何才能既突出政策，又有丰富的实践支撑，这些都是摆在编者面前不小的挑战。

为了使本书最大程度地解决以上问题，满足企业的需求，成为企业的良师益友，本书编者转变海关人员已有的思维定势和认知习惯，将企业在经营过程中可能遇到的问题以“海关提醒”的方式进行提示；将海关业务转换成有建设性、有针对性的企业应知应会的“小贴士”；将企业日常经营中会遇到的难题以“疑点小问答”的方式向读者解答；将企业的成功经营经验或者可能会不小心触碰的“高压线”以案例的形式重点讲解，力争做到信息量丰富，而且易查阅，利学习，便使用！

本书在写作体例上，分为加工贸易、保税监管场所和特殊监管区域三大篇，每章中按法律、行政法规、部门规章、规范性文件四个层级的顺序梳理政策，脉络清晰；在讲解重点条款时关注企业实务操作要点，汇集加工贸易及保税监管的前沿问题及经典案例等加以辅助。

尤为值得一提的是，为了帮助读者更好地用好、用足加工贸易及保税监管政策，把握历年来政策变化情况，本书对部分加工贸易及保税监管政策编制了新旧政策对比表。另外，书后还专门设置了业务关键词对应的政策法规索引，以便于企业从业人员在了解具体业务时，迅速找到相关的政策法规依据。

本书主要面对加工贸易企业、海关特殊监管区域和保税监管场所的相关从业人员，力求达到既能指导初学者提高知识水平，也能对资深人员有一定的启示，还可以供海关关员及高校相关专业师生参考。企业在办理具体业务中，以主管海关解释为准。本书涉及的法规政策截至2014年5月1日，请关注海关总署网站，及时查询更新文件。

本书由天津海关十位长期从事加工贸易及保税监管工作的编者共同完成撰稿和统稿工作。该书的编写出版得到了天津海关党组的大力支持，刘来久副关长对本书编写工作给予了充分的关心和帮助，加贸处姜铭处长全程参加并指导本书的策划、编写和最终定稿工作。同时，该书得到了天津海关各加工贸易及保税监管业务现场的有力支持，在此对他们一并表示衷心的感谢！

因时间仓促，水平有限，不到之处还请各位读者见谅并指正。“关务通”邮箱：guanwutong@mail.customs.gov.cn。

编者

目　录

加工贸易篇

保税监管场所篇

海关特殊监管区域篇

附　录

加工贸易篇

第一章　手册设立

对于企业来说，办理加工贸易手册设立，是开展加工贸易的第一个环节。那么，海关对申报设立加工贸易手册的企业有什么具体要求？企业办理加工贸易手册时需要提交哪些单证？加工贸易限制类和禁止类商品有何特殊规定？本章将详细为大家介绍相关法律法规，以及企业办理加工贸易手册设立时需要注意的事项和内容。

第一节　手册设立环节的法律体系

目前，加工贸易手册设立基本形成包括法律、部门规章和规范性文件三个层级的法律体系框架。具体如下：

一、法律

加工贸易手册设立涉及的法律主要是《中华人民共和国海关法》。

二、部门规章

加工贸易手册设立涉及的部门规章主要是：

1.《中华人民共和国海关加工贸易货物监管办法》（海关总署令第219号）。

2.《中华人民共和国海关加工贸易企业联网监管办法》（海关总署

令第150号）。

三、规范性文件

加工贸易备案涉及的规范性文件包括：

1.《海关总署关于执行〈中华人民共和国海关加工贸易货物监管办法〉有关问题的公告》（海关总署公告2014年第21号）。

2.《商务部、海关总署关于公布〈2009年加工贸易禁止类商品目录〉的公告》（商务部、海关总署公告2009年第37号）。

3.《商务部、海关总署关于对加工贸易禁止类目录进行调整的公告》（商务部、海关总署公告2010年第63号）。

4《商务部、海关总署关于公布加工贸易限制类商品目录的公告》（商务部、海关总署公告2007年第44号）

5《商务部、海关总署关于调整加工贸易限制类政策的公告》（商务部、海关总署公告2008年第97号）。

6.《商务部、海关总署关于公布加工贸易限制类商品目录的公告》（商务部、海关总署公告2008年第120号）。

7.《国务院办公厅关于转发国家经贸委等部门关于进一步完善加工贸易银行保证金台账制度意见的通知》（国办发1999年第35号）。

8.《海关总署关于外商投资企业进口触媒剂、催化剂、磨料、燃料有关事宜的公告》（海关总署公告2011年第2号）。

第二节　《中华人民共和国海关行政处罚实施条例》

【文　　号】国务院令第420号

【发布日期】2004－09－19

【生效日期】2004－11－01

本条例根据《海关法》及其他有关法律的规定而制定，规范了海关行政处罚，保障了海关依法行使职权，保护公民、法人或者其他组织的合法权益。依法不追究刑事责任的走私行为和违反海关监管规定的行为，以及法律、行政法规规定由海关实施行政处罚的行为的处理，适用本条例。本条例涉及加工贸易业务的规定如下：

一、走私行为及其处罚

（一）走私行为的范围

违反海关法及其他有关法律、行政法规，逃避海关监管，偷逃应纳税款、逃避国家有关进出境的禁止性或者限制性管理，有下列情形之一的，是走私行为：

1. 未经国务院或者国务院授权的机关批准，从未设立海关的地点运输、携带国家禁止或者限制进出境的货物、物品或者依法应当缴纳税款的货物、物品进出境的；

2. 经过设立海关的地点，以藏匿、伪装、瞒报、伪报或者其他方式逃避海关监管，运输、携带、邮寄国家禁止或者限制进出境的货物、物品或者依法应当缴纳税款的货物、物品进出境的；

3. 使用伪造、变造的手册、单证、印章、账册、电子数据或者以其他方式逃避海关监管，擅自将海关监管货物、物品、进境的境外运输工具，在境内销售的；

4. 使用伪造、变造的手册、单证、印章、账册、电子数据或者以伪报加工贸易制成品单位耗料量等方式，致使海关监管货物、物品脱离监管的；

5. 以藏匿、伪装、瞒报、伪报或者其他方式逃避海关监管，擅自将保税区、出口加工区等海关特殊监管区域内的海关监管货物、物品，运出区外的；

6. 有逃避海关监管，构成走私的其他行为的。

（二）走私行为的处罚

有上述所列行为之一的，依照下列规定处罚：

1. 走私国家禁止进出口的货物的，没收走私货物及违法所得，可以并处100万元以下罚款；走私国家禁止进出境的物品的，没收走私物品及违法所得，可以并处10万元以下罚款；

2. 应当提交许可证件而未提交但未偷逃税款，走私国家限制进出境的货物、物品的，没收走私货物、物品及违法所得，可以并处走私货物、物品等值以下罚款；

3. 偷逃应纳税款但未逃避许可证件管理，走私依法应当缴纳税款的货物、物品的，没收走私货物、物品及违法所得，可以并处偷逃应纳税款3倍以下罚款。

二、违反海关监管规定的行为及其处罚

有下列行为之一的，处货物价值5%以上30%以下罚款，有违法所得的，没收违法所得：

1. 未经海关许可，擅自将海关监管货物开拆、提取、交付、发运、调换、改装、抵押、质押、留置、转让、更换标记、移作他用或者进行其他处置的；

2. 未经海关许可，在海关监管区以外存放海关监管货物的；

3. 经营海关监管货物的运输、储存、加工、装配、寄售、展示等业务，有关货物灭失、数量短少或者记录不真实，不能提供正当理由的；

4. 经营保税货物的运输、储存、加工、装配、寄售、展示等业务，不依照规定办理收存、交付、结转、核销等手续，或者中止、延长、变更、转让有关合同不依照规定向海关办理手续的；

5. 未如实向海关申报加工贸易制成品单位耗料量的；

6. 未按照规定期限将过境、转运、通运货物运输出境，擅自留在境内的；

7. 未按照规定期限将暂时进出口货物复运出境或者复运进境，擅自留在境内或者境外的；

8. 有违反海关监管规定的其他行为，致使海关不能或者中断对进出口货物实施监管的。

前款规定所涉货物属于国家限制进出口需要提交许可证件，当事人在规定期限内不能提交许可证件的，另处货物价值30%以下罚款；漏缴税款的，可以另处漏缴税款1倍以下罚款。

本书其余章节所涉及的海关行政处罚，可参考本节内容，后文不再赘述。

第三节 《中华人民共和国海关加工贸易货物监管办法》中涉及手册设立环节的规定

【文　　号】海关总署令第219号

【发布日期】2014－03－12

【生效日期】2014－03－12

《中华人民共和国海关加工贸易货物监管办法》于2014年2月13日经海关总署署务会议审议通过，自2014年3月12日起施行。2004年2月26日以海关总署令第113号发布，并以海关总署令第168号、195号修改的《中华人民共和国海关加工贸易货物监管办法》同时废止。

一、企业办理手册设立手续应当提交的单证

经营企业办理加工贸易手册备案手续，应当提交下列单证：

1. 商务主管部门签发的同意开展加工贸易业务的有效批准文件；

2. 经营企业自身有加工能力的，应当提交主管部门签发的“加工贸易加工企业生产能力证明”；

3. 经营企业委托加工的，应当提交经营企业与加工企业签订的委托加工合同、主管部门签发的加工企业的“加工贸易加工企业生产能力证明”；

4. 经营企业对外签订的合同；

5. 海关认为需要提交的其他证明文件和材料。

海关提醒 经营企业办理加工贸易手册设立手续，应当如实申报贸易方式、进出口口岸，以及进口料件和出口成品的商品名称、商品编号、规格型号、价格和原产地等。

经营企业应当向加工企业所在地主管海关办理加工贸易手册设立手续。经营企业与加工企业不在同一直属海关管辖的区域范围的，应当在加工企业主管海关办理手册设立手续。这就是常说的“加工贸易属地原则”。

由于国家目前在广东省试点行政审批制度改革，广东省企业加工贸易手册设立按照海关总署公告2013年第51号文件执行。

小贴士 生产能力证明有效期为一年。企业首次向海关提供正本原件后，在有效期内再次向海关申报手册设立的，可提供加盖企业印章的复印件。

二、不得办理手册设立的情形

加工贸易企业有下列情形之一的，不得办理手册设立手续：

1. 进口料件或者出口成品属于国家禁止进出口的；

2. 加工产品属于国家禁止在我国境内加工生产的；

3. 进口料件不宜实行保税监管的；

4. 经营企业或者加工企业属于国家规定不允许开展加工贸易的；

5. 经营企业未在规定期限内向海关报核已到期的加工贸易手册，又重新申报设立手册的。

三、提供保证金或银行、非银行金融机构保函的情形

经营企业或者加工企业有下列情形之一的，海关应当在经营企业提供相当于应缴税款金额的保证金或者银行、非银行金融机构保函后办理手册设立手续：

（一）涉嫌走私，已被海关立案侦查，案件未审结的；

（二）因为管理混乱被海关要求整改，在整改期内的。

有下列情形之一的，海关可以要求经营企业在办理手册设立手续时提供相当于应缴税款金额的保证金或者银行、非银行金融机构保函：

（一）租赁厂房或者设备的；

（二）首次开展加工贸易业务的；

（三）加工贸易手册延期两次（含两次）以上的；

（四）办理异地加工贸易手续的；

（五）涉嫌违规，已经被海关立案调查，案件尚未审结的。

海关提醒 加工贸易货物手册设立内容发生变更的，经营企业应当在加工贸易手册有效期内持原审批机关批文，及变更后的合同等单证，到主管海关办理变更手续。

小贴士 对比 195 号令与 219 号令，在手册设立环节的区别

海关总署第 195 号令	海关总署第 219 号令	主要区别
“加工贸易货物备案”	“加工贸易货物手册设立”	“备案”修改为“手册设立”
经营企业或者加工企业有下列情形之一的，海关可以在经营企业提供相当于应缴税款金额的保证金或者银行保函后予以备案……	有下列情形之一的，海关应当在经营企业提供相当于应缴税款金额的保证金或者银行、非银行金融机构保函后办理手册设立手续……	删除“加工企业”；添加“非银行金融机构保函”
有下列情形之一的，海关不予备案并且书面告知经营企业：其中第三条“进口料件属于海关无法实行保税监管的”	加工贸易企业有下列情形之一的，不得办理手册设立手续：其中第三条“进口料件不宜实行保税监管的”	将“无法实行”改为“不宜实行”

第四节　《中华人民共和国海关加工贸易企业联网监管办法》的相关规定

【文　　号】海关总署令第 150 号

【发布日期】2006－06－14

【生效日期】2006－08－01

海关对加工贸易企业实施联网监管，是指加工贸易企业通过数据交换平台或者其他计算机网络方式向海关报送能满足海关监管要求的物流、生产经营等数据，海关对数据进行核对、核算，并结合实物进行核查的一种加工贸易海关监管方式。

一、加工贸易企业实施联网监管应当具备的三个条件

1. 具有加工贸易经营资格；

2. 在海关注册；

3. 属于生产型企业。

二、加工贸易企业实施联网监管的手续

加工贸易企业需要实施联网监管的，可以向主管海关提出申请；经审核符合规定条件的，海关应当对其实施联网监管。

加工贸易企业实施联网监管的流程如图 1－1 所示。

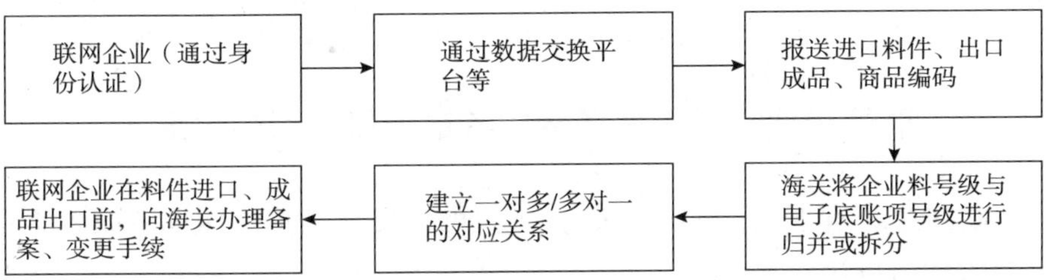

图 1－1　加工贸易企业实施联网监管流程

海关应当根据联网企业报送备案的资料建立电子底账，对联网企业实施电子底账管理。

电子账册的内容及归并关系中，有哪些需要注意的地方呢？

疑点小问答　1. 为什么要进行电子账册商品归并关系？

答：商品归并是指企业在确定商品税号、商品名称一致的基础上，根据加工贸易货物进出口和管理的实际情况以及海关监管需要，对生产管理中最基础的料号级加工贸易料件、成品或直接进口的半成品进行合并，建立一对多或多对一的对应关系，优点是：

（1）区分主次，明确重点监管对象。由于加工贸易企业的料件和成品种类繁多，从价值很低的辅料到价值很高的主料都有，不同价值的保税货物所对应的税款金额也相差甚远。因此，保税税款较多的货物应当成为海关监管的重点。

（2）实现保税货物的分层次监管，使监管效益最大化。对根据归

并原则归入不同监管项号的货物，区分了货物的重要程度，将监管力度按照确定的货物的重要度合理分配，实现保税货物的分层次管理。同时，企业也可以据此加强内部管理，对海关确定的重点货物实行重点管理，达到海关与企业共管的良性互动。

（3）前置监管环节，减小后续监管的压力。在企业实际进出口和生产以前，海关就深入了解企业的生产、物流和货物的情况，将监管部分环节前置，减小监管后续压力，有利于后期重点开展核查、核销工作。

三、联网企业需提供保证金或者银行保函后的情形

联网企业有下列情形之一的，海关可以要求其提供保证金或者银行保函作为担保：

1. 企业管理类别下调的；
2. 未如实向海关报送数据的；
3. 海关核查、核销时拒不提供相关账册、单证、数据的；
4. 未按照规定时间向海关办理报核手续的；
5. 未按照海关要求设立账册、账册管理混乱或者账目不清的。

小贴士 电子化手册与电子账册的区别？（详见表1－1）

表1－1 电子化手册与电子账册的区别

序号	监管条件	电子化手册	电子账册
1	是否要求使用ERP等计算机管理系统	否	是
2	企业管理类别要求	C类以上（含C类）	B类以上（含B类）
3	是否区分来料加工与进料加工	区分	不区分
4	管理单元	以合同为单元	以企业为单元

表 1－1 续 1

序号	监管条件	电子化手册	电子账册
5	有效期	半年或一年	企业经营期限
6	核销周期	逐本核销	定期核销（半年）
7	料件进口数量限制	有	有
8	成品出口数量限制	有	无
9	数量控制	总量控制	周转量控制
10	控制方式	根据生产能力证明，设置所有料件、成品的最大进出口数量	根据生产能力证明，设置周转量总金额；企业根据生产周期，设置最大库存量
11	归并关系备案	不需要	需要
12	通关单证载体	报关单	报关清单、报关单
13	报关单申报	人工归并申报，工作量大	系统根据归并关系自动归并生成报关单，简便、快捷、准确率高
14	备案	一次性备案料件、成品和单耗	分段式备案，可先备案表头及料件，在成品出口前备案成品和单耗
15	内销手续	内销前需向主管海关申报	经主管海关批准，可先销后税，按月度集中申报
16	核销周期	半年或者一年	半年，最长不超过一年
17	余料结转	结转到下一本手册	自动计入下期库存

第五节　《商务部、海关总署关于公布〈2009 年加工贸易禁止类商品目录〉的公告》

【文　　号】商务部、海关总署公告 2009 年第 37 号

【发布日期】2009－06－03

【生效日期】2009－06－03

一、加工贸易禁止类商品

根据2009年海关商品编码，对调整后的禁止类目录商品编码进行修订，修订后禁止类目录共计1 759项商品编码。

对以下情况，按照加工贸易禁止类进行管理：

1. 为种植、养殖等出口产品而进口种子、种苗、种畜、化肥、饲料、添加剂、抗生素等。

2. 生产出口仿真枪支。

3. 禁止开展进口料件属于国家禁止进口商品的加工贸易（如含淫秽内容的废旧书刊，含有害物、放射性物质的工业垃圾等）。

4. 其他国家已公布的禁止进出口目录的商品。

二、例外情形

列入加工贸易禁止类进口商品目录的，凡用于深加工结转转入，或从具有保税加工功能的海关特殊监管区域内企业经实质性加工后进入区外的商品，不按加工贸易禁止类进口商品管理。

列入加工贸易禁止类出口商品目录的，凡用于深加工结转转出，或者进入具有保税加工功能的海关特殊监管区域内企业加工生产的商品，不按加工贸易禁止类出口商品管理。前述商品未经实质性加工不得直接出境。

第六节 《商务部、海关总署关于对加工贸易禁止类目录进行调整的公告》

【文　　号】商务部、海关总署公告2010年第63号

【发布日期】2010－09－29

【生效日期】2010－11－01

该公告主要内容是根据国务院关于做好节能减排工作的要求，商务部和海关总署对加工贸易禁止类目录进行了调整：将44个10位商品编码增列入加工贸易禁止类目录。对加工贸易禁止类商品的管理，仍按商务部、海关总署公告2009年第37号及现行有关规定执行。

第七节　商务部、海关总署关于公布加工贸易限制类商品目录的公告等有关限制类商品的规定

根据《国务院办公厅关于转发国家经贸委等部门关于进一步完善加工贸易银行保证金台账制度意见的通知》（国发办〔1999〕35号）的要求，从1999年开始，对加工贸易商品实行分类管理。但是在2007年之前，加工贸易限制类商品相对较少，调整频率也不高。在商务部、海关总署公告2007年第44号（以下简称44号公告）出台之后，加工贸易限制类商品的数量大幅增加。之后，商务部、海关总署公告2008年第97号（以下简称97号公告）、第120号（以下简称120号公告），都是在44号公告基础上进行调整的。因此，对限制类商品的把握应将这三个公告联系起来看。

一、《商务部、海关总署关于公布加工贸易限制类商品目录的公告》

【文　　号】商务部、海关总署公告2007年第44号

【发布日期】2007－07－23

【生效日期】2007－08－23

该公告主要内容如下：

1. 对开展限制类商品加工贸易业务实行银行保证金台账“实转”管理，即企业开展限制类商品加工贸易，在合同备案时，须缴纳台账保证金。

企业按照海关管理类别缴纳台账保证金。A类和B类企业缴纳50%的保证金，C类企业缴纳按全部保税进口料件应缴进口关税和进口环节增值税之和100%计征保证金。

2. A、B类企业应缴纳台账保证金计征方法。

（1）限制进口类商品。

应缴纳台账保证金=全部限制类进口商品应缴进口关税和进口环节增值税之和×50%

（2）限制出口类商品。

应缴纳台账保证金=保税进口料件备案总金额×（限制类商品出口备案金额/加工贸易出口商品备案总金额）×综合税率×50%

（3）当进口料件为限制进口类商品，且加工制成品为限制出口类商品时，只按限制进口类商品计征台账保证金，计征方法同第（1）项。

经营企业及其加工企业同时属中西部地区的，开展限制类商品加工贸易业务，A类和B类企业实行银行保证金台账"空转"管理，C类企业实行台账100%实转管理。

3. 企业在申请加工贸易业务时，除对限制类商品在申请资料中予以标注外，还需申报限制类商品深加工结转业务的相关情况。商务主管部门审批加工贸易业务时，应在批准文件中对限制类商品和深加工结转业务予以标注，海关按照商务主管部门的批准文件予以备案，并按照规定计征台账保证金。

4. 经营企业应如实申报加工贸易业务。商务主管部门在审批过程中发现企业未如实申报限制类商品名称及商品编码时，将不予审批其加工贸易业务。海关在备案过程中发现企业未如实申报限制类商品名称及商品编码时，将不予备案。

5. 不适用于出口加工区、保税区等海关特殊监管区域，以及海关特殊监管区域外，以深加工结转方式在国内转入限制进口类商品和转出限制出口类商品的加工贸易业务。

二、《商务部、海关总署关于调整加工贸易限制类政策的公告》

【文　　号】商务部、海关总署公告2008年第97号

【发布日期】2008－12－31

【生效时期】2009－01－01

该公告主要内容如下：

1. 暂停44号公告限制出口类目录1 853个海关编码商品，以及限制进口类目录轻纺类272个海关编码商品保证金台账“实转”政策，A类和B类企业暂停银行保证金台账“实转”，实行“空转”管理；C类企业仍实行100%“实转”管理。

2. 对44号公告所列限制进口类目录中的122个海关编码商品开展加工贸易业务，A类企业暂停银行保证金台账“实转”，实行“空转”管理；B类企业实行50%“实转”；C类企业实行100%“实转”管理。

3. 中西部地区A类和B类企业仍按44号公告规定实行“空转”管理。

4. 将家具从加工贸易限制类目录中剔除。

5. 对2008年12月1日之前已经商务主管部门批准并向海关申请备案的限制类商品加工贸易业务，仍按44号公告有关规定执行。企业在规定期限内加工成品出口并办理核销结案手续后，保证金及利息予以退还。

6. 限制类商品管理措施不适用于出口加工区、保税区等海关特殊监管区域。

三、《商务部、海关总署关于对加工贸易限制类目录进行调整的公告》

【文　　号】商务部、海关总署公告2008年第120号

【发布日期】2008－12－31

【生效时期】2009－02－01

该公告内容主要如下：

1. 将44号公告限制出口类目录中的部分塑料原料、塑料制品、木制品、纺织品等共计1 730个10位商品编码剔除。

2. 调整后的加工贸易限制类目录共计500个商品编码，其中限制出口106个，限制进口394个。开展限制类商品加工贸易业务，仍按97号公告有关规定执行。

海关提醒 120号公告以“剔除”方式取代了97号公告中“暂停”执行限制类的家具类商品，120号公告的进口限制类商品目录恢复到了44号公告执行前的商品编码数量，出口限制类商品目录是在原44号公告1 853个商品编码的基础上，剔除97号公告17个家具类和此次1 730个商品编码。

关于加工贸易限制类文件的调整过程和疑点，下面将通过问答形式进行重点介绍。

疑点小问答 1. 120号公告实施后，原来执行的44号公告和97号公告是否取消了？

答：120号公告是对97号公告的补充和对加工贸易限制类商品目录的进一步调整，在具体执行中还是要参照44号公告和97号公告的部分条款。

2. 对2009年2月1日后新申报设立的手册，银行保证金台账如何计算？

答：调整后，限制类进口商品394项，限制类出口商品106项（120号公告附件）；44号公告中除去轻纺类的122项进口商品实行银行保证金台账实转。

银行保证金台账金额=银行保证金台账实转商品单价×数量×（1+关税税率）×（1+所得税税率）

（1）AA类企业设立手册，均不开设台账。

（2）A类企业设立手册，全部商品均开设“空转”台账。

（3）B类企业设立手册，仅在122个限制类商品时需要开设50%“实转”台账，其余商品均开设“空转”台账。

3. 企业从事限制类商品加工贸易深加工结转业务，在此次政策调整中有何变化？

答：没有变化。120号公告没有提及此项内容，因此44号公告第八条仍然有效并执行。所以，企业仍应按照44号公告的要求，在设立手册时，在深加工结转的限制类商品名称前加注“\ ［深\ ］”。

4. 实行联网监管电子账册管理的企业，是否需要缴纳“实转”台账？

答：由于44号公告规定联网监管电子账册也需要纳入银行保证金台账管理，因此实行联网监管电子账册管理的企业开展限制类商品加工贸易业务的，根据不同的企业类别确定是否开设及缴纳“实转”台账。

第八节　《国务院办公厅关于转发国家经贸委等部门关于进一步完善加工贸易银行保证金台账制度意见的通知》的规定

【文　　号】国办发1999年第35号

【发布日期】1999-04-05

【生效时期】1999-06-01

该通知按商品将加工贸易分为禁止类、限制类和允许类。

禁止类是指《中华人民共和国对外贸易法》规定禁止进口的商品，以及海关无法实行保税监管的商品。

限制类是指进口料件属国内外价差大且海关不易监管的敏感商品。对限制类商品的加工贸易实行银行保证金台账“实转”。即除AA和A类企业外，其他加工贸易企业进口限制类料件时，海关按应征关税和进口环节增值税税款等额收取保证金，企业在规定的期限内加工出口并办理核销后再将保证金及利息予以退还。

允许类是指除禁止类和限制类以外的其他商品。除C类企业外，允许类商品的加工贸易继续实行现行银行保证金台账“空转”制度。

第九节 《海关总署关于执行〈中华人民共和国海关加工贸易货物监管办法〉有关问题的公告》中涉及手册设立环节的规定

【文　　号】海关总署公告2014年第21号

【发布日期】2014－03－24

【生效时期】2014－03－24

一、加工贸易货物分开管理的规定

“分开管理”是指加工贸易货物应与非加工贸易货物分开存放，分别记账。对确实无法实现货物分开存放的，须经主管海关在审核企业内部信息化管理系统、确认其能够通过联网监管系统实现加工贸易货物与非加工贸易货物数据信息流分开后，认定其符合“分开管理”的监管条件。企业应当确保保税货物流与数据信息流的一致性。

二、加工贸易货物存放场所的规定

“海关备案的场所”是指加工贸易企业在办理海关注册登记以及加工贸易业务时向海关备案的经营场所。加工贸易企业改变或者增加存放场所，应经主管海关批准。主管海关应要求加工贸易企业提交注明存放地址、期限等有关内容的书面申请和存放场所的所有权证明复印件，如属租赁场所还需提交租赁合同。

除外发加工等业务需要外，加工贸易货物不得跨直属海关辖区进行存放。

第十节 《海关总署关于外商投资企业进口触媒剂、催化剂、磨料、燃料有关事宜的公告》中涉及手册设立环节的规定

【文　　号】海关总署公告 2011 年第 2 号

【发布日期】2011 -01 -12

【生效时期】2011 -03 -01

为规范对外商投资企业进口触媒剂、催化剂、磨料、燃料的监督管理，自 2011 年 3 月 1 日起，对外商投资企业为履行产品出口合同进口直接用于加工出口产品而在生产过程中消耗掉的、数量合理的触媒剂、催化剂、磨料、燃料，海关按保税方式进行监管。

小贴士 海关对非外商投资企业加工贸易项下进口的消耗性物料的监管：

1. 对随加工贸易保税料件一同进口，直接用于加工成品出口，并

在加工过程中全部或部分消耗掉，或者物化在成品中，数量合理的石墨电极、石油焦、煤以及染化料、洗涤剂、催化剂、触媒剂，可予以保税备案，海关按核定的耗用量进行监管核销。

2. 对单独进口（即加工贸易项下只进口消耗性物料，不进口其他保税料件），用于加工成品出口的染化料、洗涤剂、催化剂、触媒剂，可予以保税备案，海关按核定的耗用量进行监管核销。若其加工产品出口属于应征出口税的商品，仍按现行规定征收出口税。

3. 除上述规定列明的商品和情况外，其他一律征税进口。

第二章　核销

本章将从《海关法》、《中华人民共和国海关对加工贸易货物监管办法》等法律法规入手，对涉及加工贸易核销的相应条款进行重点介绍，帮助企业更好地了解在核销环节应注意的事项。

第一节　核销环节的法律体系

目前，加工贸易核销业务已基本形成包括法律、部门规章和规范性文件三个层级的法律体系框架。在规范加工贸易企业核销行为、加强海关对加工贸易企业的监管等方面发挥着重要的作用。

一、法律

加工贸易手册核销环节的法律依据主要是《海关法》，其中明确了“出口核销”为海关对加工贸易实施有效管理的四项基本法律制度之一。

二、部门规章

1.《中华人民共和国海关加工贸易货物监管办法》，明确了加工贸易核销业务制度及相关的法律责任。

2.《中华人民共和国海关加工贸易企业联网监管办法》，对实施计算机联网监管的企业办理电子账册核销业务制度进行了规定。

3.《中华人民共和国海关关于加工贸易边角料、剩余料件、残次品、副产品和受灾保税货物的管理办法》，对企业在核销环节如何处理生产过程中产生的边角料、剩余料件、残次品、副产品和受灾保税货物作了详细规定。

三、规范性文件

1.《海关总署关于执行〈中华人民共和国海关加工贸易货物监管办法〉有关问题的公告》（海关总署公告 2014 年第 21 号）。

2.《海关总署关于加工贸易货物销毁处置有关问题的公告》（海关总署公告 2014 年第 33 号）。

第二节　《海关法》中涉及核销环节的规定

《海关法》作为海关法律体系中的最基本的“母法”，其明确规定，加工贸易制成品应当在规定的期限内复出口，其中使用的进口料件，属于国家规定准予保税的，应当向海关办理核销手续；属于先征收税款的，依法向海关办理退税手续。

第三节　《中华人民共和国海关加工贸易货物监管办法》中涉及核销环节的规定

【文　　号】海关总署令第 219 号

【发布日期】2014 - 03 - 12

【生效日期】2014 - 03 - 12

由于实施联网监管的加工贸易企业开展加工贸易业务，按照海关对加工贸易企业实施计算机联网监管的管理规定办理，因此，本节主要对电子化手册的核销业务进行介绍。

一、加工贸易核销

核销，是指加工贸易经营企业加工复出口或者办理内销等海关手续后，凭规定单证向海关报核，海关按照规定进行核查以后办理解除监管手续的行为。

海关提醒 根据本办法中对核销的定义，企业在办理加工贸易核销业务时应注意以下几个关键点：

1. 办理核销业务的主体是加工贸易经营企业；
2. 企业在办理核销手续之前，应完成加工复出口及内销等海关手续；
3. 企业申请核销时，应向海关提交符合相关规定的单证；
4. 企业应确保提交的单证属实。

二、加工贸易报核期限

该办法对加工贸易手册核销期限作出了明确规定，列明了三个可供企业选择的报核时间：

1. 手册项下最后一批成品出口之日起30日内；
2. 手册到期之日起30日内；
3. 经营企业对外签订的合同因故提前终止的，合同终止之日起30日内。

疑点小问答 加工贸易手册设立之后企业并未使用，是否可以不办理手册核销手续？

答：不可以。加工贸易手册设立之后，企业由于自身原因合同终止并未执行的，应在合同终止之日起30日内，向海关报核。

加工贸易企业合同到期未报核的，依据《中华人民共和国海关行政处罚实施条例》第十八条第（四）款规定：经营保税货物的运输、储存、加工、装配、寄售、展示等业务，不依照规定办理收存、交付、结转、核销等手续，或者中止、延长、变更、转让有关合同不依照规定向海关办理手续的，处货物价值5%以上30%以下罚款，有违法所得的，没收违法所得。

小贴士 为避免手册超报核期限报核，企业应加强以下几方面的管理：

1. 及时收存进出口货物报关单并与手册核对，发现超申报进出口、项号申报错误、报关数据有误、报关单无海关签章、报关单丢失等情况，应及时修正补办；

2. 加强对手册进出口情况掌握及报关使用管理，避免不同手册混用、先出后进、超申报数量进出口、进出口数量倒挂、误报核等情事发生；

3. 加工贸易货物手册设立内容发生变更的，经营企业应当在加工贸易手册有效期内办理变更手续；

4. 报核前应办结税务等部门的其他手续，并办结相关货物内销手续；

5. 准确掌握料件的进口、使用、剩余、单耗变化等情况，保证全面、准确、如实报核；

6. 如不能满足报核条件、不能保证按规定时限报核的，应及时在手册有效期内办理展期手续。

案例 某企业违反海关规定到期未报核

2011 年，某服装进出口企业的 1 本加工贸易手册超过有效期限，未申请展期、报核等手续。主管海关经调阅相关电子数据，发现该手册无剩余料件。经海关多次提醒后，该企业仍未能在规定的期限内完成手册的报核手续。经查实，由于企业经办人员工作疏忽，未能在上述手册完成进出口后及时向海关报核，并将该手册报关单丢失。据此，主管海关认为该企业存在违反海关监管规定的行为，并依据相关规定要求企业整改并对企业进行了处罚。

案例分析：加工贸易企业应在规定的期限内向海关办理手册报核，对于未按照规定办理核销手续的，海关将依据《中华人民共和国海关行政处罚实施条例》相关规定对企业进行处罚。

三、企业需如实准确报核

经营企业报核时应当向海关如实申报进口料件、出口成品、边角料、剩余料件、残次品、副产品以及单耗等情况，并且按照规定提交相关单证。

小贴士 加工贸易企业有如实向海关报核的义务。企业应该在申请报核前，重点进行以下自查：

1. 提交的单证是否齐全、正确和有效；

2. 提交的报关单表头“备案号”与手册编号是否相符，填报的进出口料件、成品等与电子底账及有关单证上核准的内容是否一致；

3. 手册是否已按规定办结相关货物的结转、内销、退运、销毁等手续；

4. 核算进出口数量、重量及金额是否存在倒挂的情况。

经海关审核不符合报核条件的，海关不予受理企业报核，企业应当按照规定重新进行申报。因此，企业除了需要在报核前对相关核销单证做好自我检查外，还应特别留意报核的最迟期限，避免由于报核单证有误而延误手册报核。

四、关于料件退运出境的相关规定

经营企业因故将加工贸易进口料件退运出境的，海关凭有关退运单证核销。

五、企业如何解除担保

经营企业已经办理担保的，海关在核销结案后按照规定解除担保。

六、加工贸易料件串换应注意的要点

加工贸易货物应当专料专用。

经海关核准，经营企业可以在保税料件之间、保税料件与非保税料件之间进行串换，但是被串换的料件应当属于同一企业，并且应当遵循同品种、同规格、同数量、不牟利的原则。

来料加工保税进口料件不得串换。

海关提醒 加工贸易企业擅自串换保税料件的法律责任

依据《中华人民共和国海关行政处罚实施条例》第十八条第（一）款规定：未经海关许可，擅自将海关监管货物开拆、提取、交付、发运、调换、改装、抵押、质押、留置、转让、更换标记、移作他用或者进行其他处置的，处货物价值5%以上30%以下罚款，有违法所得的，没收违法所得。

小贴士　加工贸易企业申请料件串换应注意的问题

1. 保税料件和保税料件之间以及保税料件和进口非保税料件之间的串换，必须符合同品种、同规格、同数量的条件。

2. 保税料件和国产料件（不含深加工结转料件）之间的串换必须符合同品种、同规格、同数量、关税税率为零，且商品不涉及进出口许可证件管理的条件。

3. 经营企业因保税料件与非保税料件之间发生串换，串换下来同等数量的保税料件，经主管海关批准，可由企业自行处置。

案例　某企业违反海关规定擅自串用保税料件

某电子公司，自2005年开始向海关申请设立加工贸易手册，主要进口手机摄像头用电子元件，对其进行组装、检验后，其制成品以深加工结转的方式出口至国内一家知名手机生产企业。由于市场竞争激烈，手机型号不断推陈出新，手机用摄像头的规格型号亦随之较为频繁地更新换代。为适应市场竞争需要，其下游手机生产企业要求各配件加工厂商缩短供货周期。该企业为了满足生产及出口需要，未经海关许可，擅自用非保税料件进行生产加工，并结转给下游企业。同时将其串换顶替下来的保税料件用于内销产品的生产。该企业产品规格型号较多，内销产品与保税制成品之间料件可以共用。该企业管理混乱，认为只要海关手册进出口能平衡核销就不算违反海关规定。

2009年，海关在对该企业实施常规核查的过程中，发现该企业有大量国内采购原料的记录，并存在国内销售与加工贸易手册同种产品的情况。经进一步核查，该企业存在擅自串换保税料件并将保税料件制成品在国内销售的情况。据此，海关认定该企业已构成涉嫌走私行为，对该企业立案处理。

案例分析：依据海关规定，加工贸易保税进口料件属于海关监管货物，未经海关许可，不得擅自调换、移作他用或者进行其他处置。企业擅自内销保税料件之后，再以非保税料件顶替的，也属于走私行为。

第四节　《中华人民共和国海关加工贸易企业联网监管办法》中涉及核销环节的规定

【文　　号】海关总署令第150号

【发布日期】2006－06－14

【生效日期】2006－08－01

海关对加工贸易企业实施联网监管，是指加工贸易企业通过数据交换平台或者其他计算机网络方式向海关报送能满足海关监管要求的物流、生产经营等数据，海关对数据进行核对、核算，并结合实物进行核查的一种加工贸易海关监管方式。本办法规范了海关对加工贸易联网企业的管理，本节将对涉及核销环节的重点内容进行介绍。

一、联网企业核销期限

依据办法中对核销期限的规定，企业应重点关注以下三个部分：

1. 如何确定核销周期。

电子账册是海关以企业为单元为联网企业建立的电子底账；实施电子账册管理的，联网企业只设立一个电子账册。海关应当根据联网企业的生产情况和海关的监管需要确定核销周期，按照核销周期对实行电子账册管理的联网企业进行核销管理。

2. 如何理解“完成报核”。

由于联网企业电子账册的核销包括预报核审核和正式报核审核两个过程，这里所说的“完成报核”，是指企业完成正式报核。

3. 如何理解“可以延期”。

联网企业应当在海关确定的核销期结束之日起30日内完成报核。确有正当理由不能按期报核的，经主管海关批准可以延期，但延长期限不得超过60日。

小贴士 联网企业报核时应注意的问题

（1）联网企业实行电子账册管理的，其电子账册实行滚动核销，原则上不超过180天核销一次。电子账册采用数量累计原理，每期核销完成后，本期结余数量可转为下期的期初数量。

（2）建议企业在电子账册本次核销周期到期之日起5~7天内，完成所有预报核资料的报送工作。

案例 **某联网企业违反海关规定到期未报核**

某轮胎制造公司成立于2006年，主要从事汽车轮胎的加工制造业务，是海关实施计算机联网监管的加工贸易企业。依据主管海关规定，该企业应以每季度为核销周期向海关报核。2012年第二季度，该企业未能按期向海关完成预报核，经海关多次提醒，最终仍未能在规定期限内完成正式报核。经海关核实，该企业由于人员调动等原因，造成账册管理部门工作交接较混乱，延误了账册正常报核等业务。主管海关依据相关规定，要求企业进行整改，并提供相应的保证金作为担保，至企业完成整改并且账册正常核销完毕，方可办理担保退还手续。

案例分析：联网企业应当在海关确定的核销期限内完成报核。确有正当理由不能按期报核的，经主管海关批准可以延期。对于未按照规定时间向海关办理报核手续的，海关可以要求其提供保证金或者银行保函作为担保。

二、海关对联网企业盘点结果的处理

海关结合联网企业盘点实施核查核销时，会将企业报核的电子底账核算结果与盘点出的企业实际库存量进行对比。如出现比对结果不符的情况，将按照以下方式进行处理：

1. 属于企业实际库存量多于电子底账核算结果的，由主管海关按照实际库存量调整电子底账的当期余额。

2. 属于企业实际库存量少于电子账册核算结果的应剩余数量的，企业应及时提供解释说明，经海关批准后，对短缺的部分企业可申请内销征税或后续补税处理。

3. 属于企业实际库存量少于电子底账核算结果并且企业无法提供解释的，对短缺的部分，企业除应申报内销征税或后续补税外，根据《中华人民共和国海关行政处罚实施条例》第三章第十八条第（三）款，企业还应接受海关处罚。

小贴士 联网企业应多方面加强其生产管理。全面掌握以下几方面的情况的管理：

（1）料件、成品库存情况；

（2）单耗数据；

（3）加工贸易货物转内销情况；

（4）深加工结转货物转入、转出情况；

（5）外发加工货物调出、调入情况。

在配合海关进行盘点核查的同时，建议企业定期进行自查，发现实际库存量少于电子底账情事及时向海关提出申请并提供合理解释，避免因此受到海关行政处罚。

疑点小问答 1. 实行电子账册管理的企业申请外发加工时，其外发料件和成品返还是否限制在一个核销周期内？能否跨核销周期进行外发加工？

答：不可以。实行电子账册管理的企业申请外发加工的，不允许跨越核销周期，料件的外发和成品的返还应控制在同一个核销周期之内。

2. 加工贸易联网企业在按海关规定对企业库存进行盘点的过程中，实际库存少于电子底账核算结果的短缺部分已缴纳税款的，能否纳入电子底账核销核算范围？

答：企业实际库存量少于电子账册核算结果的应剩余数量的，企业应对短缺的部分申请内销征税或后续补税处理。（若企业对短缺部分不能提供解释的，还应接受海关处罚。）

（1）对短缺部分申报内销征税的，内销征税报关单可以纳入核销核算范围，并在下一核销周期予以核销，由海关按通过审核的报核应存数量审核通过本期结余数。

（2）对短缺部分进行后续补税的，后续补税报关单不纳入核销核算范围，海关按通过审核的报核实存数调整本期结余数。

第五节　《中华人民共和国海关关于加工贸易边角料、剩余料件、残次品、副产品和受灾保税货物的管理办法》中涉及核销环节的规定

【文　　号】海关总署令第 111 号（经海关总署令 218 号修改）

【发布日期】2004－05－25

【生效日期】2004－07－01

加工贸易企业在日常生产经营过程中产生的边角料、剩余料件、残

次品、副产品和受灾保税货物等都属于海关监管货物，未经海关许可，企业不得擅自销售或者移作他用。本办法对企业如何处理边角料、剩余料件、残次品、副产品和受灾保税货物做了详细规定。

一、边角料、残次品、副产品的区别

边角料，是指加工贸易企业从事加工复出口业务，在海关核定的单位耗料量内（以下简称单耗）、加工过程中产生的、无法再用于加工该合同项下出口制成品的数量合理的废、碎料及下脚料。

残次品，是指加工贸易企业从事加工复出口业务，在生产过程中产生的有严重缺陷或者达不到出口合同标准，无法复出口的制品（包括完成品和未完成品）。

副产品，是指加工贸易企业从事加工复出口业务，在加工生产出口合同规定的制成品（即主产品）过程中同时产生的，且出口合同未规定应当复出口的一个或者一个以上的其他产品。

二、边角料、剩余料件、残次品、副产品和受灾保税货物在核销环节的处理方式

本办法详细规定了企业应如何在申请加工贸易合同核销之前，对上述加工贸易货物进行处理，我们可以通过一个简单的表格，了解加工贸易货物的处理方式（详见表2－1）。

表2－1　加工贸易货物处理方式

可选择的处理方式 / 加工贸易货物	结转	退运	内销	放弃
边角料	×	√	√	√
剩余料件	√	√	√	√
残次品	×	√	√	√
副产品	×	√	√	√
受灾保税货物	×	√	√	√

其中，企业申请将相关货物内销的，将在第五章进行具体的介绍。

三、剩余料件结转

加工贸易企业可以申请将剩余料件结转到另一个加工贸易合同使用。

企业在申请办理剩余料件结转时，需关注以下几个问题：

1. 剩余料件结转的条件。

加工贸易企业申报将剩余料件结转到另一个加工贸易合同使用，限同一经营企业、同一加工企业、同样进口料件和同一加工贸易方式。凡具备条件的，海关按规定核定单耗后，企业可以办理该合同核销及其剩余料件结转手续。剩余料件转入合同已经商务主管部门审批的，由原审批部门按变更方式办理相关手续，如剩余料件的转入量不增加已批合同的进口总量，则免于办理变更手续；转入合同为新建合同的，由商务主管部门按现行加工贸易审批管理规定办理。

2. 需缴纳风险担保金办理剩余料件结转的情形。

加工贸易企业申报剩余料件结转有下列情形之一的，企业缴纳不超过结转保税料件应缴纳税款金额的风险担保金后，海关予以办理：

（1）同一经营企业申报将剩余料件结转到另一加工企业的；

（2）剩余料件转出金额达到该加工贸易合同项下实际进口料件总额50%及以上的；

（3）剩余料件所属加工贸易合同办理两次及两次以上延期手续的；剩余料件结转涉及不同主管海关的，在双方海关办理相关手续，并由转入地海关收取风险担保金。

前款所列须缴纳风险担保金的加工贸易企业有下列情形之一的，免于缴纳风险担保金：

（1）适用加工贸易A类管理的；

（2）已实行台账实转的合同，台账实转金额不低于结转保税料件应缴税款金额的；

（3）原企业发生搬迁、合并、分立、重组、改制、股权变更等法律规定的情形，且现企业继承原企业主要权利义务或者债权债务关系的，剩余料件结转不受同一经营企业、同一加工企业、同一贸易方式限制。

四、受灾保税货物的核销

1. 受灾保税货物的范围：

受灾保税货物，是指加工贸易企业从事加工出口业务中，因不可抗力原因或者其他经海关审核认可的正当理由造成灭失、短少、损毁等导致无法复出口的保税进口料件和制品。

2. 受灾保税货物的核销：

（1）加工贸易受灾保税货物在运输、仓储、加工期间发生灭失、短少、损毁等情事的，加工贸易企业应当及时向主管海关报告，海关可视情派员核查取证。

（2）受灾保税货物的核销方式。

受灾报税货物的核销方式包括免税核销和征税核销两种，我们可以通过下面的图表，了解受灾保税货物的核销方式（如图 2－1 所示）：

对征税核销的受灾保税货物的相关规定，将在第五章中作详细说明。

（3）受灾保税货物核销时需提供的证明材料。

企业在规定的核销期内对受灾保税货物申请报核时，应当提供下列证明材料：

①商务主管部门的签注意见；

②保险公司出具的保险赔款通知书或者检验检疫部门出具的有关检验检疫证明文件；

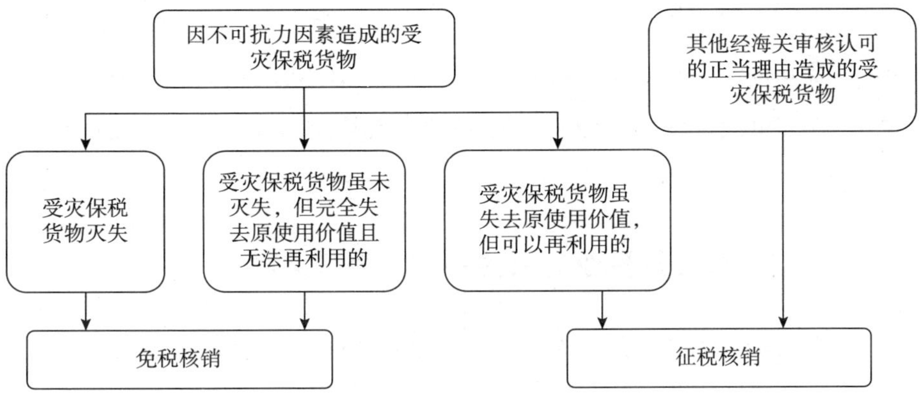

图 2－1　受灾保税货物核销方式

③海关认可的其他有效证明文件。

五、加工贸易货物销毁的相关规定

加工贸易企业因故无法内销或者退运的边角料、剩余料件、残次品、副产品或者受灾保税货物，由加工贸易企业委托具有法定资质的单位进行销毁处置，海关凭相关单证、处置单位出具的接收单据和处置证明等资料办理核销手续。

海关可以派员监督处置，加工贸易企业及有关处置单位应当给予配合。加工贸易企业因处置获得的收入，应当向海关如实申报，海关比照边角料内销征税的管理规定办理征税手续。

第六节　《海关总署关于执行〈中华人民共和国海关加工贸易货物监管办法〉有关问题的公告》

【文　　号】海关总署公告 2014 年第 21 号

【发布日期】2014－03－24

【生效日期】2014－03－24

该公告依据《海关法》、《中华人民共和国海关加工贸易货物监管办法》及其他相关法律、行政法规、规章，对加工贸易监管中的有关问题进行了更加详细的规定。企业需留意其中涉及加工贸易核销环节的几条规定：

一、部分加工贸易业务海关手续的办理期限

经营企业应当在手册有效期内办理保税料件或者成品内销、结转、退运等海关手续。

二、企业申请内部料件串换应遵循的原则

1. 保税料件之间以及保税料件和进口非保税料件之间的串换，必须符合同品种、同规格、同数量的条件；

2. 保税料件和国产料件（不含深加工结转料件）之间的串换必须符合同品种、同规格、同数量、关税税率为零，且商品不涉及进出口许可证件管理的条件；

3. 经营企业因保税料件与非保税料件之间发生串换，串换下来同等数量的保税料件，经主管海关批准后，由企业自行处置。

三、加工贸易报核期限

经营企业应当在手册有效期限内进行报核，对经营企业到期手册未报核的，经海关审查，按照《中华人民共和国海关行政处罚实施条例》的有关规定进行处理。

四、企业申请余料结转需提供的单证

经营企业申报剩余料件结转的，应当向海关提交下列单证：

1. 经营企业申报剩余料件结转的材料；

2. 经营企业拟结转的剩余料件清单；

3. 海关需要收取的其他单证和材料。

经营企业应当如实申报“加工贸易剩余料件结转联系单”，凭以办理通关手续。

第七节 《海关总署关于加工贸易货物销毁处置有关问题的公告》

【文　　号】海关总署公告2014年第33号

【发布日期】2014－04－26

【生效日期】2014－05－01

该公告依据《中华人民共和国海关加工贸易货物监管办法》、《中华人民共和国海关关于加工贸易边角料、剩余料件、残次品、副产品和受灾保税货物的管理办法》及其他相关法律、行政法规、规章，对加工贸易货物销毁处置的有关问题进行了详细规定。

一、加工贸易货物销毁处置

加工贸易货物销毁处置，是指加工贸易企业对因故无法内销或者退运的边角料、剩余料件、残次品、副产品或者受灾保税货物，向海关申报，委托具有法定资质的单位，采取焚烧、填埋和用其他无害化方式，改变货物物理、化学和生物等特性的处置活动。

加工贸易企业应委托工商营业执照的经营范围中列明废物处理的单位进行销毁处置；法律、行政法规对废物处置资质有特殊规定的，从其规定。

海关可以派员监督销毁处置加工贸易货物，企业及销毁处置单位应当给予配合。

二、企业申报办理加工贸易货物销毁处置应提交的单证

加工贸易企业向海关申报办理加工贸易货物销毁处置，应提交以下单证资料；

1. “海关加工贸易货物销毁处置申报表”及销毁处置方案；

2. 申报销毁处置的加工贸易货物无法内销或退运的说明；

3. 销毁处置单位的资质证明，及企业与该单位签订的委托合同；

4. 海关认为需要提供的其他资料。

申报销毁处置来料加工货物的，应同时提交货物所有人的销毁声明；申报销毁处置残次品的，应同时提交残次品单耗资料以及根据单耗折算的残次品所耗用的原进口料件清单。

三、加工贸易货物销毁处置的报关适用监管方式

企业应明确销毁处置时限，及时完成货物销毁处置，并在手册有效期或电子账册核销周期内办理报关手续。

1. 企业销毁处置加工贸易货物未获得收入，销毁处置货物为料件、残次品的，报关适用监管方式为“料件销毁（代码0200）”（残次品按照单耗关系折成料件，以料件进行申报）；销毁处置货物为边角料、副产品的，报关适用监管方式为“边角料销毁（代码0400）”。

2. 企业销毁处置加工贸易货物获得收入的，按销毁处置后的货物报验状态向海关申报，报关适用的监管方式为“进料边角料内销（代码0844）”或“来料边角料内销（代码0845）”。海关比照边角料内销征税的管理规定办理征税手续。

报关单备注栏内应注明“海关加工贸易货物销毁处置申报表编号”。

四、加工贸易货物销毁处置在报核环节的要求

加工贸易企业报核时应当向海关提交“海关加工贸易货物销毁处

置申报表”、处置单位出具的接收单据、“加工贸易货物销毁处置证明”及报关单等单证，海关按照规定办理核销手续。

1. 企业未获得销毁处置收入的，海关凭销毁处置报关单证进行核算核销。

2. 企业获得销毁处置收入，且销毁处置货物为边角料、副产品的，凭“海关加工贸易货物销毁处置申报表”所列明的货物清单及报关单证进行核销。

3. 企业获得销毁处置收入，且销毁处置货物为料件、残次品需按料件核扣手（账）册的，按照“海关加工贸易货物销毁处置申报表”所列明的货物清单及报关单证以料件或折料进行核算核销。

五、企业未如实申报加工贸易货物销毁处置的法律责任

企业未如实申报加工贸易货物销毁处置的，海关按照《中华人民共和国海关法》和《中华人民共和国海关行政处罚实施条例》的有关规定进行处理。销毁处置加工贸易货物，企业及销毁处置单位应当给予配合。

第三章　深加工结转

第一节　深加工结转环节的法律体系

一、部门规章

1.《中华人民共和国海关加工贸易货物监管办法》（海关总署令第219号）

二、规范性文件

1《关于对深加工结转管理系统进行优化推广使用的公告》（海关总署公告2013年第2号）。

2《海关总署关于执行〈中华人民共和国海关加工贸易货物监管办法〉有关问题的公告》（海关总署公告2014年第21号）。

第二节　《中华人民共和国海关加工贸易货物监管办法》中涉及深加工结转环节的规定

【文　　号】海关总署令第219号

【发布日期】2014－03－12

【生效日期】2014－03－12

深加工结转，是指加工贸易企业将保税进口料件加工的产品转至另一加工贸易企业进一步加工后复出口的经营活动。经营企业进口加工贸易货物，可以从境外或者海关特殊监管区域、保税仓库进口，也可以通过深加工结转方式转入。

经营企业出口加工贸易货物，可以向境外或者海关特殊监管区域、保税监管场所出口，也可以通过深加工结转方式转出。加工贸易企业开展深加工结转的，转入企业、转出企业应当向各自的主管海关申报，办理实际收发货以及报关手续。

加工贸易企业开展深加工结转的，转入企业、转出企业应当向各自的主管海关申报，办理实际收发货以及报关手续。

有下列情形之一的，加工贸易企业不得办理深加工结转手续：

（一）不符合海关监管要求，被海关责令限期整改，在整改期内的；

（二）有逾期未报核手册的；

（三）由于涉嫌走私已经被海关立案调查，尚未结案的。

加工贸易企业未按照海关规定进行收发货的，不得再次办理深加工结转手续。

第三节　《海关总署关于对深加工结转管理系统进行优化推广使用的公告》

【文　　号】海关总署公告 2013 年第 2 号

【发布日期】2013 - 01 - 07

【生效日期】2013 - 01 - 07

一、对深加工结转管理系统全面优化并推广使用

企业办理加工贸易深加工结转业务应通过深加工结转预录入系统或

通过标准数据接口向海关申报结转数据。企业可向主管海关申请安装深加工结转预录入系统，录入或导入结转数据向海关申报。

二、具体实施的时限

2013年6月1日起，企业应使用深加工结转管理系统办理直属海关关区内深加工结转业务。2013年10月1日起，企业应使用深加工结转管理系统办理跨关区深加工结转业务。

第四节 《H2000深加工结转管理系统推广应用暂行办法》

一、适用范围

本办法适用于参加H2000深加工结转管理系统推广应用的加工贸易企业之间的深加工结转。

海关特殊监管区外企业与出口加工区内企业之间开展深加工结转业务的也适用。

二、管理原则

企业开展结转按以下原则进行管理：

1. 转入、转出企业向各自主管海关申报结转备案，经双方主管海关备案后，可以办理实际收发货及报关手续。

2. 海关通过计算机系统对企业申报的数据实行网上备案、审核。

3. 海关对深加工结转货物实施单项统计。

三、电子化模式申请深加工结转的手册及商品编码要求

1. 一份“中华人民共和国海关加工贸易保税货物深加工结转申请

表”（以下简称“结转申请表”）对应一个转出企业和一个转入企业；一份“结转申请表”对应转出企业一本“加工贸易登记手册”（包括联网监管电子账册、电子化手册、纸质手册等电子底账），但可对应转入企业多本“加工贸易登记手册”。

2. 结转双方的商品编号前 4 位原则上必须一致，对商品编码不一致的经海关判定为同一商品的，企业可在转出商品备注栏填写结转备用商品编码，商品编码一致的，海关予以办理；结转商品数量、计量单位应当一致或折算一致。

四、办理“结转申请表”备案手续

“结转申请表”从转入地海关审核通过之日起生效，有效期不能超过对应转出、转入“加工贸易登记手册”的有效期，逾期不能收发货和退货；联网监管企业“结转申请表”与账册有效期一致。

海关对“结转申请表”及其具体内容进行暂停处理的，在暂停期间企业不能进行收发货，但“结转申请表”项下已实际收发货的，允许办理报关手续。

企业可对经海关审核通过后的“结转申请表”的数量进行变更及增加新结转商品项目。

涉及实行 E 账册管理的联网监管企业“结转申请表”无须报备数量。

五、办理时限

转出、转入企业应当分别在每批实际发货及收货后 24 小时内录入申报“保税货物深加工结转收发货单”或“保税货物深加工结转退货单”电子数据。对实行电子账册管理的联网监管企业以及与其发生结转业务的企业，应在 72 小时内申报“保税货物深加工结转收发货单”及“保税货物深加工结转退货单”。

因技术原因导致无法在规定时限内申报“保税货物深加工结转收发货单”及“保税货物深加工结转退货单”的，经主管海关批准，可适当延长申报时限，但最长不超过7天。24小时、72小时或7天内在同一“结转申请表”项下发生的多次收、发货可累加成一次录入申报。企业应核实各“结转申请表”的收发货情况，确保收发货累计数量不超过对应“加工贸易登记手册”的可报关数量。

转出、转入企业办理结转备案手续后，应当按照经双方海关审核通过后的“结转申请表”进行实际收发货。转入、转出企业的每批次收发货或退货，应按规定时限如实申报“保税货物深加工结转收发货单”或“保税货物深加工结转退货单”电子数据。

六、结转申请不予受理的情形

1. 申请结转的企业有下列情形之一的，海关不予受理：

（1）不符合海关监管要求，被海关责令限期整改，在整改期内的。

（2）有逾期未报核“加工贸易登记手册”的。

（3）未按照本办法规定申报“结转申请表”、“保税货物深加工结转收发货单”或“保税货物深加工结转退货单”的。

（4）涉嫌走私已被海关立案调查，尚未结案的（经主管海关同意，并已收取风险担保金或保函的涉案企业除外）。

（5）转出或转入企业为D类企业的。

2. 企业手册有下列情形之一的，海关对该“加工贸易登记手册”的结转申请不予受理：

（1）转出、转入企业相关“加工贸易登记手册”已报核或已核销或已结案的。

（2）转出、转入企业“加工贸易登记手册”被海关暂停进出口的。

（3）转出、转入“加工贸易登记手册”被海关挂账处理的。

七、办理结转报关手续

转出、转入企业实际收发货后，应当按照以下规定办理结转报关手续：

1. 转出、转入企业应当分别在转出地、转入地海关办理结转报关手续。转出、转入企业可以根据“结转申请表”电子数据逐批或者多批次合并办理报关手续。每批结转货物实际收货后，转入企业应当在40日内办理该批货物的申报手续。

2. 转入企业可通过电子口岸查询收货情况，按“结转申请表”电子数据向转入地海关办理结转进口报关手续，并在结转进口报关单申报后及时将报关情况通知转出企业。

3. 转出企业自转入企业申报结转进口之日起10日内，通过电子口岸查询发货情况，按“结转申请表”电子数据向转出地海关办理结转出口报关手续。

4. 结转进口、出口报关的申报价格为结转货物的实际成交价格。

5. “结转申请表”编号应填入结转进口、出口报关单随附单证的单证编号栏内。

6. 一份结转进口报关单对应一份结转出口报关单，两份报关单之间对应的申报序号，“结转申请表”编号、价格、数量（或折算后数量）应当一致，报关单所填写的关联“加工贸易登记手册”号及关联报关单号应相互对应。

7. 海关无须收取纸质“结转申请表”，通过计算机自动检查、数据对碰，进行审单作业操作。

8. 结转进口、出口报关手续必须在企业“加工贸易登记手册”有效期或核销截止日内办结。

9. 企业超过规定时限申请办理结转报关手续的，海关按照《中华人民共和国海关关于加工贸易保税货物跨关区深加工结转的管理办法》（海关总署令第109号）有关规定处理后，应补办报关手续。

小贴士 “结转申请表”、“保税货物深加工结转收发货单”以及“保税货物深加工结转退货单”海关不统一印制，企业如需使用可自行打印。

第五节 《海关总署关于进一步做好H2000深加工结转管理系统推广使用有关问题的通知》

为落实国务院常务会议关于“加强进出口促进对外贸易平衡发展的政策措施”，积极应对复杂经济形势下的新情况、新问题，帮助企业减负增效，降低企业运营成本，适应海关通关和保税监管随附单证电子化要求，进一步防范监管和执法风险，就有关事项进行调整。

调整前的政策和调整后的政策对比详见表3－1。

表3－1 调整前与调整后的政策对比

修改项目	暂行办法	新调整为
关于申报时限	转出、转入企业应当分别在每批实际发货及收货后24小时内录入申报“保税货物深加工结转收发货单”或“保税货物深加工结转退货单”电子数据。对实行电子账册管理的联网监管企业以及与其发生结转业务的企业，应在72小时内申报“保税货物深加工结转收发货单”及“保税货物深加工结转退货单”。 因技术原因导致无法在规定时限内申报“保税货物深加工结转收发货单”及“保税货物深加工结转退货单”的，经主管海关批准，可适当延长申报时限，但最长不超过7天。24小时、72小时或7天内在同一“结转申请表”项下发生的多次收、发货可累加成一次录入申报。 企业应核实各“结转申请表”的收发货情况，确保收发货累计数量不超过对应手册的可报关数量。	延长企业深加工结转收发货登记的申报时限。即转出、转入企业应当分别在每批实际发货及收货后10天内通过预录入系统向海关申报“保税货物深加工结转收发货单”或“保税货物深加工结转退货单”电子数据。 因技术原因导致无法在规定时限内申报“保税货物深加工结转收发货单”及“保税货物深加工结转退货单”的，经主管海关同意，可适当延长申报时限，但最长不超过20天。结转系统对转出、转入企业申报的收发货数据进行自动登记。

表3－1续1

修改项目	暂行办法	新调整为
关于办理报关手续	转出、转入企业实际收发货后，应当按照以下规定办理结转报关手续： （1）转出、转入企业应当分别在转出地、转入地海关办理结转报关手续。转出、转入企业可以根据“结转申请表”电子数据逐批或者多批次合并办理报关手续。每批结转货物实际收货后，转入企业应当在40日内办理该批货物的申报手续。 （2）转入企业可通过电子口岸查询收货情况，按“结转申请表”电子数据向转入地海关办理结转进口报关手续，并在结转进口报关单申报后及时将报关情况通知转出企业。 （3）转出企业自转入企业申报结转进口之日起10日内，通过电子口岸查询发货情况，按“结转申请表”电子数据向转出地海关办理结转出口报关手续。 （4）结转进口、出口报关的申报价格为结转货物的实际成交价格。 （5）“结转申请表”编号应填入结转进口、出口报关单随附单证的单证编号栏内。 （6）一份结转进口报关单对应一份结转出口报关单，两份报关单之间对应的申报序号、“结转申请表”编号、价格、数量（或折算后数量）应当一致，报关单所填写的关联手册号及关联报关单号应相互对应。 （7）海关无须收取纸质“结转申请表”，通过计算机自动检查、数据对碰，进行审单作业操作。 （8）结转进口、出口报关手续必须在企业手册有效期或核销截止日内办结。 （9）企业超过规定时限申请办理结转报关手续的，海关按照《中华人民共和国海关关于加工贸易保税货物跨关区深加工结转的管理办法》（海关总署令第109号）有关规定处理后，应补办报关手续。	调整企业实际收发货后的报关手续办理时限。即转入、转出企业应当在实际收发货的次月底前办结该批货物的报关手续，但不得超过手册（包括联网监管电子账册、电子化手册、纸质手册等电子底账）有效期或核销截止日期。

表3－1续2

修改项目	暂行办法	新调整为
关于结转双方商品编码一致性	结转双方的商品编号前4位原则上必须一致，对商品编码不一致的经海关判定为同一商品的，企业可在转出商品备注栏填写结转备用商品编码，商品编码一致的，海关予以办理；结转商品数量、计量单位应当一致或折算一致。	为满足进出口商品规范申报要求，深加工结转双方的商品编码前8位应保持一致，对深加工结转双方因转出、转入地主管海关归类出现商品编码前8位不同造成企业“结转申请表”填报时出现商品编码不一致的，应遵循“转入为主、转出协调”的处理原则，即以转入地主管海关归类为准；如转出、转入地主管海关的归类协调仍不能达成一致的，由转入地主管海关根据《归类工作制度》相关规定进行归类认定，并按照归类部门最终确定的商品编码办理深加工结转手续。
关于“结转申请表”对应手册情况	“结转申请表”对应一个转出企业和一个转入企业；一份“结转申请表”对应转出企业一本“加工贸易登记手册”（包括联网监管电子账册、电子化手册、纸质手册等电子底账），但可对应转入企业多本手册。	在使用结转系统审核“结转申请表”时，无须企业提供纸质“结转申请表”。“结转申请表”结转商品需要填报数量和计量单位，一份“结转申请表”对应一本转出手册和一本转入手册，“结转申请表”有效期不得超过手册有效期或核销截止日期，且最长不得超过1年。

海关提醒 电子化模式“结转申请表”与纸质模式“结转申请表”的区别（海关总署第109号令发布的《中华人民共和国海关关于加工贸易保税货物跨关区深加工结转的管理办法》是针对纸质模式的深加工结转的规章，已于2014年3月12日废止）（详见表3－2）

表 3－2　电子化模式“结转申请表”与纸质模式“结转申请表”的区别

	纸质模式	电子化模式
结转申请表	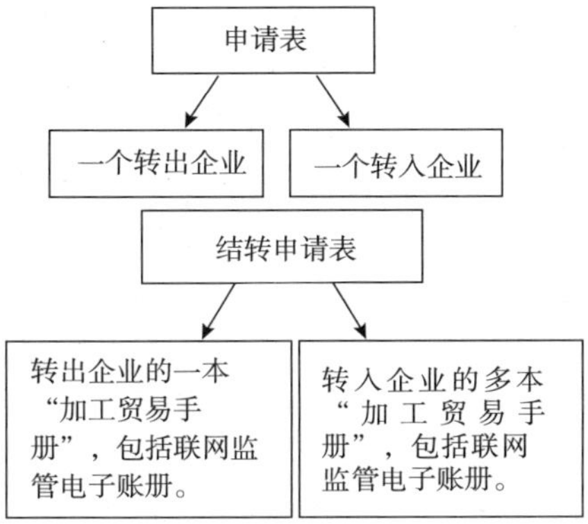	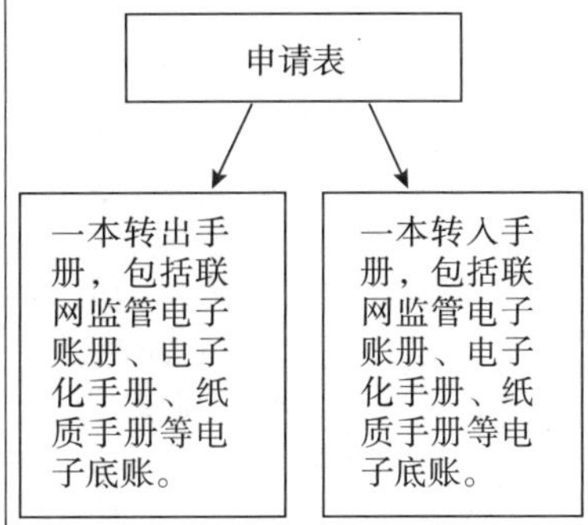
“结转申请表”有效期	未明确	“结转申请表”有效期不得超过手册有效期或核销截止日期，且最长不得超过 1 年。
收发货单	加工贸易企业开展结转的，应当按照海关规定填制“保税货物深加工结转收发货单”。	转出、转入企业应当分别在每批实际发货及收货后 10 天内通过预录入系统向海关申报“保税货物深加工结转收发货单”电子数据。因技术原因导致无法在规定时限内申报“保税货物深加工结转收发货单”，经主管海关同意，可适当延长申报时限，但最长不超过 20 天。
企业实际收发货后的报关手续办理时限	转出、转入企业应当分别在转出地、转入地海关办理结转报关手续。转出、转入企业可以凭一份“结转申请表”分批或者集中办理报关手续。转出（入）企业每批实际发（收）货后，应当在 90 日内办结该批货物的报关手续； （1）转入企业凭“结转申请表”、“结转登记表”等单证向转入地海关办理结转进口报关手续，并在结转进口报关后的第二个工作日内将报关情况通知转出企业； （2）转出企业自接到转入企业通知之日起 10 日内，凭“结转申请表”、“结转登记表”等单证向转出地海关办理结转出口报关手续。	转入、转出企业应当在实际收发货的次月底前办结该批货物的报关手续，但不得超过手册（包括联网监管电子账册、电子化手册、纸质手册等电子底账）有效期或核销截止日期。

表3－2续1

	纸质模式	电子化模式
结转商品编码一致性	通过调阅“加工贸易手册”的电子底账，了解结转货物的单耗构成，确定为同一商品的海关同意办理结转；企业申报计量单位一致且对应的数量相同，或企业申报计量单位不一致而法定计量单位一致，经折算并确定法定单位对应的数量一致的，海关同意办理结转；结转双方商品编号不完全一致，但商品编号前4位相同且符合前两款的，海关同意办理结转。	深加工结转双方的商品编码前8位应保持一致．如出现结转货物商品编码前8位不一致时，转出、转入企业应积极协调解决。若转出、转入企业无法协调，应及时反馈各自主管海关，由转出、转入地主管海关按规定协调解决。
海关不予受理企业申请结转的情况	申请结转的加工贸易企业有下列情形之一的，海关不予受理： (1) 不符合海关监管要求，被海关责令限期整改，在整改期内的； (2) 有逾期未报核“加工贸易手册”的； (3) 未按照本办法第五条规定填制结转货物收发货单的； (4) 涉嫌走私已被海关立案调查，尚未结案的。	申请结转的企业有下列情形之一的，海关不予受理：不符合海关监管要求，被海关责令限期整改，在整改期内的；有逾期未报核手册的；未按照本办法规定申报“结转申请表”、“保税货物深加工结转收发货单”或“保税货物深加工结转退货单”的；涉嫌走私已被海关立案调查，尚未结案的（经主管海关同意，并已收取风险担保金或保函的涉案企业除外）；转出或转入企业为D类企业的。 企业手册有下列情形之一的，海关对该手册的结转申请不予受理：转出、转入企业相关手册已报核或已核销或已结案的；转出、转入企业手册被海关暂停进出口的；转出、转入手册被海关挂账处理的。

第六节 《海关总署关于执行〈中华人民共和国海关加工贸易货物监管办法〉有关问题的公告》中涉及深加工结转业务的规定

【文　　号】海关总署公告2014年第21号

【发布日期】2014－03－24

【生效日期】2014－03－24

一、企业在办理深加工结转业务时，有未按照有关规定进行收发货申报及报关情形的，在补办有关手续前，海关不再受理新的《深加工结转申报表》，并可根据实际情况暂停已办理《深加工结转申报表》的使用。

二、企业应按照有关规定撤销或者修改深加工结转报关单；对已放行的深加工结转报关单，不能修改，只能撤销。

三、转出、转入企业违反有关规定的，海关按照《中华人民共和国海关法》及《中华人民共和国海关行政处罚实施条例》的规定处理；构成犯罪的，依法追究其刑事责任。

案例　某企业未经海关批准擅自结转保税货物

某电子类企业，主要开展进口线路板、二极管等，生产电源供应设备、变压器的加工贸易业务。该企业有8 000个生产成品已申请深加工结转申请表，却未在海关规定时间内报关；另有12 000个生产成品已经送货但尚未向海关申请深加工结转备案，上述两笔深加工结转均为同一收货公司。该企业对上述情况的解释是：由于收货公司的“加工贸易手册”中没有该企业对应的海关编码，导致该企业无法做深加工结转申请表；同时收货公司催促该企业按照订单及时送货。该企业考虑到如果不及时出货给客户，一方面担心客户据此理由取消订单，这些产品只能当作废品形式库存；另一方面该企业抱有侥幸心理，认为不向海关申请办理结转也可以发货给客户。因此，为尽快完成订单，该企业在未经海关许可的情况下发货给客户。

该企业未经海关许可，擅自将货物结转至下游企业，属于擅自深加工结转，是违规行为。其涉嫌违规行为已立案处理。

第四章　外发加工

第一节　外发加工环节的法律体系

一、部门规章

1. 《中华人民共和国海关加工贸易货物监管办法》（海关总署令第219号）。

2. 《中华人民共和国海关加工贸易企业联网监管办法》（海关总署令第150号）。

二、规范性文件

1. 《海关总署关于加工贸易保税货物外发加工业务有关事项的公告》（海关总署公告2009年第51号）。

《海关总署关于执行〈中华人民共和国海关加工贸易货物监管办法〉有关问题的公告》（海关总署公告2014年第21号）。

第二节　《中华人民共和国海关加工贸易货物监管办法》中涉及外发加工环节的规定

【文　　号】海关总署令第219号

【发布日期】2014－03－12

【生效日期】2014－03－12

一、外发加工

外发加工，是指经营企业，委托承揽企业对加工贸易货物进行加工，在规定期限内将加工后的产品运回本企业并最终复出口的行为。

承揽企业，是指与经营企业签订加工合同，承接经营企业委托的外发加工业务的企业或个人。

经营企业开展外发加工业务，应当按照外发加工的相关管理规定自外发之日起3个工作日内向海关办理备案手续。

经营企业开展外发加工业务，不得将加工贸易货物转卖给承揽者；承揽者不得将加工贸易货物再次外发。

二、外发加工政策的变化

最早海关总署令第113号发布，自2004年4月1日起实施。海关总署于2008年和2010年分别公布《海关总署关于修改〈中华人民共和国海关对加工贸易货物监管办法〉的决定》（海关总署令第168号）和《海关总署关于修改〈中华人民共和国海关对加工贸易货物监管办法〉的决定（二）》（海关总署令第195号），并于2014年2月13日出台《中华人民共和国海关加工贸易货物监管办法》（海关总署令第219号），海关总署令第113号、第168号、第195号同时废止。

几次修订中均对于外发加工政策予以修改调整。以海关总署第219号令为最终版本，调整变化如下：

（一）关于外发加工定义，如表4－1所示：

表 4-1 外发加工定义对比表

《海关总署令第 168 号》	《海关总署令第 219 号》
外发加工，是指经营企业因受自身生产特点和条件限制，经海关批准并办理有关手续，委托承揽企业对加工贸易货物进行加工，在规定期限内将加工后的产品运回本企业并最终复出口的行为。	外发加工，是指经营企业委托承揽企业对加工贸易货物进行加工，在规定期限内将加工后的产品运回本企业并最终复出口的行为。

（二）关于“不运回”本企业，如表 4-2 所示：

表 4-2 外发加工“不运回”本企业对比表

《海关总署令第 113 号》	《海关总署令第 219 号》
经营企业应当将外发加工的成品、边角料、剩余料件、残次品、副产品等加工贸易货物运回本企业。	外发加工的成品、剩余料件以及生产过程中产生的边角料、残次品、副产品等加工贸易货物，经经营企业所在地主管海关批准，可以不运回本企业。

（三）关于承揽者的定义，如表 4-3 所示：

表 4-3 承揽者定义对比表

《海关总署令第 195 号》	《海关总署令第 219 号》
承揽企业，是指与经营企业签订加工合同，承接经营企业委托的外发加工业务的生产企业。承揽企业须经海关注册登记，具有相应的加工生产能力。	承揽者，是指与经营企业签订加工合同，承接经营企业委托的外发加工业务的企业或者个人。

（四）关于缴纳保证金或银行保函的情况的调整，如表 4-4 所示：

表 4－4　缴纳保证金或银行保函情况对比表

《海关总署令第 195 号》	《海关总署令第 219 号》
有下列情形之一的，申请开展外发加工业务的经营企业应当向海关提供相当于外发加工货物应缴税款金额的保证金或者银行保函： （一）外发加工业务跨关区的； （二）全部工序外发加工的； （三）外发加工后的货物不运回直接出口的； （四）申请外发加工的货物未涉案，但经营企业或者承揽企业涉嫌走私、违规，已被海关立案调查、侦查且未审结的。 申请外发加工的货物之前已向海关提供不低于应缴税款金额的保证金或者银行保函的，经营企业无需再向海关提供保证金或者银行保函。	经营企业将全部工序外发加工的，应当在办理备案手续的同时向海关提供相当于外发加工货物应缴税款金额的保证金或者银行、非银行金融机构保函。

（五）关于企业办理外发加工时限，如表 4－5 所示：

表 4－5　关于企业办理外发加工时限对比表

《海关总署令第 195 号》	《海关总署令第 219 号》
无相关规定	经营企业开展外发加工业务，应当按照外发加工的相关管理规定自外发之日起 3 个工作日内向海关办理备案手续。

疑点小问答　1. 在开展外发加工的过程中，对于经营企业以及承揽企业的有哪些基本要求？有哪些需要特别注意的事项？

答：经营企业和承揽企业应当共同接受海关监管。其中经营企业应该特别注意的是，不得将加工贸易货物转卖给承揽企业，应在合同核销时如实报告外发加工货物的发运、加工、单耗、存储等情况。承揽企业应注意的是，不得将加工贸易货物再次外发至其他企业进行加工。

2. 经营企业是否可以将全部工序外发加工？

答：允许经营企业将全部工序外发，但应当向海关提供相当于外发加工货物应缴税款金额的保证金或者银行、非银行金融机构保函。

第三节 《中华人民共和国海关加工贸易企业联网监管办法》中涉及外发加工环节的规定

【文　　号】海关总署令第150号

【发布日期】2006－06－14

【生效日期】2006－08－01

联网企业的外发加工实行主管海关备案制。加工贸易企业开展外发加工前应当将外发加工承揽企业、货物名称和周转数量向主管海关备案。

第四节 《海关总署关于加工贸易保税货物外发加工业务有关事项的公告》

【文　　号】海关总署公告2009年第51号

【发布日期】2009－08－10

【生效日期】2009－08－10

本公告根据《海关总署关于修改〈中华人民共和国海关对加工贸易货物监管办法〉的决定》（海关总署令第168号）、《海关总署关于公布〈中华人民共和国海关加工贸易企业联网监管办法〉的令》（海关总署令第150号）等有关规定，就加工贸易外发加工业务管理和H2000外发加工管理系统（以下简称外发系统）操作等有关问题做出了说明。

一、外发加工企业资质

具备加工生产能力，但受自身生产特点和工艺条件限制而不能完成全部工序和订单的加工贸易企业（以下简称企业），由企业提出申请，经海关核准，可开展外发加工业务。

企业申请外发加工业务的，由“加工贸易手册”（包括电子化手册、电子账册和纸制手册）备案地主管海关负责核准和办理外发加工业务手续，并对保税货物实施监管。

海关提醒 承揽外发加工企业不得将加工贸易货物再次外发至其他企业进行加工。

二、外发系统的使用管理

企业已使用外发系统对外发加工业务进行管理的，主管海关不再签发纸质“加工贸易货物外发加工申请审批表”（以下简称“外发加工申请表”），并应按照《海关总署 H2000 外发加工管理系统推广暂行办法》（详见本章第五节）有关规定，使用外发系统办理相关海关手续。

因系统故障和暂未安装系统等原因造成无法使用外发系统对外发加工业务进行管理的，可采用纸质单证作业方式进行处理。外发系统故障恢复正常运作后，企业应按照《海关总署 H2000 外发加工管理系统推广暂行办法》规定进行补录入。

三、承揽企业资质要求

企业申请开展外发加工业务的，应按照《海关总署关于修改〈中华人民共和国海关对加工贸易货物监管办法〉的决定》（海关总署令第 168 号）修正后的《中华人民共和国海关对加工贸易货物监管办法》第三条第十款“承揽企业须经海关注册登记”的规定，提交承揽企业营业执照复印件、企业签章确认的承揽企业生产能力状况等必要材料。

海关提醒 同一承揽企业的营业执照和生产能力状况资料等已在海关备案的，企业无须每次重复提供，并应将其与委托企业签订的加工合同或协议留底备查。

经主管海关核准，对外发加工成品、剩余料件以及生产过程中产生的边角料、残次品、副产品等保税货物不运回的，企业应按照相关管理规定办理相关手续。

对外发加工的保税货物总量超出主管商务部门核定的企业年生产能力的50%以上或全部工序外发加工的，企业应使用外发系统办理海关相关手续。

四、外发加工业务的备案流程

外发加工业务的备案流程，如图4－1所示：

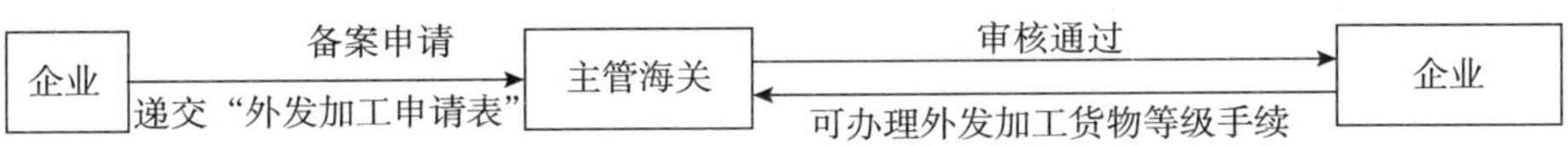

图4－1　外发加工备案流程

海关提醒 “外发加工申请表”从主管海关审核通过之日起生效，有效期不能超过对应企业“加工贸易手册”（包括电子化手册、电子账册和纸质手册）的有效期或核销截止日期，逾期不能收发货。

五、企业向主管海关申请电子数据备案的相关要求

企业办理外发加工前，应以“外发加工申请表”向主管海关申请电子数据备案。

1. 一份“外发加工申请表”对应一个承揽企业，并对应企业一本手册。

2. “外发加工申请表”内容包括企业名称及编码、承揽企业名称、外发加工合同号、地址（在备注栏填写）、关联手册（账册）号，以及外发货物（半成品或原料）的品名、数量、计量单位、加工后产品的品名、数量、计量单位等。

3. 对企业申请全部工序外发加工的，企业应在“外发加工申请表”备注栏注明“全部工序外发加工”字样。

六、关于外发加工收发货单的申报

企业应分别在每批实际收发货后72小时内申报“保税货物外发加工收发货单”电子数据。

1. 72小时内在同一“外发加工申请表”项下发生的多次收、发货可累加成一次录入申报。

2. 因企业端系统、海关端系统等原因，导致无法在规定时限内申报“保税货物外发加工收发货单”的，经主管海关批准，可适当延长申报时限，但最长不得超过7天。

海关提醒 企业应向海关如实申报“外发加工申请表”、“保税货物外发加工收发货单”。

七、办理实际收发货

企业办理外发加工备案手续后，应当按照经主管海关审核通过后的“外发加工申请表”进行实际收发货。每批次收发货，应按本公告第五条规定时限如实申报“保税货物外发加工收发货单”电子数据。

海关提醒 “外发加工申请表”、“保税货物外发加工收发货单”

海关不统一印制，企业如需使用可自行打印。

八、海关不予批准其开展外发加工业务的情形

1. 涉嫌走私、违规，已被海关立案调查、侦查，案件未审结的；

2. 生产经营管理不符合海关监管要求，被海关责令限期整改，在整改期内的；

3. 有逾期未报核手册的；

4. 申请外发加工的手册被海关暂停进出口的。

第五节 《海关总署关于执行〈中华人民共和国海关加工贸易货物监管办法〉有关问题的公告》中涉及外发加工业务的规定

【文　　号】海关总署公告2014年第21号

【发布日期】2014－03－24

【生效日期】2014－03－24

一、企业应当在货物首次外发之日起3个工作日内向海关备案外发加工基本情况；企业应当在货物外发之日起10日内向海关申报实际收发货情况，同一手（账）册、同一承揽者的收、发货情况可合并办理。

企业外发加工备案信息发生变化的，应当向海关变更有关信息。

二、以合同为单元管理的，首次外发是指在本手册项下对同一承揽者第一次办理外发加工业务；以企业为单元管理的，首次外发是指本核销周期内对同一承揽者第一次办理外发加工业务。

三、对全工序外发的，企业应当在外发加工备案时缴纳相当于外发加工货物应缴税款金额的保证金或者保函。企业变更外发加工信息时，

涉及企业应缴纳外发加工保证金数量增加的，企业应补缴保证金或者保函。

四、企业未按规定向海关办理外发加工手续，或者实际外发情况与申报情况不一致的，按照《中华人民共和国海关行政处罚实施条例》有关规定予以处罚。

案例　某企业未经海关批准擅自外发保税货物

某有限公司成立于2004年，从事加工贸易9年，为海关A类管理企业，主要进口导光板、支架、折射片等料件，加工生产背光板等成品。该企业注册资本1 055万美元。自2012年以来，海关调阅数据发现，该企业设立加工贸易手册进出口规模大幅增长，由2011年年设立手册额度16 232万美元，增长至18 551万美元。

2012年开始，该企业由于产品生产工艺和设计的需要，新增加了对部分产品组装加工的要求，要对企业的导光板、支架、发光二极管等进行精密组装加工处理。同时，企业因产品适销对路，国内外对导光板需求旺盛，订单也不断增加。由于企业生产条件、生产能力的限制，该企业未设有组装导光板组件的工艺设备。为了满足生产需要，该企业将大量需要加工的半成品货物发给同一地区一家专门加工导光板组件的配套企业，待加工完成后再送货回该企业继续加工。2012年以来，该企业共计发货半成品到配套企业23票，但该企业未向海关申报和办理外发加工的审批手续。

该企业擅自外发加工涉嫌违反海关监管规定的情事，已移交相关部门立案处理。

第五章 内销

本章所指加工贸易内销，是指加工贸易企业因故将原本用于出口的加工贸易货物转为境内销售的行为。通常，企业须在内销前向海关办理内销征税手续。本章将从《海关法》入手，将不同层级法律体系中涉及加工贸易货物内销的相应条款进行一一重点介绍。

第一节 内销环节的法律体系

目前，加工贸易内销业务已基本形成包括法律、部门规章以及规范性文件三个层级的法律体系框架，在规范加工贸易企业内销行为、加强海关对加工贸易企业的监管等方面发挥着重要的作用。

一、法律

加工贸易内销业务主要的法律依据是《海关法》。其中关于内销的规定明确了海关对加工贸易货物内销实施监管的业务制度及法律责任。

二、部门规章

1.《中华人民共和国海关加工贸易货物监管办法》，明确了加工贸易业务制度及相关的法律责任。

2.《中华人民共和国海关加工贸易企业联网监管办法》，对实施计算机联网监管的加工贸易企业在办理加工贸易内销征税时的相关做法进行了规定。

3.《中华人民共和国海关关于加工贸易边角料、剩余料件、残次品、副产品和受灾保税货物的管理办法》，规范了不同加工贸易货物内销时的不同监管办法。

4.《中华人民共和国海关审定内销保税货物完税价格办法》，对加工贸易货物内销确定完税价格进行了规定。

三、规范性文件

1.《海关总署关于执行〈中华人民共和国海关加工贸易货物监管办法〉有关问题的公告》（海关总署公告 2014 年第 21 号）。

2《海关总署关于对加工贸易项下出口应税商品征收出口关税有关问题的公告》，对加工贸易项下出口应税商品征收出口关税有关问题进行了规定。

3.《海关总署关于加工贸易内销货物审价问题的公告》，规定了加工贸易货物申请内销时内销完税价格的确定以及需向海关提交的单证。

4.《海关总署关于调整加工贸易商品内销征收缓税利息率有关问题的公告》，规定了加工贸易货物内销征收缓税利息适用的利息率。

5.《海关总署关于加工贸易货物内销缓税利息征收及退还有关问题的公告》，规定了加工贸易内销货物征收缓税利息的计算方法等。

第二节　《海关法》涉及内销环节的规定

作为海关法律体系中最基本的上位法，《海关法》明确规定了“内销补证征税”为海关对加工贸易实施有效管理的四项基本法律制度之一。

一、对加工贸易货物内销环节的规定

加工贸易保税进口料件或者制成品因故转为内销的，海关凭准予内销的批准文件，对保税的进口料件依法征税；属于国家对进口有限制性规定的，还应当向海关提交进口许可证件。

二、内销环节的法律责任

加工贸易企业未经海关许可并且缴纳应纳税款、交验有关许可证件，擅自将加工贸易货物在境内销售的，属于走私行为。对于该行为，尚不构成犯罪的，由海关没收走私货物以及违法所得，可以并处罚款；专门或者多次用于掩护走私的货物、物品，专门或者多次用于走私的运输工具，予以没收，藏匿走私货物的特制设备，责令拆毁或者没收。

第三节 《中华人民共和国海关加工贸易货物监管办法》中涉及内销环节的规定

【文　　号】海关总署令第 219 号

【发布日期】2014 - 03 - 12

【生效日期】2014 - 03 - 12

一、加工贸易货物内销的相关规定

加工贸易保税进口料件或者成品因故转为内销的，海关凭主管部门准予内销的有效批准文件，对保税进口料件依法征收税款并且加征缓税利息，另有规定的除外。

进口料件属于国家对进口有限制性规定的，经营企业还应当向海关提交进口许可证件。

海关提醒 此处所指“商务主管部门”是原出具“加工贸易业务批准证”的商务主管部门；若内销商品涉及配额、许可证等特殊管理措施的，仍须按规定报省级商务主管部门或商务部审批。

小贴士 企业申请加工贸易货物内销应准备以下单证：

1. 加工贸易保税进口料件内销批准证；
2. 加工贸易货物内销征税申报单；
3. 申报内销货物的原进口报关单；
4. 属于国家实行进口许可证及配额管理的商品，需提供进口许可证件；
5. 海关认为需要提供的其他单证，包括申报内销货物的原进口发票、货物购销合同、运保费凭证、货物说明书、商品检验检疫证书、信用证、结付汇凭证、提单、装箱单、业务函电及其他相关资料等。

二、加工贸易内销的法律责任

违反本办法，构成走私行为、违反海关监管规定行为或者其他违反海关法行为的，由海关依照《海关法》和《中华人民共和国海关行政处罚实施条例》的有关规定予以处理；构成犯罪的，依法追究刑事责任。

海关提醒 加工贸易企业擅自内销属于走私行为，按照《中华人民共和国海关行政处罚实施条例》规定，偷逃应纳税款但未逃避许可证件管理，走私依法应当缴纳税款的货物、物品的，没收走私货物、物品及违法所得，可以并处偷逃应纳税款3倍以下罚款。

企业未经海关批准将加工贸易货物在国内销售后，再以一般贸易或国内采购货物顶替的，仍然属于走私或违规行为。

案例　某企业违反海关规定擅自内销保税料件

某服装制品有限公司，于2005年初在海关设立1本进料加工手册，并已完成手册项下料件进口手续。手册有效期到期后，企业未在规定时限内向海关办理手册延期或报核业务。海关经调阅该手册进出口记录，发现该手册自料件进口后，无成品出口、料件退运、余料结转或料件内销等记录。后经海关核实，该企业由于首次办理加工贸易业务，不了解海关对加工贸易货物的监管规定，在完成手册料件进口后，将保税料件加工的制成品在国内销售。

根据上述情况，海关认定该企业存在违反海关规定，擅自内销保税料件的情形，已经构成涉嫌走私行为，对该企业进行立案处理。

案例分析：按照海关规定，加工贸易货物属于海关监管货物，企业未经海关许可不得擅自销售和处置。在企业实际经营中，应加强对加工贸易保税货物的管理，专料专用，单独存放、分开管理。对于加工贸易保税进口料件因故转为国内销售的，应提前向海关提出申请，经海关批准并办理相应的内销征税手续后方可由企业自行处理。

第四节　《中华人民共和国海关加工贸易企业联网监管办法》中涉及内销环节的规定

【文　　号】海关总署令第150号

【发布日期】2006－06－14

【生效日期】2006－08－01

一、联网企业的内销周期

经主管海关批准，联网企业可以按照月度集中办理内销补税手续；联网企业内销加工贸易货物后，应当在当月集中办理内销补税手续。

海关提醒 集中办理内销申报手续

根据内销便利化措施的规定，下列企业可以在加工贸易货物内销当月内向海关集中办理内销申报手续：

1. 经主管海关批准的实施电子账册模式监管且信誉良好的企业；

2. 经主管海关批准的AA类企业；

3. 经直属海关主管关长批准，能够提供金融机构或资产质押担保的A类企业。

小贴士 由于联网企业可以选择先行内销加工贸易货物，并在内销当月集中办理征税手续，因此企业可以享受最长1个月的税款缴纳缓冲期，有利于减少企业资金占用并降低经营成本。另外，企业也可以依据市场行情的变动，在一个时期内自由掌握将加工贸易制成品按原计划出口国外还是转为在国内市场销售。

二、对联网企业内销货物征收缓税利息的相关规定

1. 联网企业申请加工贸易货物内销后应当按照规定向海关缴纳缓税利息。

2. 内销货物缓税利息的起始日期为内销料件或者制成品对应的电子账册最近一次核销之日，没有核销日期的，起始日期为内销料件或者

制成品所对应的电子账册首批料件进口之日。

3. 缴纳缓税利息的终止日期为海关签发税款缴款书之日。

三、关于联网企业实施盘点时内销的相关规定

海关结合企业盘点实施核查核销时，应当将电子底账核算结果与联网企业实际库存量进行对比，并分别进行以下处理：

1. 实际库存量少于电子底账核算结果且联网企业可以提供正当理由的，对短缺的部分，海关应当责令联网企业申请内销处理；

2. 实际库存量少于电子底账核算结果且联网企业不能提供正当理由的，对短缺的部分，海关除责令联网企业申请内销处理外，还可以按照《中华人民共和国海关行政处罚实施条例》对联网企业予以处罚。

案例　某联网企业违反海关规定擅自内销保税料件

某企业成立于2008年，主要从事自行车的生产加工业务，产品主要出口欧美等国家。该企业为海关实施计算机联网监管的加工贸易企业，依据企业申请，主管海关批准该企业按照月度集中办理内销手续。2012年一季度，该企业连续三个月申报月度集中内销数量基本一致，主管海关注意到这一数据后，在该核销周期内对企业实施盘点核销，盘点结果实际库存量少于账册底账数量。经核实，该企业将保税料件内销后，申报数量少于实际内销数量。

依据上述情况，主管海关认为该企业存在违反海关规定，擅自内销保税料件的情形。海关依据相关规定对该企业实施处罚。

案例分析：按照海关规定，加工贸易货物属于海关监管货物，企业未经海关许可不得擅自销售和处置。联网企业申请月度集中办理内销手续的，应在内销当月按照实际内销情况进行集中申报。

第五节 《中华人民共和国海关关于加工贸易边角料、剩余料件、残次品、副产品和受灾保税货物的管理办法》中涉及内销环节的规定

【文　　号】海关总署令第111号

【发布日期】2004－05－25

【生效日期】2004－07－01

《中华人民共和国海关关于加工贸易边角料、剩余料件、残次品、副产品和受灾保税货物的管理办法》是根据《海关法》及其他有关法律、行政法规制定的，明确规定了企业内销加工贸易货物时应遵循的规定。

一、剩余料件的内销

（一）是否需经商务主管部门审批

1. 申请内销剩余料件的金额占该加工贸易合同项下实际进口料件总额3%以内（含3%），且总值在人民币1万元以下（含1万元）的，商务主管部门免予审批。

2. 申请内销剩余料件的金额占该加工贸易合同项下实际进口料件总额3%以上或者总值在人民币1万元以上的，须报商务主管部门审批。

（二）内销商品的归类

企业应按照剩余料件对应的原进口料件进行归类。

（三）完税价格和适用税率的确定

1. 剩余料件应按照其对应的原进口料件确定其完税价格和适用税率。

2. 属于实行进口关税配额管理的，企业如能向海关提交有关进口配额许可证件的，按照关税配额税率计征关税；如企业未能按照规定向海关提交有关进口配额许可证件的，由海关按照有关规定办理。

（四）税款的计征

企业申请内销剩余料件的，由海关按照规定计征税款及缓税利息。

（五）是否需提交进口许可证件

1. 申请内销剩余料件的金额占该加工贸易合同项下实际进口料件总额3%以内（含3%），且总值在人民币1万元以下（含1万元）的，其对应的加工贸易原进口料件属于发展改革委、商务部、环保总局及其授权部门进口许可证件管理范围的，免于提交许可证件。

2. 申请内销剩余料件的金额占该加工贸易合同项下实际进口料件总额3%以上或者总值在人民币1万元以上的，其对应的加工贸易原进口料件属于进口许可证件管理范围的，企业须按照规定向海关提交有关进口许可证件。

（六）是否需加征特别关税

剩余料件对应的进口料件属于加征特别关税的，应由海关按照规定征收需加征的特别关税。

（七）内销的进口通关手续

企业办理剩余料件内销的进口通关手续时，应按照其加工贸易的原进口料件品名进行申报。

二、制成品的内销

1. 申请内销使用剩余料件生产的制成品时，由海关根据其对应的进口料件价值，按照剩余料件内销的相关规定办理。

2. 企业办理制成品内销的进口通关手续时，应按照其对应的加工贸易原进口料件品名进行申报。

三、残次品的内销

1. 申请内销残次品的，由海关根据其对应的进口料件价值，比照剩余料件内销的相关规定办理。

2. 企业办理残次品内销的进口通关手续时，应按照其对应的加工贸易原进口料件品名进行申报。

小贴士 制成品、剩余料件、残次品在内销规定上的区别，详见表5－1。

表5－1 制成品、剩余料件、残次品在内销规定上的区别

项目＼类型		制成品	剩余料件	残次品
是否需商务部门审批	内销剩余料件金额占该加工贸易合同项下实际进口料件总额3%以内（含3%），且总值在人民币1万元以下（含1万元）的	×	×	×
	内销剩余料件的金额占该加工贸易合同项下实际进口料件总额3%以上或者总值在人民币1万元以上的	√	√	√
是否按照报验状态申报		×	×	×

表 5－1 续 1

<table>
<tr><td colspan="2">类型
项目</td><td>制成品</td><td>剩余料件</td><td>残次品</td></tr>
<tr><td colspan="2">是否按原进口料件品名申报</td><td>√</td><td>√</td><td>√</td></tr>
<tr><td rowspan="2">是否需要提交许可证件</td><td>内销剩余料件金额占该加工贸易合同项下实际进口料件总额 3% 以内（含 3%），且总值在人民币 1 万元以下（含 1 万元）的</td><td>×</td><td>×</td><td>×</td></tr>
<tr><td>内销剩余料件的金额占该加工贸易合同项下实际进口料件总额 3% 以上或者总值在人民币 1 万元以上的</td><td>√</td><td>√</td><td>√</td></tr>
<tr><td colspan="2">是否需要计征缓税利息</td><td>√</td><td>√</td><td>√</td></tr>
</table>

四、边角料的内销

（一）是否需经商务主管部门审批

企业申请边角料内销的，商务主管部门免予审批，直接报主管海关核准办理有关手续。

（二）内销商品的归类

由海关按照申请内销时的报验状态进行归类。

（三）完税价格和适用税率的确定

1. 由海关依据其内销边角料的报验状态确定完税价格和适用的税率。

2. 属于实行关税配额管理商品的，应由海关按照关税配额税率计征税款。

（四）税款的计征

企业申请内销边角料的，由海关按照规定计征税款，免于征收缓税利息。

（五）是否需提交进口许可证件

经海关依据其报验状态归类后，属于发展改革委员会、商务部、环保总局及其授权部门进口许可证件管理范围的，免于提交许可证件。

（六）是否需加征特别关税

经海关依据其报验状态归类后，属于需加征特别关税的，应由海关依规定对其免于加征特别关税。

（七）内销的进口通关手续

企业办理边角料内销的进口通关手续时，应当按照向海关申请内销的报验状态申报。

五、副产品的内销

加工贸易企业在加工生产过程中产生，或者经过回收能够提取副产品的，未出口的，加工贸易企业应向主管海关如实申报。

（一）是否需经商务主管部门审批

由商务主管部门按照副产品实物状态列明内销商品名称，并按加工贸易有关内销规定审批，海关凭商务主管部门批件办理内销有关手续。

（二）内销时的申报状态

应当按照向海关申请内销的报验状态申报。

（三）完税价格和适用税率的确定

1. 由海关按照企业申请内销副产品的报验状态归类后确定其完税价格和适用税率。

2. 属于实行进口关税配额管理，如企业能按照规定向海关提交有关进口配额许可证件，海关按照关税配额税率计征税款；

如企业未能按照规定向海关提交有关进口配额许可证件，海关按照有关规定办理。

（四）税款的计征

企业申请内销副产品的，由海关按照规定计征税款及缓税利息。

（五）是否需提交进口许可证件

经海关依据其报验状态归类后，如属于进口许可证件管理的，企业还须按照规定向海关提交有关进口许可证件。

（六）是否需加征特别关税

经海关依据其报验状态归类后，如属于加征特别关税的，应由海关按照规定征收需加征的特别关税。

（七）内销的进口通关手续

企业办理副产品内销的进口通关手续时，按照向海关申请内销的报验状态申报。

六、受灾保税货物的内销

加工贸易受灾保税货物（包括边角料、剩余料件、残次品、副产品）在运输、仓储、加工期间发生灭失、短少、损毁等情事的，加工贸易企业应当及时向主管海关报告。

(一) 可以免税核销的受灾保税货物

对于因不可抗力因素造成的加工贸易受灾保税货物，经海关核实，对受灾保税货物灭失，或者虽未灭失但完全失去使用价值且无法再利用的，企业可以免于向海关申请受灾保税货物内销。

(二) 需要计征税款后予以核销的受灾保税货物

1. 对于因不可抗力因素造成的加工贸易受灾保税货物，经海关核实，虽失去原使用价值但可以再利用的，加工贸易企业须向海关申请内销；

2. 除不可抗力因素外，加工贸易企业因其他经海关审核认可的正当理由导致加工贸易货物在运输、仓储、加工期间发生灭失、短少、损毁等情事的，加工贸易企业须向海关申请内销。

(三) 内销受灾保税货物的相关规定

依据本办法规定，企业申请内销的受灾保税货物为进口料件和制成品的，应按照以下规定办理：

1. 是否需经商务主管部门审批。

企业申请内销受灾保税货物的，须报商务主管部门审批。

2. 内销商品的归类。

由海关按照受灾保税货物对应的原进口料件进行归类。

3. 完税价格和适用税率的确定。

(1) 由海关审定、确认受灾保税货物价格和其对应进口料件适用的税率。

(2) 受灾保税货物对应的进口料件属于实行进口关税配额管理的，其中受灾保税货物是由不可抗力因素造成的，海关按照关税配额税率计征税款。

因其他经海关审核认可的正当理由造成的，企业如能按照规定向海关提交有关进口配额许可证件，海关按照关税配额税率计征税款；企业如未按照规定向海关提交有关进口配额许可证件，由海关按照有关规定办理。

4. 税款的计征。

由海关按照审定的受灾保税货物价格、其对应进口料件适用的税率计征税款和税款缓税利息。

5. 是否需提交进口许可证件。

（1）对于因不可抗力因素造成的加工贸易受灾保税货物，其对应的原进口料件，属于发展改革委、商务部、环保总局及其授权部门进口许可证件管理范围的，免于提交许可证件。

（2）对于除不可抗力因素外，企业因其他经海关审核认可的正当理由导致的受灾保税货物，其对应的原进口料件如属进口许可证件管理范围的，企业须按照规定向海关提交有关进口许可证件，其中属于海关规定可免于提交进口许可证件的除外。

6. 是否需加征特别关税。

（1）因不可抗力因素造成的，如失去原使用价值的，海关免于征收需加征的特别关税；

（2）因其他经海关审核认可的正当理由造成的，海关按照规定征收需加征的特别关税。

7. 内销的进口通关手续。

企业办理受灾保税货物内销的进口通关手续时，应按照其加工贸易的原进口料件品名进行申报。

8. 企业申请内销受灾保税货物时应向海关提供以下单证：

（1）商务主管部门的签注意见；

（2）保险公司出具的保险赔款通知书或者检验检疫部门出具的有关检验检疫证明文件；

（3）海关认可的其他有效证明文件。

小贴士 边角料、副产品、受灾保税货物在内销规定上的区别，详见表5－2。

表5－2 边角料、副产品、受灾保税货物在内销规定上的区别

货物类型／项目	边角料	副产品	受灾保税货物（进口料件和制成品）	
			因不可抗力因素造成的，虽失去原使用价值，但可以再利用的	除不可抗力因素外，企业因其他经海关认可的正当理由导致的
是否需商务部门审批	×	√	√	√
是否按照报验状态申报	√	√	×	×
是否按原进口料件品名申报	×	×	√	√
是否需要提交许可证件	×	√	×	√
是否需要计征缓税利息	×	√	√	√

案例 某企业违反海关规定擅自内销残次品

某汽车配件加工企业，主要从事汽车脚垫的生产加工业务。该企业自2009年开始向海关设立加工贸易手册，对进口的塑胶脚垫按照不同形状进行切割后出口。2012年，在海关对该企业实施常规核查的过程中，发现该企业在生产过程中存在一定比例的残次品未按规定申报内销征税。据此，海关认为该企业存在擅自内销保税料件的情形，对该企业进行立案处理。

案例分析：按照海关规定，加工贸易保税料件加工后产生残次品属于海关监管货物，未经海关许可，任何企业、单位、个人不得擅自销售或者移作他用。企业申请内销残次品的，应按照其对应的原进口料件价值，按照剩余料件内销的相关规定办理。

第六节 《中华人民共和国海关审定内销保税货物完税价格办法》中涉及内销环节的规定

【文　　号】海关总署令第211号

【发布日期】2013－12－25

【生效日期】2014－02－01

《中华人民共和国海关审定内销保税货物完税价格办法》是根据《海关法》、《中华人民共和国进出口关税条例》及其他有关法律、行政法规，为正确审查确定内销保税货物完税价格而制定的。

一、内销保税货物的含义

内销保税货物，包括因故转为内销需要征税的加工贸易货物、海关特殊监管区域内货物、保税监管场所内货物和因其他原因需要按照内销征税办理的保税货物，但不包括以下项目：

1. 海关特殊监管区域、保税监管场所内生产性的基础设施建设项目所需的机器、设备和建设所需的基建物资；

2. 海关特殊监管区域、保税监管场所内企业开展生产或综合物流服务所需的机器、设备、模具及其维修用零配件；

3. 海关特殊监管区域、保税监管场所内企业和行政管理机构自用的办公用品、生活消费用品和交通运输工具。

二、内销保税货物完税价格的审定方法

内销保税货物的完税价格，由海关以该货物的成交价格为基础审查确定。

（一）进口料件或者其制成品（包括残次品）内销

1. 进料加工进口料件或者其制成品（包括残次品）内销时，海关以料件原进口成交价格为基础审查确定完税价格。

属于料件分批进口，并且内销时不能确定料件原进口一一对应批次的，海关可按照同项号、同品名和同税号的原则，以其合同有效期内或电子账册核销周期内已进口料件的成交价格计算所得的加权平均价为基础审查确定完税价格。

合同有效期内或电子账册核销周期内已进口料件的成交价格加权平均价难以计算或者难以确定的，海关以客观可量化的当期进口料件成交价格的加权平均价为基础审查确定完税价格。

2. 来料加工进口料件或者其制成品（包括残次品）内销时，海关以接受内销申报的同时或者大约同时进口的与料件相同或者类似的保税货物的进口成交价格为基础审查确定完税价格。

（二）深加工结转货物内销

深加工结转货物内销时，海关以该结转货物的结转价格为基础审查确定完税价格。其中，结转价格是指深加工结转企业间买卖加工贸易货物时双方订立的价格，是深加工结转转入企业为购买加工贸易货物而向深加工结转转出企业实际支付或者应当支付的全部价款。

（三）边角料、副产品及受灾保税货物的内销

加工企业内销的加工过程中产生的边角料或者副产品，以其内销价格为基础审查确定完税价格。

副产品并非全部使用保税料件生产所得的，海关以保税料件在投入成本核算中所占比重计算结果为基础审查确定完税价格。

按照规定需要以残留价值征税的受灾保税货物，海关以其内销价格

为基础审查确定完税价格。按照规定应折算成料件征税的，海关以各项保税料件占构成制成品（包括残次品）全部料件的价值比重计算结果为基础审查确定完税价格。

边角料、副产品和按照规定需要以残留价值征税的受灾保税货物经海关允许采用拍卖方式内销时，海关以其拍卖价格为基础审查确定完税价格。其中，拍卖价格，是指国家注册的拍卖机构对海关核准参与交易的保税货物履行合法有效的拍卖程序，竞买人依拍卖规定获得拍卖标的物的价格。

（四）特殊情况下内销保税货物完税价格的审定

内销保税货物的完税价格依据上述办法仍无法确定的，由海关依次以下列价格估定该货物的完税价格：

1. 与该货物同时或者大约同时向中华人民共和国境内销售的相同货物的成交价格。

2. 与该货物同时或者大约同时向中华人民共和国境内销售的类似货物的成交价格。

3. 与该货物进口的同时或者大约同时，将该进口货物、相同或者类似进口货物在第一级销售环节销售给无特殊关系买方最大销售总量的单位价格，但应当扣除以下项目：

（1）同等级或者同种类货物在中华人民共和国境内第一级销售环节销售时通常的利润和一般费用以及通常支付的佣金；

（2）进口货物运抵境内输入地点起卸后的运输及其相关费用、保险费；

（3）进口关税及国内税收。

4. 按照下列各项总和计算的价格：生产该货物所使用的料件成本和加工费用，向中华人民共和国境内销售同等级或者同种类货物通常的利润和一般费用，该货物运抵境内输入地点起卸前的运输及其相关费用、保险费。

5. 以合理方法估定的价格。

企业向海关提供有关资料后，可以提出申请，颠倒前款第 3 项和第 4 项的适用次序。

三、价格质疑

企业对海关确定完税价格有异议的，应当按照海关作出的相关行政决定缴纳税款，并可以依法向上一级海关申请复议。对复议决定不服的，可以依法向人民法院提起行政诉讼。

第七节 《海关总署关于对加工贸易项下出口应税商品征收出口关税有关问题的公告》

【文　　号】海关总署公告 2003 年第 23 号

【发布日期】2003 - 04 - 04

【生效日期】2003 - 05 - 01

《海关总署关于对加工贸易项下出口应税商品征收出口关税有关问题的公告》是依据国家对加工贸易和征收出口关税的有关管理规定制定的，其对加工贸易项下出口应税商品的有关问题进行了规定。

1. 加工贸易项下出口应税商品，如系全部使用进口料件加工的产（成）品，不征收出口关税。

2. 加工贸易项下出口应税商品，如系部分使用进口料件加工的产（成）品，则按海关核定的比例征收出口关税。

具体计算公式是：出口关税 = 出口货物完税价格 × 出口关税税率 × 出口成品中使用的国产料件占全部料件的价值比例

出口货物完税价格由海关根据《中华人民共和国海关审定进出口

货物完税价格办法》的规定审核确定。

3. 企业应在向海关设立或变更手册（最迟在成品出口前）时，向海关如实申报出口成品中使用的国产料件占全部料件的价值比例。

海关提醒 企业应如实申报国产料件的价值比例

出口成品中使用国产料件占全部料件的价值比例＝物化在成品中的国产料件价值÷（物化在成品中的国产料件价值＋保税进口料件价值）

企业应在设立或变更手册（最迟在成品出口前）时，向海关如实申报使用国产料件的品种、规格、型号、数量和价值。

第八节 《海关总署关于加工贸易内销货物审价问题的公告》

【文　　号】海关总署公告2005年第33号

【发布日期】2005－07－18

【生效日期】2005－08－01

《海关总署关于加工贸易内销货物审价问题的公告》是根据《中华人民共和国海关审定进出口货物完税价格办法》和《中华人民共和国海关关于加工贸易边角料、剩余料件、残次品、副产品和受灾保税货物的管理办法》的有关规定制定的，对加工贸易内销货物审价的有关问题进行了公告。

一、关于加工贸易货物内销完税价格的确定

关于加工贸易货物内销完税价格的确定，应依据2013年12月25日发布的海关总署令第211号《中华人民共和国海关审定内销保税货物

完税价格办法》中的相关规定执行，具体内容见本章第六节。

二、企业申报内销时需向海关提交的单证

1. 加工贸易内销货物为料件和制成品的，应提供对应的进口料件的原进口报关单或备案清单复印件。

2. 海关认为必要时，还应提供与成交价格或内销价格有关的资料。

海关提醒 依据2014年3月24日公布的《海关总署关于执行〈中华人民共和国海关加工贸易货物监管办法〉有关问题的公告》（海关总署公告2014年第21号），经营企业申请办理加工贸易货物内销手续，除特别规定外，应当向海关提交下列单证：

1. 主管部门签发的“加工贸易保税进口料件内销批准证”；

2. 经营企业申请内销加工贸易货物的材料；

3. 提交与归类和审价有关的材料。

经营企业申请办理加工贸易货物内销手续，应当如实申报“加工贸易货物内销征税联系单”，凭以办理通关手续。

第九节 《海关总署关于调整加工贸易商品内销征收缓税利息率有关问题的公告》

【文　　号】海关总署公告2009年第13号

【发布日期】2009－03－06

【生效日期】2009－03－06

为稳步推进加工贸易转型升级，改善加工贸易发展环境，积极支持扩大内需，就加工贸易保税货物内销征收缓税利息适用利息率调整的有

关问题进行公告。

一、缓税利息的利息率

加工贸易保税货物内销征收缓税利息适用的利息率暂由参照一年期贷款基准利率调整为参照中国人民银行公布的活期存款利率执行。

二、缓税利息的征收及计算公式

加工贸易缓税利息应根据填发海关税款缴款书时海关总署公布的最新缓税利息率按日征收。缓税利息计算公式如下：

应征缓税利息 = 应征税额 × 计息期限 × 缓税利息率/360

第十节　《海关总署关于加工贸易货物内销缓税利息征收及退还有关问题的公告》

【文　　号】海关总署公告 2009 年第 14 号

【发布日期】2009－03－16

【生效日期】2009－03－16

该公告是根据《中华人民共和国进出口关税条例》（国务院令第 392 号）、《国务院办公厅转发国家经贸委等部门〈关于进一步完善加工贸易银行保证金台账制度的意见〉的通知》（国办发\［1999\］35 号）和海关总署 2009 年第 13 号公告等规定制定的，进一步就加工贸易货物内销缓税利息的征收办法进行了公告。

一、缓税利息的利率

海关将根据中国人民银行公布的活期存款利率即时调整并执行。

海关根据填发税款缴款书时的利率计征缓税利息。

二、缓税利息的计息期限

1. 加工贸易保税料件或制成品经批准内销的，缓税利息计息期限的起始日期为内销料件或制成品所对应的加工贸易合同项下首批料件进口之日；加工贸易 E 类电子账册项下的料件或制成品内销时，起始日期为内销料件或制成品所对应电子账册的最近一次核销之日（若没有核销日期的，则为电子账册的首批料件进口之日）。

对上述货物征收缓税利息的终止日期为海关填发税款缴款书之日。

2. 加工贸易保税料件或制成品未经批准擅自内销，违反海关监管规定的，缓税利息计息期限的起始日期为内销料件或制成品所对应的加工贸易合同项下首批料件进口之日；若内销涉及多本合同，且内销料件或制成品与合同无法一一对应的，则计息的起始日期为最近一本合同项下首批料件进口之日；若加工贸易 E 类电子账册项下的料件或制成品擅自内销的，则计息的起始日期为内销料件或制成品所对应电子账册的最近一次核销之日（若没有核销日期的，则为电子账册的首批料件进口之日）；按照前述方法仍无法确定计息的起始日期的，则不再征收缓税利息。

违规内销计息的终止日期为保税料件或制成品内销之日。内销之日无法确定的，终止日期为海关发现之日。

加工贸易保税料件或制成品等违规内销的，还应根据《中国人民共和国进出口关税条例》的有关规定按海关总署 2004 年第 39 号公告第二条的规定征收滞纳金。

加工贸易保税货物需要后续补税，但海关未按违规处理的，缓税利息计息的起止日期比照上述规定办理。

3. 加工贸易边角料、剩余料件、残次品、副产品和受灾保税货物等内销需征收缓税利息的，亦应比照上述规定办理。

三、企业可申请将实转台账保证金利息转为缓税利息

对于实行保证金台账实转（包括税款保付保函）管理的加工贸易手册项下的保税货物，在办理内销征税手续时，如果海关征收的缓税利息大于对应台账保证金的利息，应由中国银行在海关税款缴款书上签注后退单，由海关重新开具两份缴款书，一份将台账保证金利息全额转为缓税利息，另一份将台账保证金利息不足部分单开海关税款缴款书，企业另行缴纳。

四、企业申请内销的补充规定

1. 经营企业凭“加工贸易货物内销征税联系单”纸质或电子数据办理通关手续；

2. 在填制内销报关单时，企业需在备注栏注明“活期”字样。

第十一节　《海关总署关于执行〈中华人民共和国海关加工贸易货物监管办法〉有关问题的公告》

【文　　号】海关总署公告2014年第21号

【发布日期】2014－03－24

【生效日期】2014－03－24

该公告依据《中华人民共和国海关法》、《中华人民共和国海关加工贸易货物监管办法》及其他相关法律、行政法规、规章，对加工贸易监管中的有关问题进行了更加详细的规定。企业需留意其中对加工贸易内销的规定：

经营企业申请办理加工贸易货物内销手续，除特别规定外，应当向

海关提交下列单证：

（一）主管部门签发的“加工贸易保税进口料件内销批准证”；

（二）经营企业申请内销加工贸易货物的材料；

（三）提交与归类和审价有关的材料。

经营企业申请办理加工贸易货物内销手续，应当如实申报“加工贸易货物内销征税联系单”，凭以办理通关手续。

第六章 异地加工

本章所指异地加工，是指《中华人民共和国海关关于异地加工贸易的管理办法》所定义的加工贸易经营单位将进口料件委托另一直属海关关区内加工生产企业开展的加工业务，不包括加工出口产品过程中某一加工工序的外发加工业务。本章以《中华人民共和国海关关于异地加工贸易的管理办法》为入手点，从异地加工与外发加工的区别、经营企业向海关办理异地加工应提交的单证、异地加工的手续办理流程、经营企业向海关办理异地加工手册设立应提交的单证、企业分类管理类别的确定等方面进行重点介绍。

第一节 异地加工业务涉及的法律体系

目前，异地加工业务已基本形成包括法律和部门规章两个层级的法律体系框架。具体如下：

一、法律

《海关法》规定，企业从事加工贸易，应当持有关批准文件和加工贸易合同向海关备案。

二、部门规章

主要是1999年9月22日发布，1999年10月1日正式实施的《中华人民共和国海关关于异地加工贸易的管理办法》。

第二节 《中华人民共和国海关关于异地加工贸易的管理办法》

【文　　号】海关总署令第74号（经海关总署令218号修改）

【发布日期】1999－09－22

【生效日期】1999－10－01

为贯彻执行《国务院办公厅转发国家经贸委等部门关于进一步完善加工贸易银行保证金台账制度意见的通知》（国办发〔1999〕35号），海关总署制定了《中华人民共和国海关关于异地加工贸易的管理办法》。

一、经营单位向海关办理异地加工应提交的单证

经营企业向主管海关办理异地加工时，应提交以下单证：

1. 经营单位所在地外经贸主管部门核发的“加工贸易业务批准证”；
2. 加工企业所在地外经贸主管部门出具的“加工贸易生产能力证明”；
3. “中华人民共和国海关异地加工贸易申报表”。

二、经营单位向海关办理异地加工手册设立应提交的单证

经营企业向加工企业主管海关办理异地加工手册设立应提交以下单证：

1. 经营单位主管海关制作的关封，包括：

（1）“加工贸易生产能力证明”；

（2）“中华人民共和国海关异地加工贸易申报表”；

（3）“加工贸易业务批准证”。

2. 委托加工合同。

小贴士 加工企业向其主管海关办理异地加工手册设立时除了提交以上单证外，必须持有经营企业出具的委托书。

三、企业分类管理类别的确定

海关对开展异地加工贸易的经营单位和加工企业实行分类管理，如果两者的管理类别不相同，按其中较低类别采取监管措施。如需实行保证金台账“实转”的，经营单位应按规定交付备案进口料件税款等额的台账保证金。经营单位不得委托按 D 类管理的加工企业开展异地加工贸易。

小贴士 1. 企业开展异地加工业务的义务：

（1）经营单位与加工企业开展异地加工业务，双方须签订符合《中华人民共和国合同法》规定的“委托加工合同”。

（2）经营单位与加工企业双方必须遵守国家对加工贸易管理的有关规定，经营单位不得将保税进口料件转卖给加工企业，否则，按《中华人民共和国海关法》有关规定处理。

（3）经营单位和加工企业在执行《中华人民共和国海关关于异地加工贸易的管理办法》和海关各项规定时，负有共同责任。

2. 企业应了解海关在异地加工监管中的做法：

（1）审核企业提交开展异地加工业务相关资料的真实性、合法性和齐备性。

（2）如企业在异地加工中有走私违规或合同无法正常核销结案行为的，海关可将台账保证金转税和罚款，台账保证金数额不足的，海关可依法追缴。

（3）对于企业走私违规行为，海关可根据实际情况分别追究经营单位和加工企业的法律责任。

案例　某加工企业丢失保税料件

某经营单位委托另一直属关区的加工企业开展企业加工业务，进口手机屏幕，出口手机。加工企业主管海关对加工企业进行保税核查时发现，该企业实际库存保税料件与企业账面不符，出现短少情况。海关要求企业进行自查，并向海关说明情况。企业自查后，发现保税料件存在丢失情况，并积极向海关申请补税。

案例分析：加工企业必须本着对经营单位负责的原则，妥善管理和使用经营单位委托的原材料和产品，当然这也是对自己的负责，因为一旦丢失，海关也会追究加工单位的责任。

表 6－1　中华人民共和国海关异地加工贸易回执

海关编号：________

中华人民共和国海关异地加工贸易回执

________海关：

你关区内________公司的异地加工贸易申请表（海关编号：________），我关已同意并办理了合同登记备案（手册号为：________），现将合同履行过程中的情况反馈如下：

合同履行正常情况	正在履约中	[　]
	正在核销中	[　]
	已核销结案	[　] 结案号：
合同履行异常情况	合同逾期未报核	[　]
	内销补税欠税	[　]
	内销补税待补证	[　]
	走私违规（附处罚通知书）	[　]
	企业解散、倒闭	[　]
	其他情况	[　] 说明：

注：1. 填制本表时，根据实际情况在相应的栏目 [ ] 内打“√”；

2. 本回执一式两联，一联加工地海关留存，一联交经营单位所在地海关。

____海关（盖章）

年　月　日

第七章　单耗管理

本章所指单耗，是指《中华人民共和国海关加工贸易单耗管理办法》所定义的加工贸易企业在正常加工条件下加工单位成品所耗用的料件量，单耗包括净耗和工艺损耗。单耗管理是加工贸易企业管理的重要内容之一，也是加工贸易海关监管的重要环节之一。本章以《中华人民共和国海关加工贸易单耗管理办法》为入手点，从单耗标准、单耗的申报、单耗的审核等方面对重点内容进行介绍。

第一节　单耗管理涉及的法律体系

目前，加工贸易单耗管理已基本形成包括法律、部门规章和规范性文件三个层级的法律体系框架。具体如下：

一、法律

《海关法》规定，企业从事加工贸易，应当持有关批准文件和加工贸易合同向海关备案，加工贸易制成品单位耗料量由海关按照有关规定核定。

二、部门规章

1.《中华人民共和国海关加工贸易单耗管理办法》（海关总署令第155号）。

2.《中华人民共和国海关加工贸易货物监管办法》（海关总署令第219号）。

三、规范性文件

1.《海关总署关于加工贸易单耗管理办法执行中有关问题的公告》（海关总署公告2007年第23号）。

2.《海关总署关于颁布加工贸易单耗复核程序的公告》（海关总署公告2008年第32号）。

第二节 《中华人民共和国海关加工贸易单耗管理办法》

【文　　号】海关总署令第155号

【发布日期】2007－01－04

【生效日期】2007－03－01

海关总署令第96号《中华人民共和国海关加工贸易单耗管理办法》自2002年5月1日起正式实施以来，对规范加工贸易单耗管理起到了积极的作用。但为了适应加工贸易发展形势和海关监管改革的迫切需要，打击伪报单耗的不法行为，促进加工贸易的健康发展，海关总署2007年以海关总署令第155号的形式公布了新的《中华人民共和国海关加工贸易单耗管理办法》，2002年3月11日发布的海关总署令第96号《中华人民共和国海关加工贸易单耗管理办法》同时废止。

一、了解基本概念

（一）单耗概念的变化

表 7－1　单耗概念的变化

旧《中华人民共和国海关加工贸易单耗管理办法》	新《中华人民共和国海关加工贸易单耗管理办法》	变化特点
单耗，是指加工贸易企业在正常生产条件下加工生产单位出口成品（包括深加工结转的成品和半成品）所耗用的进口保税料件的数量，单耗包括净耗和工艺损耗。	单耗，是指加工贸易企业在正常加工条件下加工单位成品所耗用的料件量，单耗包括净耗和工艺损耗。	新《中华人民共和国海关加工贸易单耗管理办法》对单耗的定义明显少了“进口保税料件”这几个字，是因为作为体现产品构成情况和料件耗用数量的单耗仅反映保税料件就会造成即使是同一产品由于使用的国产料件比例的不同其单耗值也会不同。

（二）净耗概念的变化

表 7－2　净耗概念的变化

旧《中华人民共和国海关加工贸易单耗管理办法》	新《中华人民共和国海关加工贸易单耗管理办法》	变化特点
净耗，是指加工生产中物化在单位出口成品（包括深加工结转的成品和半成品）中的加工贸易进口保税料件的数量。	净耗，是指在加工后，料件通过物理变化或者化学反应存在或者转化到单位成品中的量。	新《中华人民共和国海关加工贸易单耗管理办法》中净耗的定义更加明确了料件变化的方式和存在成品中的形式，便于化工等行业的理解。

（三）不列入工艺损耗范围情况的变化

新的《中华人民共和国海关加工贸易单耗管理办法》明确以下六

种情况不列入工艺损耗范围：

1. 因突发停电、停水、停气或者其他人为原因造成保税料件、半成品、成品的损耗；

2. 因丢失、破损等原因造成的保税料件、半成品、成品的损耗；

3. 因不可抗力造成保税料件、半成品、成品灭失、损毁或者短少的损耗；

4. 因进口保税料件和出口成品的品质、规格不符合合同要求，造成用料量增加的损耗；

5. 因工艺性配料所用的非保税料件所产生的损耗；

6. 加工过程中消耗性材料的损耗。

小贴士 旧的《中华人民共和国海关加工贸易单耗管理办法》中对加工贸易企业未经加工或组装的保税料件、半成品、成品在运输移动和仓储放置过程中发生的各种损耗（遗洒、蒸发、挥发、沾罐、沾管、挂壁、挂仓等）是不列入工艺损耗范围的，而在新的《中华人民共和国海关加工贸易单耗管理办法》中取消了上述条款，主要基于对化工行业的特殊性的考虑。

疑点小问答 某企业生产的成品为化妆盒，主要料件为ABS树脂颗粒，有保税料件和国内采购的非保税料件，生产时根据客户要求，按照一定比例加入保税料件和内采购料件，国内采购部分的损耗应当计入工艺损耗吗?

答：在计算单耗或者工艺损耗时，同一料件有保税和非保税的，非保税料件所产生的损耗应计入工艺损耗。但是要注明非保税比例。

案例 某企业违反海关规定将不合格品计入工艺损耗

某企业主要进口黄铜棒，主要出口笔尖，其主要损耗为在切割过程中产生的细小的难以回收的铜屑以及可以回收的铜废碎料。海关经办关员发现其申报工艺损耗率较高，对企业申报单耗提出质疑，要求企业提供相关材料进行说明。海关经办关员根据企业提供材料及解释发现，其工艺流程中含有成品检测环节，企业将检测出的不合格成品列入工艺损耗。按照《中华人民共和国海关加工贸易单耗管理办法》的规定，因出口成品的品质、规格不符合合同要求，造成用料量增加的损耗不列入工艺损耗中，所以要求企业重新降低工艺损耗率，重新申报单耗。

案例分析：该企业认为检测环节是生产环节必不可少的一个部分，在整个生产过程中由于各种原因会造成不合格品的出现。实际上，对于该企业来说，不合格品的出现是与生产设备的养护，工人操作熟练程度，以及企业内部技术质量管控有着密切关系的，不合格品的出现应该属于偶然现象，不应该计入正常的工艺损耗之中。

二、单耗标准

新的《中华人民共和国海关加工贸易单耗管理办法》明确规定了单耗标准的执行要求；对于没有标准的商品，也规定了企业如实申报，海关据实核销。

（一）了解单耗标准

单耗标准，是指供通用或者重复使用的加工贸易单位成品耗料量的准则。单耗标准设定最高上限值，其中出口应税成品单耗标准增设最低下限值。

小贴士 单耗标准的制定原则

一是以国家标准、行业标准和该行业加工贸易企业的平均生产水平为基础；二是贯彻国家税收政策、产业政策和外贸政策；三是有利于促进加工贸易企业技术进步和公平竞争；四是便于海关有效监管。

（二）单耗标准适用于哪些企业

单耗标准适用于海关特殊监管区域、保税监管场所外的加工贸易企业，海关特殊监管区域、保税监管场所内的加工贸易企业不适用单耗标准。

小贴士 海关特殊监管区域包括保税区、出口加工区、保税物流园区、跨境工业园区、保税港区、综合保税区等区域。保税监管场所包括保税仓库、出口监管仓库、保税物流中心等场所。

（三）涉及单耗标准的加工贸易企业的单耗申报与核销

海关特殊监管区域、保税监管场所外的加工贸易企业应当在单耗标准内向海关进行单耗备案或者单耗申报。

海关特殊监管区域、保税监管场所外的加工贸易企业申报的单耗在单耗标准内的，海关按照申报的单耗对保税料件进行核销；申报的单耗超出单耗标准的，海关按照单耗标准的最高上限值或者最低下限值对保税料件进行核销。

海关提醒 加工贸易企业应当关注海关发布单耗标准的公告，尤其要牢记涉及本企业产品的单耗标准。

尚未公布单耗标准的，加工贸易企业应当如实向海关申报单耗，海关按照加工贸易企业的实际单耗对保税料件进行核销。

三、企业申报单耗的规定

新的《中华人民共和国海关加工贸易单耗管理办法》明确了单耗申报的定义、内容和形式，强化了企业如实申报、海关据实核销这一原则，体现了企业权利和义务的统一，实现了与《中华人民共和国海关行政处罚实施条例》的有效衔接。《中华人民共和国海关行政处罚实施条例》规定，未如实向海关申报加工贸易制成品单位耗料量的，处货物价值5%以上30%以下罚款，有违法所得的，没收违法所得。

（一）企业对单耗申报环节的选择

加工贸易企业应当在成品出口、深加工结转或者内销前如实向海关申报单耗。

小贴士 1. 手册设立环节申报。生产工艺流程简单、产品净耗比较稳定、产品单耗关系不太复杂的加工贸易企业，可以在手册设立环节一并向海关申报单耗。

2. 出口前申报。加工贸易企业应当在成品出口、深加工结转或者内销前如实向海关申报单耗。

3. 报核前申报。加工贸易企业确有正当理由无法按期申报单耗的，应当留存成品样品以及相关单证，并在成品出口、深加工结转或者内销前向海关填送“加工贸易企业报核前申报单耗申请审批表”及企业生产工艺流程等材料。经主管海关批准的，加工贸易企业可以在报核前申报单耗。申请报核前申报单耗应具备以下条件：

（1）特殊监管区域内的企业；

（2）特殊监管区域外的企业同时具备以下条件：

①因生产工艺原因，无法在成品出口前申报单耗的；

②企业内部管理规范，相关资料能保证海关在成品出口后核查、核定单耗的；

③企业配合海关进行单耗核查、核定的。

小贴士 备案单耗是企业在进行加工贸易手册设立时，根据合同、生产计划或经验进行单耗数据的备案，反映备案料件和成品数量关系的合理性，便于海关控制保税料件进口的合理数量。备案的单耗具有一定的计划性。

申报单耗是指加工贸易企业向海关报告的单耗，是加工企业根据加工生产实际向海关申报的单耗，这一单耗数据应该真实、准确，也是海关对企业单耗申报进行审核、处理的重要数据。

一般情况下加工贸易企业应该在成品出口前向海关申报单耗。这样既有利于企业申报也有利于海关核查。由于成品已经加工完成，成品的单耗已经能够确定，这时申报的单耗就是成品加工的实际单耗。在成品出口前申报，由于成品还没有出口，出现单耗的争议较容易解决，也使海关核查申报单耗是否如实成为可能，从而可以快捷、方便地确定单耗，减轻通过财务核算和盘库确定单耗给企业带来的负担。

疑点小问答 电子化手册设立时“进口料件”和“出口成品”的单位有申报计量单位和法定计量单位两种，成品单耗的申报单位是哪一种？

答：企业办理加工贸易手册设立时，需要申报计量单位和法定计量单位，两者之间可以进行换算。一般来说，料件的单位按实际生产进行申报，即料件为“申报计量单位”，单耗的单位也是“申报计量单位”。举例来说，料件螺丝的法定计量单位是“千克”，但在生产实际中按“个”计算，因此单耗申报计量单位为“个”，一件成品用多少个螺丝。

（二）加工贸易企业申报单耗应当包括的内容

1. 加工贸易项下料件和成品的商品名称、商品编号、计量单位、规格型号和品质；

2. 加工贸易项下成品的单耗；

3. 加工贸易同一料件有保税和非保税料件的，应当申报非保料件的比例、商品名称、计量单位、规格型号和品质。

小贴士 加工贸易企业应当采取纸质或者电子数据形式申报单耗（加工贸易单耗申报单详见表7－3）。

（三）企业办理单耗变更的注意事项

因生产发生变化等原因导致企业产品单耗发生变化的，加工贸易企业可以向海关提出办理单耗变更或者撤销手续。但以下情况不允许变更或者撤销单耗：

1. 保税成品已经申报出口的；

2. 保税成品已经办理深加工结转的；

3. 保税成品已经申请内销的；

4. 海关已经对单耗进行核定的；

5. 海关已经对加工贸易企业立案调查的。

表 7 – 3　中华人民共和国海关加工贸易单耗申报单

［共　　页第　　页］

企业名称			企业编码		手册（电子底账）编号			
申报环节	□　备案　□成品出口前　深加工结转前　内销前　□　报核前							
成品	项号		版本号		商品编码			
	商品名称		计量单位		规格型号			
料件	项号	商品编码	商品名称	计量单位	规格型号	单耗/净耗	损耗率	非保税料件比例

注：若“单耗/净耗”栏申报内容为净耗，则需申报相应损耗率数据；若“单耗/净耗”栏申报内容为单耗，则不必重复申报损耗率数据，损耗率栏应为空。

经办人（签字）：　　申报日期：　　联系电话：　　企业印章：

（本申报单一式两联，第一联由海关留存，第二联由加工贸易企业留存）

小贴士 以上前三种情况下，保税成品已经脱离了海关监管，无法再对成品单耗进行核定；第四种情况下，海关和企业已经对成品单耗进行了确认，企业不能再变更和撤销；第五种情况下，是由于企业的生产经营已出现违规、违法的嫌疑，为保证调查的顺利展开，企业不能再进行变更或撤销。

四、企业应了解的海关进行单耗审核的有关规定

新的《中华人民共和国海关加工贸易单耗管理办法》明确了海关在审核单耗过程中可以行使的职权，保证了海关核定结果的合法性、有效性和权威性；规定了海关审核单耗必须遵守的程序，在单耗审核程序中引入了单耗复核机制，保障了企业参与并提出异议的权利。同时也规定了海关的权利和义务，体现了权利和义务的统一。此外，规定海关必须与企业进行磋商，并对企业提供的信息予以保密。

（一）企业申报的单耗会被海关质疑的情况

海关对加工贸易企业申报单耗的真实性、准确性有疑问的，制发“中华人民共和国海关加工贸易单耗质疑通知书”（详见表7－4）将质疑理由以书面形式告知加工贸易企业的法定代表人或者其代理人。

海关提醒 经海关审核，有以下情况之一的，海关可以不接受企业申报，并进行质疑。

1. 企业申报单耗超单耗标准，或与单耗标准存在较大差异的；

2. 企业申报的单耗与单耗风险参数存在较大差异的；

3. 企业申报单耗与备案单耗，或企业历史单耗水平存在较大差异的；

4. 企业成品所耗用料件构成不合理的；

5. 海关认为需要进行质疑的其他情况。

加工贸易企业的法定代表人或者其代理人收到“中华人民共和国海关加工贸易单耗质疑通知书”后，应当在10个工作日内，以书面形式向海关提供有关资料。

小贴士 企业收到“中华人民共和国海关加工贸易单耗质疑通知书”后，应当在10个工作日内，以书面形式向海关提供的有关资料包括：

（1）料件、成品的样品、影像、图片、图样、品质、成分、规格型号等相关数据和资料；

（2）工艺流程图、排料图、工料单、配料表、质量检测标准等能反映成品技术要求、加工工艺过程及相应耗料的有关资料；

（3）加工合同、订单、加工计划、加工报表、成本核算等有关账册和资料计算方法、计算公式及说明。

企业提交上述资料充分、有效，能证明企业如实申报单耗的，除申报的单位成品保税料件耗用量（单耗×保税料件比例）超单耗标准的情况外，企业申报的单耗可以被海关接受。

表7－4　加工贸易单耗质疑通知书

中华人民共和国________海关 加工贸易单耗质疑通知书 ____关单耗质疑（200　）____号 ________： 你公司/单位于____年____月____日向我关申报的________（手册/账册号________），因以下原因我关现提出质疑： 【　】加工企业申报的单耗与海关设定的单耗风险参数存在较大差异； 【　】加工企业申报的单耗与相同或者类似加工企业产品的单耗存在较大差异；

表7－4续1

【　】加工企业申报的单耗与相同或者类似产品的单耗平均水平存在较大差异；
【　】____________________。
根据《中华人民共和国海关加工贸易单耗管理办法》第二十二、二十三、二十四条的规定，请自收到本通知之日起10个工作日内提供下列单证资料。若明确不能提供，或者逾期不提供资料，或者所提供的资料不足以证明申报单耗的真实性或者准确性的，海关将不接受申报单耗，依法另行核定单耗。
【　】料件、成品的样品、影像、图片、图样、品质、成分、规格型号等相关数据和资料；
【　】工艺流程图、排料图、工料单、配料表、质量检测标准等能反映成品技术要求、加工工艺过程及相应耗料的有关资料；
【　】加工合同、订单、加工计划、加工报表、成本核算等有关账册和资料计算方法、计算公式及说明。

海关（签章）　　　　　　　　受送达人（签字或者盖章）

年　　月　　日

（本通知书一式两联，第一联送加工贸易企业，第二联由海关留存）

（二）了解海关在单耗核查中行使的职权

海关为核查单耗的真实性和准确性，可以行使下列职权：

1. 查阅、复制加工贸易项下料件、成品的样品、影像、图片、图样、品质、成分、规格型号以及加工合同、订单、加工计划、加工报表、成本核算等账册和资料；

2. 查阅、复制工艺流程图、排料图、工料单、配料表、质量检测标准等能反映成品的技术要求、加工工艺过程以及相应耗料的有关资料；

3. 要求加工贸易企业提供核定单耗的计算方法、计算公式；

4. 对保税料件和成品进行查验或者提取货样进行检验或者化验；

5. 询问加工贸易企业的法定代表人、主要负责人和其他有关人员涉及单耗的有关情况和问题；

6. 进入加工贸易企业的货物存放场所、加工场所，检查与单耗有关的货物以及加工情况；

7. 对加工产品的单耗情况进行现场测定，必要时，可以留取样品。

案例　　**某企业单耗申报不实**

某企业首次开展加工贸易，主要进口尼龙树脂，出口强化尼龙树脂。其主要生产过程为将尼龙树脂与玻璃纤维、染料等原料混合，并通过热熔、挤出、冷却、切粒等环节进行加工。企业申报的尼龙树脂的损耗率为2%。海关关员发现该企业申报的尼龙树脂的损耗率比同类企业偏高，遂下厂进行单耗核查。通过调取企业生产指示书、工料单、配方表相关会计账册等资料，发现企业申报的损耗由生产指示书得来，并非按照实际生产情况得来。海关关员按照投入产出量计算出来单耗，并参照配方表得到净耗，即得出实际损耗率为1.5%。要求企业按照实际损耗立即变更。

案例分析：该企业认为生产指示书上体现的损耗为工艺损耗向海关申报。实际上，生产指示书上体现的损耗通常考虑了可能会产生不良品的情况，会比实际损耗率多一点。所以企业申报单耗时，不能够完全以此为准。还是应该按照科学的方法进行计算、称量后，如实向海关申报。

（三）了解海关进行单耗核定的相关要求

1. 单耗核定的前提。

加工贸易企业未能在海关规定期限内提供有关资料、提供的资料不充分或者提供的资料无法确定单耗的，海关应当对单耗进行核定。

小贴士　海关需要对企业申报的单耗进行核定的，制发“中华人民共和国海关加工贸易单耗核定通知书”（详见表7－5）告知企业。

表 7－5　加工贸易单耗核定通知书

中华人民共和国海关加工贸易单耗核定通知书

________关单耗核定（20　）________号

__________：

你企业于________年____月____日向我关申报的________（手册/账册号________）项下：

成品：

因以下原因我关现提出单耗核定：

【】加工企业申报的单耗与海关设定的单耗风险参数存在较大差异；

【】加工企业申报的单耗与其他企业相同或者类似成品的单耗存在较大差异；

【】加工企业申报的单耗与相同或者类似成品的单耗平均水平存在较大差异；

【】企业申报单耗与备案单耗、或与企业历史单耗水平存在较大差异的；

【】加工贸易项下成品所耗用料件构成不合理的；

【】加工企业自收到“单耗质疑通知书”之日起十个工作日内明确不能提供，或者逾期不提供资料，或者所提供的资料不足以证明申报单耗的真实性或者准确性的；

根据《中华人民共和国海关加工贸易单耗管理办法》第二十四条的规定，我（处）关将于____年____月____日至____年____月____日对你企业进行下厂核定，请做好有关准备工作。下厂核定期间，企业的负责人、财务人员、仓管人员、报关人员等有关人员必须到场；企业必须配合海关工作，提供会计资料、单耗资料和与进出口活动有关的资料等，以及其他海关认为与核查有关的资料。

（海关印章）　　　　　　　　受送达人（签字或者盖章）

年　月　日　　　　　　　　　　　　年　月　日

注：本通知书一式两联，第一联企业留存，第二联海关留存

2. 单耗核定的方法。

海关可以单独或者综合使用技术分析、实际测定、成本核算等方法对加工贸易企业申报的单耗进行核定。

小贴士　（1）技术分析方法，是指海关通过对成品的结构、成分、配方、工艺要求等影响单耗的各种因素进行分析和计算，核定成品单耗的方法。

（2）实际测定方法，是指海关运用称量和计算等方法，对加工过程中单耗进行测定，通过综合分析核定成品单耗的方法。

（3）成本核算方法，是指海关根据会计账册、加工记录、仓库账册等原料消耗的统计资料，进行对比和分析，计算核定成品单耗的方法。

小贴士 海关在单耗核定工作结束后，制发“中华人民共和国海关加工贸易单耗核定结论书”（详见表7－6），将核定结果以书面形式反馈企业。

表7－6　中华人民共和国海关加工贸易单耗核定结论书

编号：

：

根据《中华人民共和国海关法》和《中华人民共和国海关加工贸易单耗管理办法》的有关规定，我关（处）依法对你企业的　　　　　　成品单耗进行核定。

现将核定结论告知如下：

（结论应包括手册/账册号、规格型号或单耗版本等具体产品信息）

本结论仅对本手册（账册）项下同一规格型号或相同单耗版本的产品有效。

对本结论不服，可以自收到本“单耗核定结论书”之日起五个工作日内向上一级海关申请单耗复核。

（海关印章）

年　　月　　日

注：本通知书一式两联，第一联企业留存，第二联海关留存

（四）企业办理担保手续

1. 担保的条件。

单耗核定前，加工贸易企业缴纳保证金或者提供银行担保，并经海关同意的，可以先行办理加工贸易料件和成品的进出口、深加工结转或者内销等海关手续。

小贴士 在海关对成品的单耗核定前或者核定中，企业提出担保申请，填写“中华人民共和国海关受理企业单耗担保申请审批表”（详见表7－7），符合以下条件：

（1）企业内部管理规范，相关资料能满足海关核定单耗需要的；

（2）企业配合海关进行单耗核定的。

担保的形式包括：保证金、银行或非银行金融机构的保函等。

担保的金额：应相当于需核定单耗的成品所对应的保税料件应征税款的等值。

2. 免于担保的情况。需核定单耗的成品所对应的保税料件实行银行保证金台账实转，且台账实转金额不低于应征税款金额的，以及其他原因已收取不低于应征税款金额担保金的，可以免于提供担保。

小贴士 （1）海关在核销结案后办理担保解除手续。（2）海关收取担保后，企业应在H2000加工贸易子系统中将有关单耗申报环节修改为“报核前”。

表 7－7 受理企业单耗担保申请审批表

<table>
<tr><td>

中华人民共和国海关受理企业单耗担保申请审批表

编号：

：

根据《中华人民共和国海关加工贸易单耗管理办法》（海关总署令第 155 号）规定，申请担保。具体如下：

一、担保内容：

二、担保金额：

三、担保形式：

企业（签章）

年　月　日

四、海关批注：

（海关印章）

年　月　日

注：本通知书一式两联，第一联企业留存，第二联海关留存

</td></tr>
</table>

（五）单耗复核的程序

加工贸易企业对单耗核定结果有异议的，可以向作出单耗核定海关的上一级海关提出书面复核申请。“中华人民共和国海关加工贸易单耗复核申请表”详见表 7－8，“中华人民共和国海关加工贸易单耗复核决定书”详见表 7－9。

小贴士 单耗复核程序如图 7－1 所示。

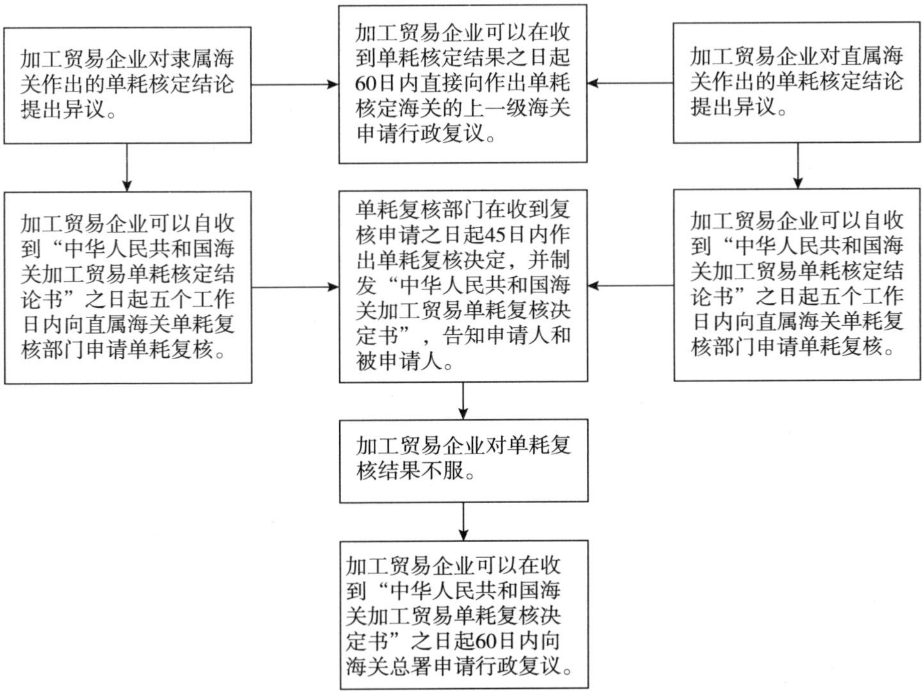

图 7－1　单耗复核程序

海关提醒 单耗复核决定作出前，申请人可以以书面形式提出撤回单耗复核申请，经单耗复核部门审查同意后，制发“中华人民共和国海关加工贸易单耗复核撤销通知书”（详见表 7－10），告知申请人和被申请人。

直属海关受理单耗复核的部门为保税监管职能管理部门，海关总署受理单耗复核的部门为总署加贸司。

单耗复核的申请人是提出单耗复核申请的加工贸易经营企业，单耗复核的被申请人是作出单耗核定结论的海关。

表7-8　中华人民共和国海关加工贸易单耗复核申请表

编号：

<table>
<tr><td>企业名称</td><td></td><td>企业编码</td><td></td></tr>
<tr><td>法人代表</td><td></td><td>地　　址</td><td></td></tr>
<tr><td>经办人</td><td></td><td>联系方式</td><td></td></tr>
<tr><td colspan="4">手册号（或账册号）：
单耗争议成品：</td></tr>
<tr><td colspan="4">作出单耗核定结论的海关名称：
单耗核定结果：</td></tr>
<tr><td colspan="4">申请同时提供如下资料：
（1）海关加工贸易单耗核定结论书。
（2）其他相关资料（加工贸易项下料件、成品的样品、影像、图片、图样、品质、成分、规格型号以及加工合同、订单、加工计划、加工报表、成本核算等账册和资料，工艺流程图、排料图、工料单、配料表、质量检测标准等能反映成品的技术要求、加工工艺过程以及相应耗料的有关资料，核定单耗的计算方法、计算公式）。</td></tr>
<tr><td colspan="4">企业是否被海关缉私部门立案调查。　是□否□　（在对应的□内打“√”）
此单耗争议是否已向海关提起行政复议。是□否□</td></tr>
</table>

（企业印章）

年　　月　　日

注：本申请表一式两联，第一联海关留存，第二联企业留存

表 7-9　中华人民共和国海关加工贸易单耗复核决定书

中华人民共和国海关加工贸易单耗复核决定书

编号：

__________：

根据《中华人民共和国海关法》和《中华人民共和国海关加工贸易单耗管理办法》的有关规定，对你企业的单耗复核申请（编号：________）进行复核，决定如下：

一、被申请人答复的理由、依据：

二、复核认定的事实、依据、理由：

三、复核机关的复核决定和依据：

（复核机关印章）

年　　月　　日

对此单耗复核决定不服，可在收到此决定之日起 60 日内向海关总署提起行政复议。

表7-10　中华人民共和国海关加工贸易单耗复核撤销通知书

中华人民共和国海关加工贸易单耗复核撤销通知书

编号

________海关：

________________企业单耗复核申请（编号　　　　　），现因：

根据《海关总署2008年第32号公告》的规定，决定撤销该单耗复核。

特此通知。

（复核部门印章）

年　　月　　日

注：本通知书一式三联，第一联复核被申请人留存，第二联复核申请人留存，第三联复核部门留存

第三节 《海关总署关于 H2000 系统 1096 版更新后加工贸易单耗申报的公告》

海关加工贸易管理信息化系统中电子化手册的单耗管理模块已在 H2000 系统 1.0.96 版中进行优化，加工贸易企业应该注意以下事项。

一、单耗/净耗、损耗率的填写

预录入端电子化手册单耗表申报界面由“单耗、损耗率%”、“净耗、损耗率%”统一调整为“单耗/净耗、损耗率%”。加工贸易企业在申报单耗时，若“单耗/净耗”栏申报内容为净耗，则须申报相应损耗率数据，损耗率栏不能为空；若“单耗/净耗”栏申报内容为单耗，则不得重复申报损耗率数据，损耗率栏应为空。

二、非保税料件比率的填写

原电子化手册表体料件表中“非保税料件比率%”字段调整到电子化手册表体单耗表中。加工贸易成品耗用的同一料件既有保税也有非保税的，加工贸易企业应在申报单耗的同时在手册表体单耗表中逐项申报“非保税料件比率%”。

第八章　不作价设备

本章所指不作价设备，是指与加工贸易经营企业开展加工贸易的外商，以免费的方式，即不需经营企业付汇进口，也不需要用加工费或者差价偿还的方式，向经营企业提供的加工生产所需设备。不作价设备作为减免税设备的有益补充，是加工贸易企业降低运营成本的有效手段之一。本章将对不同时期内、不同层级的部门规章及规范性文件中涉及加工贸易不作价设备的管理规定进行解读。

第一节　不作价设备管理涉及的法律体系

目前，不作价设备管理已基本形成包括部门规章和规范性文件两个层级的法律体系框架，在全面规范对加工贸易企业不作价设备的管理行为等方面发挥着重要的作用。

一、部门规章

1. 《中华人民共和国海关审定进出口货物完税价格办法》（海关总署令第 213 号），对申请提前解除监管的不作价设备完税价格的确定方法作出了规定。

2. 《机电产品进口管理办法》（商务部、海关总署、国家质检总局令 2008 年第 7 号）。

二、规范性文件

1.《海关总署关于外商提供不作价进口设备的管理问题的公告》(海关总署公告 2001 年第 16 号)。

2.《海关总署关于明确增值税转型后进口税收优惠政策执行有关问题的公告》(海关总署公告 2008 年第 103 号)。

3.《海关总署关于调整〈外商投资项目不予免税的进口商品目录〉等目录商品税号的公告》(海关总署公告 2008 年第 65 号)。

第二节　《国务院关于调整进口设备税收政策的通知》中涉及不作价设备的规定

【文　　号】国发 1997 年第 37 号

【发布日期】1997－12－29

【生效日期】1998－01－01

为进一步扩大利用外资，引进国外的先进技术和设备，促进产业结构的调整和技术进步，保持国民经济持续、快速、健康发展，我国对国家鼓励发展的国内投资项目和外商投资项目进口设备，在规定的范围内，免征关税和进口环节增值税。

一、对加工贸易企业进口不作价设备的规定

对符合《外商投资产业指导目录》鼓励类和限制乙类，并转让技术的外商投资项目，在投资总额内进口的自用设备，除《外商投资项目不予免税的进口商品目录》所列商品外，免征关税和进口环节增值税。

海关提醒 进口不作价设备的相关政策修改情况

依据海关总署2008年第103号《关于明确增值税转型后进口税收优惠政策执行有关问题的公告》规定，自2009年1月1日起，对按照或者比照《国务院关于调整进口设备税收政策的通知》（国发〔1997〕37号）规定享受进口税收优惠政策的不作价设备以及按照合同随上述设备进口的技术及配套件、备件，恢复征收进口环节增值税，但继续免征关税。

对加工贸易外商提供的不作价设备在2008年12月31日及以前已经办理了加工贸易手册备案，并且在2009年6月30日及以前向海关申报进口的，在符合原有关免税规定范围内的继续免征关税和进口环节增值税。

自2009年1月1日起，海关办理不作价设备加工贸易手册备案或备案变更，一律征收进口环节增值税，符合原有关免税规定范围的继续免征关税。

二、进口不作价设备的方式

加工贸易单位进口外商提供的不作价设备，凭批准的加工贸易合同到其主管海关办理进口免税手续。

第三节 《关于加工贸易进口设备有关问题的通知》中涉及不作价设备的规定

【文　　号】外经贸政发1998年第383号

【发布日期】1998－07－01

【生效日期】1998－07－01

为了贯彻落实加工贸易进口设备税收调整政策，根据《国务院关于调整进口设备税收政策的通知》中对不作价设备的相关规定，《关于加工贸易进口设备有关问题的通知》对加工贸易进口设备相关问题加以规范，企业需关注的关键点包括以下几个方面：

一、不作价设备的含义

加工贸易外商提供的不作价进口设备，指与加工贸易经营单位开展加工贸易（包括来料加工、进料加工及外商投资企业从事的加工贸易，下同）的外商，以免费即不需经营单位付汇进口，也不需用加工费或差价偿还方式，向经营单位提供的加工生产所需设备。

二、企业申请进口不作价设备须具备的条件

1. 设有独立专门从事加工贸易（即不从事内销产品加工生产）的工厂或车间，并且不作价设备仅限在该工厂或车间使用。

2. 对未设有独立专门从事加工贸易的工厂或车间，以现有加工生产能力为基础开展加工贸易的项目，使用不作价设备的加工生产企业，在加工贸易合同（协议）期限内，其每年加工产品必须是70%以上属出口产品。

3. 经营单位进口不作价设备，须在加工贸易合同（协议）中列明进口不作价设备的条款（即列明外商以免费方式提供，不需加工贸易经营单位付汇进口，也不需用加工费或差价偿还设备款），并附“加工贸易不作价设备申请备案清单”。

三、海关对不作价设备的管理流程

1. 加工贸易合同（协议）备案地主管海关负责审核办理不作价设备免税手续。

（1）经营单位凭批准的加工贸易合同（协议）和“加工贸易不作

价设备申请备案清单”到其主管海关办理进口免税手续。

（2）主管海关根据外经贸主管部门批准的加工贸易合同（协议）和“加工贸易不作价设备申请备案清单”及其他有关单证，对照《外商投资项目不予免税的进口商品目录》，经审核后，由主管海关予以备案并核发“登记手册”（加贴防伪标签）。

（3）经营单位凭“登记手册”向口岸海关办理报关手续，口岸海关凭“登记手册”验放。

2. 对临时进口（期限在半年以内）加工贸易生产所需不作价设备（限模具、单台设备），海关按暂时进口货物办理，逾期补征税款。

3. 上述免税不作价设备自进口之日起至退运出口并按海关规定解除监管止，属海关监管货物。监管期限为5年，在监管期限内，不得擅自在境内销售、串换、转让、抵押或移作他用。

免税不作价设备在监管期间，加工贸易经营单位要在每年的一月份分别向外经贸主管部门和主管海关书面报告免税不作价设备使用情况，海关要定期核查。

加工贸易经营单位因故终止或解除加工贸易合同，经原外经贸审批部门批准后，由主管海关核准，方可将免税不作价设备退运出境，或按设备使用年限折旧后的价值，缴纳关税和进口环节增值税。

4. 加工贸易免税不作价设备退运出境，或补缴关税和进口环节增值税，或超过海关监管年限的，经营单位应及时办理解除监管手续，向海关提交解除监管的书面申请、设备“登记手册”及其他有关单证，海关核准后，解除监管并发给其解除监管证明。

5. 进口不作价设备如属《外商投资项目不予免税的进口商品目录》所列商品，主管海关按国家有关规定照章征收关税和进口环节增值税。

小贴士 1. 不作价设备的整个管理流程包括（如图8－1所示）：

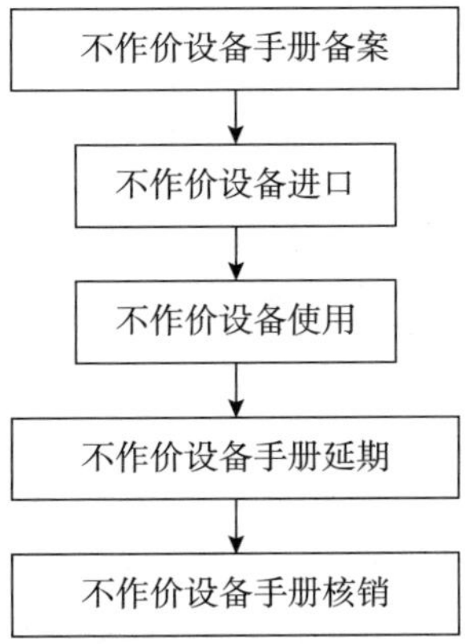

图 8－1　海关对不作价设备管理流程

2. 企业凭以下单证向其主管海关申请办理相关手续：

（1）商务主管部门出具的批准证件；

（2）经商务主管部门批准的加工贸易合同；

（3）“加工贸易不作价设备申请备案清单”；

（4）其他主管海关认为需提交的单证。

3. 不作价设备的使用管理。

（1）不作价设备自进口之日起至退运出口或者按海关规定解除监管之日为止，属于海关监管货物。

（2）不作价设备的监管期限为 5 年，在监管期限内，企业不得擅自将不作价设备在境内销售、串换、转让、抵押或移作他用。

（3）不作价设备在监管期间，企业应在每年的 1 月份分别向商务主管部门和主管海关书面报告不作价设备的使用情况，并接受海关的定期核查。

4. 不作价设备手册的延期。

不作价设备手册的有限期限为 1 年（具体情况以各主管海关的实际规定为准）。1 年有效期满，企业如需继续使用该手册项下进口的不作价设备，需在手册有效期内向主管海关提出延期申请。

有下列情形之一的，海关不予批准企业的延期申请：

（1）企业未在有效期限内向海关申请办理延期手续的；

（2）企业申请延期的理由与实际情况不相符的；

（3）法律、行政法规、规章规定的不予延期的其他情形。

5. 已满5年监管期限的不作价设备手册的核销。

（1）企业将不作价设备退运出境的，应在退运后及时向主管海关办理解除监管手续。

（2）企业申请放弃不作价设备的，可直接向海关申请办理解除监管手续，由海关按规定对放弃的不作价设备进行处理。

（3）企业申请将不作价设备留在原企业继续使用的，可向海关申请解除监管手续，并免于办理机电产品进口证件和入境检验检疫手续。

（4）企业进口的不作价设备不再由原企业使用的，应办理机电产品进口证件和入境检验检疫手续。

6. 未满5年监管期限的不作价设备的核销。

（1）企业因故终止或解除加工贸易合同的，应向原商务主管部门提出申请，经商务主管部门、主管海关批准后，可将不作价设备退运出境。

（2）企业申请将不作价设备提前解除监管的，应办理机电产品进口许可证件、入境检验检疫手续，如属于其他进口许可证件管理的，还需提供相关许可证件，由海关按设备使用年限折旧后的价值，补征关税和进口环节增值税后办理解除监管手续。

海关提醒 加工贸易不作价设备自进口之日起，至解除监管为止，属海关监管货物，未经海关批准，不得擅自在境内销售、串换、转让、抵押或移作他用。

疑点小问答 不作价设备手册申办的进口设备如果因特殊原因不能全部进口，是否需要办理手册变更手续？

答：不作价设备监管期限是5年，为方便企业办理手册核销以及解除监管的手续，通常手册有效期与设备进口期限是存在对应关系的，因此上述情况原则上需要办理不作价手册的变更手续。具体应按照各主管海关相关规定办理。

案例　某企业违反海关规定擅自将不作价设备移作他用

某注塑企业，主要从事电脑显示器外壳等注塑件的加工业务。2009年，企业向海关备案1本不作价设备手册，申请进口一批由外方提供的注塑模具。2012年3月，企业再次向海关申请该手册的延期手续。主管海关经调阅企业加工贸易手册执行情况，发现该企业自2011年5月起并无正在执行中的加工贸易手册。据此，海关对该企业开展核查。经查实，该企业与设备提供外商之间因故终止了贸易往来，由于该批注塑模具价值较低，双方协商同意模具由该企业继续使用。企业承认已将该批模具用于内销产品的生产加工使用。

依据上述情形，海关认定该企业存在涉嫌违反海关监管规定行为，已对该企业立案处理。

案例分析：依据海关规定，加工贸易不作价设备是由与加工贸易经营企业开展加工贸易的外商，以免费的方式向经营企业提供的加工生产所需设备。在监管期限内，企业不得擅自将不作价设备移作他用。企业应按规定向海关申请设备解除监管手续后，方可对设备进行处理。

第四节　《海关总署关于外商提供不作价进口设备的管理问题的公告》

【文　　号】海关总署公告2001年第16号

【发布日期】2001－12－07

【生效日期】2002－01－01

2001年11月7日，中华人民共和国海关总署、中华人民共和国对外贸易经济合作部、中华人民共和国国家质量监督检验检疫总局联合发布了《海关总署、外经贸部、质检总局关于进一步明确加工贸易项下外商提供的不作价进口设备解除海关监管有关问题的通知》（以下简称《通知》），在其中进一步明确了外商提供的不作价进口设备的管理规定，《海关总署关于外商提供不作价进口设备的管理问题的公告》是就《通知》中有关不作价设备解除监管的业务进行了规范。

一、未满监管期限的不作价设备提前解除监管的相关规定

外商提供的免税不作价进口设备属海关监管货物，监管期限为5年。

监管期限未满、申请提前解除监管并留在境内的不作价设备，企业须补缴关税、进口环节增值税，海关凭相关进口许可证件及其他单证办理解除监管手续。

二、已满监管期限的不作价设备解除监管的相关规定

监管期限已满的不作价设备应退运出境，因特殊情况不退运出境的，按以下规定办理解除监管手续：

1. 企业不退运出境并向海关申请放弃的不作价设备，海关可直接为企业办理解除监管手续，并按有关规定对放弃的“不作价设备”作出处理；

2. 不退运出境并留在境内继续使用的不作价设备，企业需提出申请，由机电产品进口管理机构办理进口审批手续，海关凭批件为其办理解除监管手续，并免缴进口关税、进口环节增值税。

对不按上述规定将监管期限已满的不作价设备退运出境或留在境内不及时办理解除监管手续的企业，由海关调查部门按违规行为处理，结

案前海关不予办理新的加工贸易备案手续。

海关提醒 对于不作价设备已满5年监管期限且不在原企业继续使用的，需经检验检疫机构对其安全、环保、卫生等项目进行检验检疫，检验检疫合格并签发“检验检疫证书”后，方能办理解除监管手续。

第五节 《中华人民共和国海关审定进出口货物完税价格办法》中涉及不作价设备的规定

【文　　号】海关总署令第213号

【发布日期】2013－12－25

【生效日期】2014－02－01

《中华人民共和国海关审定进出口货物完税价格办法》是根据《海关法》、《中华人民共和国进出口关税条例》及其他有关法律、行政法规，为正确审查、确定进出口货物的完税价格而制定的。

对于加工贸易不作价设备未满5年监管期限、申请提前解除监管的，企业应补缴相应的关税和进口环节增值税。

企业在申请办理不作价设备补税手续时，应当以海关审查确定的该设备原进口时的价格，扣除折旧部分价值作为完税价格，其计算公式如下：

$$\text{完税价格} = \text{海关审查确定的该货物原进口时的价格} \times \left[1 - \frac{\text{补税时实际已进口的时间（月）}}{\text{监管年限} \times 12}\right]$$

上述计算公式中“补税时实际已进口的时间”按月计算，不足1个月但是超过15日的，按照1个月计算；不超过15日的，不予计算。

第六节 《机电产品进口管理办法》中涉及不作价设备的规定

【文　　号】商务部、海关总署、国家质检总局令2008年第7号

【发布日期】2008－04－07

【生效日期】2008－05－08

《机电产品进口管理办法》是由商务部、海关总署和质检总局依据《中华人民共和国对外贸易法》、《海关法》及《中华人民共和国货物进出口管理条例》等相关法律、行政法规共同制定的。对于不作价设备仍在监管期限内企业申请提前解除监管的，或监管期满后设备不再由原企业使用的，适用本办法。

1. 加工贸易项下进口外商提供的不作价设备，除旧加工设备需要办理入境检验检疫手续外，免于办理机电产品进口证件。

2. 加工贸易不作价设备，海关监管期限为5年，监管期满后，设备留在原企业继续使用的，经企业申请海关可解除监管，企业免于办理机电产品进口证件和入境检验检疫手续。

3. 加工贸易不作价设备，企业申请提前解除监管的，或监管期满后设备不再由原企业使用的，企业需办理机电产品进口证件和入境检验检疫手续，并补缴相应的关税和进口环节增值税。

第七节 《关于明确增值税转型后进口税收优惠政策执行有关问题的公告》中涉及不作价设备的规定

【文　　号】海关总署公告2008年第103号

【发布日期】2008－12－31

【生效日期】2009－01－01

为配合实施增值税转型改革，经国务院批准，财政部、海关总署、税务总局于2008年12月25日联合发布了2008年第43号公告，对部分进口税收优惠政策进行相应调整。海关总署据此发布了2008年第103号公告，对于在政策调整过程中涉及的相关执行问题进行了规范。申请加工贸易不作价设备的企业应注意以下几个方面的调整：

1. 自2009年1月1日起，对按照或者比照《国务院关于调整进口设备税收政策的通知》（国发〔1997〕37号）规定享受进口税收优惠政策的不作价设备以及按照合同随上述设备进口的技术及配套件、备件，恢复征收进口环节增值税，但继续免征关税。

2. 对加工贸易外商提供的不作价设备在2008年12月31日及以前已经办理了加工贸易手册备案，并且在2009年6月30日及以前向海关申报进口的，在符合原有关免税规定范围内继续免征关税和进口环节增值税。

3. 自2009年1月1日起，海关办理不作价设备加工贸易手册备案或备案变更，一律征收进口环节增值税，在符合原有关免税规定范围内的继续免征关税。

第八节　关于《进口不予免税的重大技术装备和产品目录》和《外商投资项目不予免税的进口商品目录》的修订

加工贸易企业在备案不作价设备手册时，应对照海关依据国家有关规定修订的《外商投资项目不予免税的进口商品目录》和《进口不予免税的重大技术装备和产品目录》中规定的范围，除目录规定的范围，可以按照不作价设备的形式备案进口相关设备。海关总署依据国家有关规定，先后几次对上述两个目录进行了修订，具体如下：

1. 2008 年发布、2008 年开始实施的《海关总署关于调整〈外商投资项目不予免税的进口商品目录〉等目录商品税号的公告》。主要是对《外商投资项目不予免税的进口商品目录》进行了修订。

2. 《关于调整重大技术装备进口税收政策的通知》（财关税〔2009〕55 号）、《财政部、海关总署、国家税务总局关于调整重大技术装备进口税收政策暂行规定有关清单的通知》（财关税〔2010〕17 号）和《财政部、工业和信息化部、海关总署和国税总局关于调整重大技术装备进口税收政策有关目录的通知》（财关税〔2012〕14 号），这三个文件先后对《进口不予免税的重大技术装备和产品目录》进行了几次修订。

案例　某企业违反海关规定擅自处置不作价设备

某食品加工企业，成立于 2002 年，主要从事肉类食品加工及进出口业务。该企业与其投资外商之间主要开展来料加工业务，收取一定的加工费用。同时，该企业还存在一定比例的内销业务。2004 年，企业申请以不作价设备的方式向海关备案进口一批由外方提供的大型食品加工设备及打包设备。

2010 年底，由于受到国际市场冲击，该企业出口订单大幅度减少，生产设备闲置，企业面临无法支付厂房租金及工人工资等经济压力。在此情况下，该企业将部分生产加工设备出租给国内另一家食品加工企业，并将设备运至租用企业使用。其中包含尚未达到解除监管年限的不作价设备。

2011 年初，海关发现该企业存在擅自处置不作价设备的情况。经海关核实，该企业擅自处置的不作价设备包括大型食品绞碎机 3 台、打包机2台。企业负责人也承认上述情形。

依据上述情形，海关认定该企业存在涉嫌违反海关监管规定行为，已对该企业立案处理。

案例分析：受外部经济环境影响，加工贸易企业为盘活资金、解决企业经营困难而在未经海关许可的情况下挪用、出租、转让不作价设备的，或在未经海关批准的情况下，以“对方企业借用”、“向对方企业或金融机构质押后借款”、“搬离厂区维修”等理由擅自处置不作价设备的，均属涉嫌违反海关监管规定的行为。如企业将未解除海关监管的不作价设备擅自销售的，还将构成涉嫌走私行为。

第九章　国际服务外包

国际服务外包是指关境内设立的服务外包企业，在国家法律、法规、规章的允许范围内，承接由关境外客户外包的服务业务，主要包括信息技术服务外包服务（ITO）、业务流程外包服务（BPO）和知识流程外包服务（KPO）三大类。本章以《海关总署关于全面推广实施国际服务外包业务进口货物保税监管模式的公告》为切入点，对国际服务外包的企业资质要求、进口货物管理、业务流程和相关单证填制等内容进行重点介绍。

第一节　国际服务外包的法律体系

海关对国际服务外包业务进口货物实行保税监管模式，在众多的海关监管业务中还属于一项新业务，目前涉及的政策主要是：

1.《海关总署关于全面推广实施国际服务外包业务进口货物保税监管模式的公告》（海关总署公告 2010 年第 39 号）。

2.《海关总署关于调整〈外商投资项目不予免税的进口商品目录〉等目录商品税号的公告》（海关总署公告 2008 年第 65 号）。

第二节 《海关总署关于全面推广实施国际服务外包业务进口货物保税监管模式的公告》

【文　　号】海关总署公告2010年第39号

【发布日期】2010－06－29

【生效日期】2010－07－01

为贯彻落实《国务院办公厅关于鼓励服务外包产业加快发展的复函》（国办函〔2010〕69号）精神，支持国际服务外包企业规范健康发展，海关总署、商务部决定自2010年7月1日起在全国21个服务外包示范城市全面推广实施海关保税监管模式。目前推广实施国际服务外包的21个示范城市是：北京、天津、上海、重庆、大连、深圳、南京、苏州、无锡、哈尔滨、大庆、西安、长沙、广州、武汉、成都、济南、杭州、合肥、南昌、厦门。

一、纳入保税监管的国际服务外包业务

纳入保税监管的国际服务外包业务进口货物（以下简称外包进口货物）是指服务外包企业履行国际服务外包合同，由国际服务外包业务境外发包方免费提供的进口设备。

二、推广企业的范围

海关对管理类别为B类及以上的服务外包企业，从事国际服务外包业务的进口货物实施保税监管，国家不予减免税的商品（详见海关总署公告2008年第65号附件2和附件3）除外。

上述服务外包企业是指《财政部、国家税务总局、商务部、科技部、国家发展改革委关于技术先进型服务企业有关税收政策问题的通

知》(财税〔2009〕63号)规定的技术先进型服务企业。

上述国际服务外包业务(以下简称外包业务)是指该通知附件《技术先进型服务业务认定范围(试行)》项下的国际服务业务。

小贴士 技术先进型服务企业的认定管理

符合条件的技术先进型服务企业应按照规定,向所在地(市)级科技主管部门提出申请。地(市)级科技、商务、财政、税务和发展改革部门对申报材料联合进行初步审查后,报送省(直辖市、计划单列市)科技主管部门。省(直辖市、计划单列市)科技、商务、财政、税务和发展改革部门联合审核评审并予以认定。认定企业名单应及时报科技部门、商务部、财政部、国家税务总局和国家发展改革委备案。

经认定的技术先进型服务企业,持相关认定文件向当地主管税务机关办理享受本通知规定的税收优惠政策事宜。享受税收优惠的技术先进型服务企业条件发生变化的,应当自发生变化之日起15日内向主管税务机关报告;不再符合享受税收优惠条件的,应当依法履行纳税义务。主管税务机关在执行税收优惠政策的过程中,发现企业不具备技术先进性服务企业资格的,应暂停企业享受税收优惠,并提请认定机构复核。

疑点小问答 技术先进型服务企业应符合哪些条件?

答:技术先进型服务企业应同时符合以下条件:

1. 从事《技术先进型服务业务认定范围(试行)》中的一种或多种技术先进型服务业务,采用先进技术或具备较强的研发能力;

2. 企业的注册地及生产经营地在示范城市(含所辖区、县、县级市等全部行政区划)内;

3. 企业具有法人资格,近两年在进出口业务管理、财务管理、税收管理、外汇管理、海关管理等方面无违法行为;

4. 具有大专以上学历的员工占企业职工总数的50%以上；

5. 从事《技术先进型服务业务认定范围（试行）》中的技术先进型服务业务取得的收入占企业当年总收入的50%以上；

6. 从事离岸服务外包业务取得的收入不低于企业当年总收入的50%。

从事离岸服务外包业务取得的收入，是指企业根据境外单位与其签订的委托合同，由本企业或其直接转包的企业为境外单位提供《技术先进型服务业务认定范围（试行）》中所规定的信息技术外包服务（ITO）、技术性业务流程外包服务（BPO）和技术性知识流程外包服务（KPO），而从上述境外单位取得的收入。

三、外包进口货物的监管

外包进口货物属于海关监管货物，限于服务外包企业本企业履行外包合同使用，未经海关核准，企业不得将外包进口货物抵押、质押、留置。

小贴士 技术先进型企业还可享受下列优惠政策（自2009年1月1日起至2013年12月31日止）：

1. 对经认定的技术先进型服务企业，减按15%的税率征收企业所得税。

2. 对经认定的技术先进型服务企业，其发生的职工教育经费按不超过企业工资总额8%的比率据实在企业所得税税前扣除；超过部分，准予在以后纳税年度结转扣除。

3. 对经认定的技术先进型服务企业离岸服务外包业务收入免征营业税。从事离岸服务外包业务取得的收入，是指对经认定的技术先进型服务企业根据境外单位与其签订的委托合同，提供该通知附件中所界定的信息技术外包服务、技术性业务流程外包服务和技术性知识流程外包服务，从上述境外单位取得的收入。

四、国际服务外包业务流程

1. 服务外包企业在外包进口货物进口备案前，应在海关办理报关注册登记手续。

2. 海关对保税监管的国际服务外包进口货物暂用加工贸易设备手册（手册编号首位为 D，以下简称手册）模式管理。手册以合同为单元进行监管，一个合同对应一本手册。

3. 服务外包企业在外包进口货物进口前，须向本企业所在地主管海关办理备案手续，并提供以下资料：

（1）技术先进型服务企业资质证明；

（2）企业法人营业执照；

（3）与境外发包方签订的国际服务外包合同及合同所附的设备清单；

（4）海关进出口货物收发货人“报关注册登记证书”；

（5）海关需要的其他单证。

主管海关受理备案申请后，经审核符合要求的，核发手册。

五、国际服务外包业务的监管规定

1. 手册备案有效期为 1 年。如需延期的，服务外包企业应在到期前 30 天内提出申请。海关审核后同意的，每次延期不超过 1 年，最长不能超过服务外包合同期限。

2. 外包业务合同发生变更的，服务外包企业应持变更的合同等有关单证向海关办理变更手续。

3. 外包进口货物在外包业务的合同执行完毕后应退运出境。

4. 外包进口货物如销往国内或到期不退运境外的，须经海关批准后按规定办理进口征税手续，涉及许可证件的，还须提供许可证件。

5. 服务外包企业不再具备技术先进型服务企业资质的，新手册不予备案，已备案手册不予延期，已备案未进口的货物不再予以保税进口。

服务外包企业的管理类别降为C、D类的，手册不予延期，已备案未进口的货物不再予以保税进口，已进口的货物海关征收全额风险担保金。

6. 手册到期后，服务外包企业应在30天内持申请核销报告、手册、进出口报关单及相关单证等向海关申请核销。

7. 海关特殊监管区域内企业从境外进口用于本公告规定的外包业务的设备，海关按照现行特殊监管区域有关规定办理。

疑点小问答 技术先进性企业除享受海关保税监管外还可享受哪些优惠政策？

答：根据《国务院办公厅关于进一步促进服务外包产业发展的复函》（国办函2013年第33号），延续至2018年底，企业可享有如下优惠政策：

（1）对经认定的技术先进型服务企业，减按15%的税率征收企业所得税；

（2）对经认定的技术先进型服务企业，其发生的职工教育经费按不超过企业工资总额8%的比率据实在企业所得税税前扣除；超过部分，准予在以后纳税年度结转扣除；

（3）对经认定的技术先进型服务企业离岸服务外包业务收入免征营业税。从事离岸服务外包业务取得的收入，是指技术先进型服务企业根据境外单位与其签订的委托合同，提供按照规定所界定的信息技术外包服务、技术性业务流程外包服务和技术性知识流程外包服务，从上述境外单位取得的收入。

拓展阅读 2010年1月，全国首本服务外包保税监管手册在上海生成。2010年3月18日，上海海关和张江集团在张江高科技园区启动上海海关国际服务外包保税监管试点，上海地区国际服务外包海关保税监管工作正式开始。截至当年6月30日，已有5家企业备案了8本手册，备案金额逾2 500万元人民币，涉及化学研究、医药生物、软件研发、电子设计、半导体研发等多个行业。海关保税监管在上海试点成功后，海关总署、商务部决定自2010年7月1日起，在全国21个服务外包示范城市全面推广实施海关保税监管模式。

上海海关服务外包保税监管手册是我国第一个针对服务外包进口货物实行保税监管的手册，对于上海浦东新区这一服务外包产业聚集地的综合配套改革起到很大的支持作用，并成为实现二次创业的重要举措。手册的生成标志着海关主动提出监管措施，并将保税监管和服务从“加工贸易”领域拓展到“服务贸易”领域，推动加工贸易转型升级。保税监管的试点成功也为我国其他服务外包示范城市的保税监管模式提出了新的理念。

离岸服务外包的需求扩张，要求我们进一步细致地解决其通关成本和效率的问题。服务外包保税监管的提出，为技术先进型服务企业履行国际服务外包合同实现了成本降低和通关效率的提高。境外发包方可以基于这个政策实现免费提供进口设备，进口时实施保税监管，全额免纳关税、增值税。可以说，手册的生成意味着海关以一种创新的模式对服务外包保税进行监管，并取得了突破性的进展，同时也体现了我国对于境外服务外包合同走进国门的重视，以及政策上的扶持上了一个新的台阶。创新的保税监管模式将进一步敞开我国国际服务外包的窗口，对推动我国服务外包国际化起到了历史性的推动作用。

保税监管场所篇

第十章　保税仓库

本章所指保税仓库，是指《中华人民共和国海关对保税仓库及所存货物的管理规定》所定义的经海关批准设立的专门存放保税货物及其他未办结海关手续货物的仓库。本章从《中华人民共和国海关对保税仓库及所存货物的管理规定》入手，对保税仓库的设立、保税仓库的管理、保税仓库所存货物的管理等内容进行重点介绍。

第一节　保税仓库涉及的法律体系

目前，保税仓库已基本形成包括法律、部门规章和规范性文件三个层级的法律体系框架。具体如下：

一、法律

《海关法》规定，保税货物的转让、转移以及进出保税场所，应当向海关办理有关手续，接受海关监管和查验。

二、部门规章

《中华人民共和国海关对保税仓库及所存货物的管理规定》（海关总署令第 105 号）。

三、规范性文件

《海关总署关于执行〈中华人民共和国海关对保税仓库及所存货物的管理规定〉有关问题的公告》(海关总署公告2004年第14号)。

第二节 《中华人民共和国海关对保税仓库及所存货物的管理规定》

【文　　号】海关总署令第105号

【发布日期】2003－12－05

【生效日期】2004－02－01

随着改革开放的深入和经济全球化步伐的推进，传统物流已逐渐开始向现代物流转变。第三方物流的蓬勃发展要求保税仓库拓展政策限制和相关功能作用，参与供应链分工和运作。为顺应现代物流和国际市场需求，2003年12月5日海关总署制定并颁布了《中华人民共和国海关对保税仓库及所存货物的管理规定》，并于2004年2月1日正式实施。

《中华人民共和国海关对保税仓库及所存货物的管理规定》在实体规定上吸收了我国海关对保税仓库监管实践中的有益经验，同时将《京都公约》有关条款转化为其中的具体内容；在程序规定上根据加入WTO后我国政府职能转变和行政审批制度改革的要求，与国际海关通行规则相衔接，设定海关对保税仓库行政审批的权限和程序，达到了“维权”和“限制”的统一，有效维护了管理相对人的合法权益。可以说，《中华人民共和国海关对保税仓库及所存货物的管理规定》的制定标志着我国海关对保税仓库的管理进入了规范化、法制化阶段。

一、可存入保税仓库的货物

保税仓库应当按照海关批准的存放货物范围和商品种类开展保税仓储业务。经海关批准，以下货物可以存入保税仓库：

1. 加工贸易进口货物；
2. 转口货物；
3. 供应国际航行船舶和航空器的油料、物料和维修用零部件；
4. 供维修外国产品所进口寄售的零配件；
5. 外商暂存货物；
6. 未办结海关手续的一般贸易货物；
7. 经海关批准的其他未办结海关手续的货物。

小贴士 允许一般贸易货物存入保税仓库，拓展保税仓库的发展空间。《中华人民共和国海关对保税仓库及所存货物的管理规定》第5条明确规定保税仓库可以存放一般贸易货物，拓宽了保税仓库货物的来源渠道，大大拓展了保税仓库的发展空间。保税仓库具备这一功能后，衔接国内和国际两个市场的桥梁作用将更加突出。面对加工贸易和一般贸易交融发展的趋势，各类企业可以按照市场需求充分利用保税仓库的保税仓储功能，从而实现供应链管理的最佳整体效益。

二、保税仓库的设立及验收

（一）保税仓库的分类

1. 保税仓库按照使用对象不同可以分为公用型保税仓库、自用型保税仓库。

（1）公用型保税仓库由主营仓储业务的中国境内独立企业法人经

营，专门向社会提供保税仓储服务。

（2）自用型保税仓库由特定的中国境内独立企业法人经营，仅存储供本企业自用的保税货物。

2. 保税仓库中专门用来存储具有特定用途或特殊种类商品的称为专用型保税仓库。专用型保税仓库包括液体危险品保税仓库、备料保税仓库、寄售维修保税仓库和其他专用型保税仓库。（1）液体危险品保税仓库，是指符合国家关于危险化学品仓储规定的，专门提供石油、成品油或者其他散装液体危险化学品保税仓储服务的保税仓库。（2）备料保税仓库，是指加工贸易企业存储为加工复出口产品所进口的原材料、设备及其零部件的保税仓库，所存保税货物仅限于供应本企业。（3）寄售维修保税仓库，是指专门存储为维修外国产品所进口寄售零配件的保税仓库。

小贴士 公用型保税仓库和自用型保税仓库的区别，详见表10－1。

表10－1 公用型保税仓库和自用型保税仓库的区别

	公用型保税仓库	自用型保税仓库
所存货物的供给对象	面向全社会提供保税仓储物流服务	存储的货物仅供本企业自用
功能	可对所存货物开展流通性简单加工和增值服务	主要为特定加工贸易企业供应生产自用的生产性物料、零备件等
面积标准	最低2 000平米	不设最低门槛
经营主体经营范围的要求	必须具有工商行政管理部门核准的仓储经营权	经营主体无须具有仓储经营权
经营主体的性质	不作特别要求，可以是外贸企业、物流企业或者生产型企业等	经营主体只能是加工贸易企业

（二）经营保税仓库的企业应当具备的条件

1. 经工商行政管理部门注册登记，具有企业法人资格；

2. 注册资本最低限额为300万元人民币；

3. 具备向海关缴纳税款的能力；

4. 具有专门存储保税货物的营业场所；

5. 经营特殊许可商品存储的，应当持有规定的特殊许可证件；

6. 经营备料保税仓库的加工贸易企业，年出口额最低为1 000万美元；

7. 法律、行政法规、海关规章规定的其他条件。

（三）保税仓库应具备的条件

1. 符合海关对保税仓库布局的要求；

2. 具备符合海关监管要求的安全隔离设施、监管设施和办理业务必需的其他设施；

3. 具备符合海关监管要求的保税仓库计算机管理系统并与海关联网；

4. 具备符合海关监管要求的保税仓库管理制度、符合会计法要求的会计制度；

5. 符合国家土地管理、规划、交通、消防、安全、质检、环保等方面法律、行政法规及有关规定；

6. 公用保税仓库面积最低为2 000平方米；

7. 液体危险品保税仓库容积最低为5 000立方米；

8. 寄售维修保税仓库面积最低为2 000平方米；

9. 法律、行政法规、海关规章规定的其他条件。

小贴士　《中华人民共和国海关对保税仓库及所存货物的管理规定》采纳《京都公约》的分类方式，在大类上将保税仓库分为公用型和自用型。在此基础上根据专业化管理的需要提出了“专用型保税仓库”的概念，将存储液体危险品、寄售维修等专业性较强的仓库归入专用型保税仓库的范畴。同时根据不同类型仓库的特点赋予不同的功能，采取不同的准入条件：

（1）公用型保税仓库，申请人的注册资本最低为300万元，具有工商行政管理部门核准的仓储经营权，仓库面积不能少于2 000平方米等。

（2）备料保税仓库，其经营主体应是加工贸易企业，不要求必须具有仓储经营权，但出口额不能低于1 000万美元，所存货物仅能供应本企业自用。

（3）液体危险品保税仓库，库容不能低于5 000立方米。同时考虑到此类仓库的特殊要求，《中华人民共和国海关对保税仓库及所存货物的管理规定》第八条第（五）项规定：“经营特殊许可商品存储的，应当持有规定的特殊许可证件。”如经营危险化学品保税仓储的，需取得“危险化学品经营许可证”和“易燃易爆化学物品消防安全许可证”等，申请设立外供油库或保税油库申请开展对外供应免税燃油业务的，申请人还须取得“外供油经营许可证”。

（4）寄售维修保税仓库，根据此类仓库长期以来“小而分散”、经营效益低、海关监管成本高的特点，《中华人民共和国海关对保税仓库及所存货物的管理规定》第九条第（八）项规定“寄售维修保税仓库面积最低为2 000平方米”，在面积上提高了此类仓库的准入标准。原外经贸部根据我国“入世”承诺于2003年3月取消了外国企业设立产品维修站的审批后，《中华人民共和国海关对保税仓库及所存货物的管理规定》对此做了相应调整，将此类批件从必备申请材料中剔除。

只要具备了上述准入条件，每家企业都有权申请设立保税仓库，公平竞争，优胜劣汰，实质是将以前由海关行政手段主导的调节交由市场调节，这也是政府职能转变的方式之一。

海关提醒 申请设立保税仓库需提交的资料

（1）“保税仓库申请书”；

（2）“保税仓库申请事项表”；

（3）可行性报告；

（4）经营企业法人工商营业执照复印件；

（5）税务登记证复印件（国税和地税）；

（6）股权结构证明书复印件（合资企业）；

（7）开户银行证明复印件；

（8）拟开展保税仓储的营业场所的用地土地所有权或使用权证明复印件，以及拟开展保税仓储的营业场所的产权证明，属租借房屋的还应收取房屋租赁合同；

（9）申请设立的保税仓库位置图及平面图；

（10）仓库管理制度；

（11）对申请设立寄售维修型保税仓库的，还应收取经营企业与外商的维修协议；

（12）经营企业财务制度与会计制度；

（13）消防验收合格证书；

（14）其他需要的相关材料。

企业申请设立保税仓库时，如仓库已建成或租赁仓库经营的，应一次性提交以上所有单证、文件；如保税仓库尚在建设中的，以上第(8)、(13）项单证可缓交，在仓库验收时提交。上述资料凡提供复印件的，应当同时提交原件以供海关核对。

（四）保税仓库的验收

保税仓库验收合格后，由直属海关颁发“中华人民共和国海关保税仓库注册登记证书”（以下简称“保税仓库注册登记证书”），方可投入运营。

申请企业无正当理由逾期未申请验收或者保税仓库验收不合格的，该保税仓库的批准文件自动失效。

海关提醒 申请设立保税仓库的企业应当自海关出具保税仓库批准文件1年内向海关申请保税仓库验收。申请验收需提交的资料有：

1. 企业验收申请（内容包括：经营企业和保税仓库基本情况，保税仓库建设情况，保税仓库计算机管理系统，仓库隔离、安全设施以及其他管理设施情况等）；

2. 房产证，租借房屋的还应收取房屋租赁合同（申请设立保税仓库时已递交的除外）；

3. 消防验收合格证书（申请设立保税仓库时已递交的除外）；

4. 海关需要的其他单证。

三、保税仓库的管理

1. 保税仓库实行计算机联网管理。

海关对保税仓库实施计算机联网管理，并可以随时派员进入保税仓库检查货物的收、付、存情况及有关账册。海关认为必要时，可以会同保税仓库经营企业双方共同对保税仓库加锁或者直接派员驻库监管，保税仓库经营企业应当为海关提供办公场所和必要的办公条件。

保税仓库经营企业应当如实填写有关单证、仓库账册，真实记录并全面反映其业务活动和财务状况，编制仓库月度收、付、存情况表和年度财务会计报告，并定期以计算机电子数据和书面形式报送主管海关。

疑点小问答 保税仓库注册编码的规则是什么？

答：保税仓库的注册编码为10位，前5位是国内地区代码，第6位为企业性质代码，第7位为类别代码，其中“D”为公用保税仓库、“E”为液体危险品保税仓库、“F”为寄售维修保税仓库、“G”暂为空，“H”为其他专用型保税仓库、“I”为备料保税仓库，第8至第10位为顺序号。

2. 保税仓库不得转租、转借给他人经营，不得下设分库。

3. 海关对保税仓库实行分类管理及年审制度。

小贴士 海关根据风险管理的要求，对保税仓库的管理引入动态管理和信任管理理念。海关定期审核设库条件、经营状况和守法记录，以全面掌握保税仓库的动态信息，化解海关监管风险。同时，国际通行海关规则亦对保税仓库实行分类管理，所以《中华人民共和国海关对保税仓库及所存货物的管理规定》规定：“海关对保税仓库实行分类管理和年审制度”，推行“守法便利”的信任管理措施，通过法律手段引导保税仓库企业由“强制守法”转向“自觉守法”。

4. 保税仓库的变更。

保税仓库经营企业需变更企业名称、注册资本、组织形式、法定代表人等事项的，应当在变更前向直属海关提交书面报告，说明变更事项、事由和变更时间；变更后，海关按照本规定第八条的规定对其进行重新审核。

保税仓库需变更名称、地址、仓储面积（容积）、所存货物范围和商品种类等事项的，应当经直属海关批准。

直属海关应当将保税仓库经营企业及保税仓库的变更情况报海关总署备案。

5. 保税仓库的注销。

保税仓库无正当理由连续6个月未经营保税仓储业务的，保税仓库经营企业应当向海关申请终止保税仓储业务。经营企业未申请的，海关注销其注册登记，并收回“保税仓库注册登记证书”。

保税仓库不参加年审或者年审不合格的，海关注销其注册登记，并收回“保税仓库注册登记证书”。

保税仓库因其他事由终止保税仓储业务的，由保税仓库经营企业提出书面申请，经海关审核后，交回“保税仓库注册登记证书”，并办理注销手续。

四、保税仓库所存货物的管理

1. 保税仓储货物存储期限为1年。确有正当理由的，经海关同意可予以延期；除特殊情况外，延期不得超过1年。

2. 保税仓储货物的简单加工。

保税仓储货物可以进行包装、分级分类、加刷唛码、分拆、拼装等简单加工，不得进行实质性加工。保税仓储货物，未经海关批准，不得擅自出售、转让、抵押、质押、留置、移作他用或者进行其他处置。

3. 下列保税仓储货物出库时依法免征关税和进口环节代征税：

（1）用于在保修期限内免费维修有关外国产品并符合无代价抵偿货物有关规定的零部件；

（2）用于国际航行船舶和航空器的油料、物料；

（3）国家规定免税的其他货物。

4. 下列情形的保税仓储货物，经海关批准可以办理出库手续，海关按照相应的规定进行管理和验放：

（1）运往境外的；

（2）运往境内保税区、出口加工区或者调拨到其他保税仓库继续实施保税监管的；

（3）转为加工贸易进口的；

（4）转入国内市场销售的；

（5）海关规定的其他情形。

5. 保税仓储货物的出库。

（1）保税仓储货物出库运往境内其他地方的，收发货人或其代理人应当填写进口报关单，并随附出库单据等相关单证向海关申报，保税仓库向海关办理出库手续并凭海关签印放行的报关单发运货物。

从异地提取保税仓储货物出库的，可以在保税仓库主管海关报关，也可以按照海关规定办理转关手续。

出库保税仓储货物批量少、批次频繁的，经海关批准可以办理集中报关手续。

（2）保税仓储货物出库复运往境外的，发货人或其代理人应当填写出口报关单，并随附出库单据等相关单证向海关申报，保税仓库向海关办理出库手续并凭海关签印放行的报关单发运货物。

出境货物出境口岸不在保税仓库主管海关的，经海关批准，可以在口岸海关办理相关手续，也可以按照海关规定办理转关手续。

小贴士 拓宽保税仓储货物流向的渠道，扩大物流辐射范围。考虑到保税仓库货物流向保税区、加工区、其他保税仓库时仍处于同一保税监管制度项下，《中华人民共和国海关对保税仓库及所存货物的管理规定》借鉴“保税仓库货物可以在不中止适用保税仓库制度情况下实行转库”的国际惯例，明确允许“保税仓储货物运往境内保税区、出口加工区或调拨到其他保税仓库继续实施保税监管”，极大地扩大了保税仓库的物流辐射范围。《中华人民共和国海关对保税仓库及所存货物的管理规定》还明确可以采取异地报关、转关、集报等方式跨关区直接从保税仓库提取货物，能够提高货物的流转速度，大幅度地节省物流费用，有效缓解“境外游”和“迂回运输”现象。

五、法律责任

1. 保税仓储货物在存储期间发生损毁或者灭失的，除不可抗力外，保税仓库应当依法向海关缴纳损毁、灭失货物的税款，并承担相应的法律责任。

2. 保税仓储货物在保税仓库内存储期满，未及时向海关申请延期或者延长期限届满后既不复运出境也不转为进口的，海关应当按照《中华人民共和国海关关于超期未报关进口货物、误卸或者溢卸的进境货物和放弃进口货物的处理办法》第五条的规定处理。

3. 海关在保税仓库设立、变更、注销后，发现原申请材料不完整或者不准确的，应当责令经营企业限期补正，发现企业有隐瞒真实情况、提供虚假资料等违法情形的，依法予以处罚。

4. 保税仓库经营企业有下列行为之一的，海关责令其改正，可以给予警告，或者处 1 万元以下的罚款；有违法所得的，处违法所得 3 倍以下的罚款，但最高不得超过 3 万元。

（1）未经海关批准，在保税仓库擅自存放非保税货物的；

（2）私自设立保税仓库分库的；

（3）保税货物管理混乱，账目不清的；

（4）经营事项发生变更，未按第十九条规定办理海关手续的。

5. 违反本规定的其他违法行为，海关依照《海关法》、《中华人民共和国海关法行政处罚实施细则》予以处罚。构成犯罪的，依法追究刑事责任。

案例　某企业保税仓库被挪用存放非保税货物

由于保税仓库库存面积较大，长期没有保税货物进出库记录，并且电子账册数据显示该保税仓库已无库存保税货物，个别企业为了减少仓储费用流失，保税仓库被挪用存放非保税货物的可能性较大。

在海关对辖区内某保税仓库进行实地核查过程中，核查人员调取了该企业保税仓库统计表，并与海关电子账册数据进行比对，数据显示该保税仓库内已无保税货物，但现场盘点实物发现，仓库内存放了棉纱445件、弗莱斯克包装袋650托、木材51捆、塑料颗粒6 000包、芝麻671吨、化纤600吨等大量非保税货物。该企业上述行为违反了《中华人民共和国海关对保税仓库及所存货物的管理规定》（海关总署令第105号）第三十一条第（一）款规定，核查人员现场登记了“讯问笔录”、拍照取证后，遂将该情事移交缉私部门处理。

第十一章　出口监管仓库

本章所涉出口监管仓库，指经海关批准设立，对已办结海关出口手续的货物进行存储、保税物流配送、提供流通性增值服务的海关专用监管仓库。出口监管仓库具有转口配送、简单加工和增值服务的功能，它的设立有效缓解了口岸交通的压力，发挥了临港仓储以及加工贸易结转的中转仓储作用，有利于降低我国出口产品的物流成本，提高我国出口产品在国际市场的竞争力，为对外经济贸易发展作出了积极贡献。本章从《中华人民共和国海关对出口监管仓库及所存货物的管理办法》入手，对出口监管仓库的设立、出口监管仓库的管理、出口监管仓库所存货物的管理等内容进行重点介绍。

第一节　出口监管仓库涉及的法律体系

目前，出口监管仓库已基本形成包括法律和部门规章两个层级的法律体系框架。具体如下：

一、法律

《海关法》规定，保税货物的转让、转移以及进出保税场所，应当向海关办理有关手续，接受海关监管和查验。

二、部门规章

《中华人民共和国海关对出口监管仓库及所存货物的管理办法》(海关总署令第 133 号)。

第二节 《中华人民共和国海关对出口监管仓库及所存货物的管理办法》

【文　　号】海关总署令第 133 号

【发布日期】2005 - 11 - 28

【生效日期】2006 - 01 - 01

1988 年，为支持和鼓励扩大出口，方便企业及时结汇，我国第一家出口监管仓库在深圳设立。出口监管仓库的设立有效缓解了口岸交通的压力，发挥了临港仓储以及加工贸易结转的中转仓储作用，为当时尚处市场经济发展最初期的对外经济贸易发展做出了积极的贡献。21 世纪初，伴随着全球经济一体化的发展和第三方物流的兴起，出口监管仓库单一的仓储功能制约了其自身正常的发展，监管以手工操作为特征的管理模式难以适应专业物流快速运作的要求。为适应现代物流的迅猛发展，2006 年《中华人民共和国海关对出口监管仓库及所存货物的管理办法》正式实施，我国对出口监管仓库的政策和管理制度进行了重大的调整。

一、可存入出口监管仓库的货物

经海关批准，以下货物可以存入出口监管仓库：

1. 一般贸易出口货物；
2. 加工贸易出口货物；

3. 从其他海关特殊监管区域、场所转入的出口货物；

4. 出口配送型仓库可以存放为拼装出口货物而进口的货物，以及为改换出口监管仓库货物包装而进口的包装物料；

5. 其他已办结海关出口手续的货物。

小贴士 允许一般贸易货物存入出口监管仓库，拓展出口监管仓库的发展空间。《中华人民共和国海关对出口监管仓库及所存货物的管理办法》第七条明确规定出口监管仓库可以存放一般贸易货物，拓宽了出口监管仓库货物的来源渠道，大大拓展了出口监管仓库的发展空间。出口监管仓库具备这一功能后，衔接国内和国际两个市场的桥梁作用将更加突出。

二、不得存放出口监管仓库的货物

1. 国家禁止进出境货物；
2. 未经批准的国家限制进出境货物；
3. 海关规定不得存放的其他货物。

三、出口监管仓库的设立及验收

1. 出口监管仓库的分类。

出口监管仓库分为出口配送型仓库和国内结转型仓库。

出口配送型仓库是指存储以实际离境为目的的出口货物的仓库。

国内结转型仓库是指存储用于国内结转的出口货物的仓库。

小贴士 （1）国内结转型仓库所存储货物以转为国内销售为目的，或供加工贸易企业使用，也可面向国外直接出口。货物入仓时不予签发报关单退税联，必须在货物实际离境后方能办理相关手续。该类仓库面积一般不低于1 000平方米。

（2）出口配送型仓库的入仓货物以进行国际物流配送为目的，货物主要流向境外，原则上不予回流。出口配送型仓库除了存放国内出口货物外，还可以存放为拼装出口货物而进口的货物，以及为改换出口监管仓库货物包装而进口的包装物料。该类仓库面积一般不低于5 000平方米。

出口配送型监管仓库，符合上一年度入仓货物的实际出仓离境率不低于99%等条件的，可以向海关和税务部门申请国内货物入仓退税政策，即清关出口货物进入出口配送型仓库，主管海关即予签发报关单退税联。该类仓库管理上必须符合货物入仓退税的有关要求，并经海关批准享受入仓退税政策。

2. 经营出口监管仓库的企业应当具备如下条件：

（1）已经在工商行政管理部门注册登记，具有企业法人资格；

（2）具有进出口经营权和仓储经营权；

（3）注册资本在300万元人民币以上；

（4）具备向海关缴纳税款的能力；

（5）具有专门存储货物的场所，其中出口配送型仓库的面积不得低于5 000平方米，国内结转型仓库的面积不得低于1 000平方米。

3. 出口监管仓库的设立应当符合区域物流发展和海关对出口监管仓库布局的要求，符合国家土地管理、规划、交通、消防、安全、环保等有关法律、行政法规的规定。

疑点小问答 申请设立出口监管仓库主要涉及哪些部门？

答：申请设立出口监管仓库主要涉及的部门有：

（1）工商行政管理部门。企业需在企业所在地的工商行政管理部门进行注册登记，取得经营企业法人工商营业执照，营业范围必须有仓储经营的资格，且注册资本不少于300万元人民币。

（2）国税局和地税局。经营企业需在国税局和地税局分别取得“税务登记证”。

（3）出口监管仓库所在地的消防管理部门。出口监管仓库需通过消防验收，并取得消防安全合格证明材料。

（4）出口监管仓库经营企业所在地的主管海关加工贸易业务部门、企业管理部门以及通关监管部门。主要负责出口监管仓库的设立受理、验收、管理、企业注册登记，以及出口监管仓库货物进出口通关等业务的受理和办理。

4. 企业申请设立出口监管仓库，应当向仓库所在地主管海关递交以下书面材料和证件：

（1）“出口监管仓库申请书”；

（2）“出口监管仓库申请事项表”；

（3）申请设立出口监管仓库企业的申请报告及可行性报告；

（4）申请设立出口监管仓库企业成立批文或者有关主管部门批准开展有关业务的批件复印件；

（5）申请设立出口监管仓库企业工商营业执照和税务登记证复印件；

（6）申请设立出口监管仓库企业“进出口货物收发货人注册登记证书”或者“报关企业注册登记证书”复印件；

（7）出口监管仓库库址土地使用权证明文件或者租赁仓库的租赁协议复印件；

（8）仓库地理位置示意图及平面图。

5. 出口监管仓库的验收。

申请设立出口监管仓库的企业应当自海关出具批准文件之日起 1 年内向海关申请验收出口监管仓库。

申请验收应当符合以下条件：

（1）具有专门存储货物的场所，其中出口配送型仓库的面积不得低于 5 000 平方米，国内结转型仓库的面积不得低于 1 000 平方米；

（2）具有符合海关监管要求的安全隔离设施、监管设施和办理业务必需的其他设施；

（3）具有符合海关监管要求的计算机管理系统，并与海关联网；

（4）建立了出口监管仓库的章程、机构设置、仓储设施及账册管理和会计制度等仓库管理制度；

（5）自有仓库的，具有出口监管仓库的产权证明；租赁仓库的，具有租赁期限 5 年以上的租赁合同；

（6）消防验收合格。

申请企业无正当理由逾期未申请验收或者出口监管仓库验收不合格的，该出口监管仓库的批准文件自动失效。

出口监管仓库验收合格后，经直属海关注册登记并核发"中华人民共和国海关出口监管仓库注册登记证书"，可以投入运营。"中华人民共和国海关出口监管仓库注册登记证书"有效期为 3 年。

四、出口监管仓库的管理

1. 出口监管仓库计算机联网管理。

海关对出口监管仓库实施计算机联网管理。

海关可以随时派员进入出口监管仓库检查货物的进、出、转、存情况及有关账册、记录。

海关可以会同出口监管仓库经营企业共同对出口监管仓库加锁或者直接派员驻库监管。

出口监管仓库经营企业应当如实填写有关单证、仓库账册、真实记录并全面反映其业务活动和财务状况，编制仓库月度进、出、转、存情况表和年度财务会计报告，并定期报送主管海关。

小贴士 出口监管仓库的延期

仓库经营企业申请延期审查的，须在“海关出口监管仓库注册登记证书”有效期届满30日前向仓库主管海关提交以下资料：

（1）出口监管仓库延期申请；

（2）“海关出口监管仓库注册登记证书”；

（3）工商营业执照和税务登记证书；

（4）“进出口货物收发货人注册登记证书”；

（5）出口监管仓库库址、土地使用权证明文件或者租赁仓库的租赁协议或者租赁土地建仓库的租赁协议；

（6）需要提交的其他资料。

上述资料凡提供复印件的，应当同时提交原件以供海关核对。

2. 出口监管仓库必须专库专用，不得转租、转借给他人经营，不得下设分库。

3. 出口监管仓库的变更。

出口监管仓库经营企业需变更企业名称、注册资本、组织形式、法定代表人等事项的，应当在变更前向直属海关提交书面报告，说明变更事项、事由和变更时间。变更后，主管海关按照规定对其进行重新审核。出口监管仓库变更类型的，按照出口监管仓库的设立的有关规定办理。

出口监管仓库需变更名称、地址、仓储面积等事项的，应当经直属海关批准。

小贴士 经批准变更地址、仓储面积的，出口监管仓库经营企业应在批准变更1年内、新库址开展业务前向仓库主管海关申请验收。验收程序按出口监管仓库验收的规定办理。

4. 出口监管仓库的注销。

出口监管仓库有下列行为之一的，海关注销其注册登记，并收回“出口监管仓库注册登记证书”。

（1）无正当理由连续6个月未开展业务的；

（2）无正当理由逾期未申请延期审查或者延期审查不合格的；

（3）仓库经营企业书面申请变更出口监管仓库类型的；

（4）仓库经营企业书面申请终止出口监管仓库仓储业务的；

（5）仓库经营企业，丧失本办法第九条规定的条件的。

海关提醒 经营事项发生变更，未按规定办理海关手续的，海关责令其改正，可以给予警告，或者处1万元以下的罚款；有违法所得的，处违法所得3倍以下的罚款，但最高不得超过3万元。海关对出口监管仓库经营企业申请变更时的审核重点：一是对经营企业名称变更的，重点审核经营保税仓库的企业主体资格没有改变，且仓库未通过变更企业名称的方式转给其他企业经营。二是企业的注册资本、组织形式、法人代表变更后是否满足仓库经营企业需要具备的条件。

五、出口监管仓库货物的管理

1. 货物入仓管理。

（1）存入出口监管仓库的出口货物，按照国家规定应当提交许可证件或者缴纳出口关税的，发货人或者其代理人应当提交许可证件或者缴纳税款。

出口货物存入出口监管仓库时，发货人或者其代理人应当向主管海关申报。发货人或者其代理人除按照海关规定提交有关单证外，还应当提交仓库经营企业填制的“出口监管仓库货物入仓清单”。

海关对报关入仓货物的品种、数量、金额等进行审核、核注和登记。

经主管海关批准，对批量少、批次频繁的入仓货物，可以办理集中报关手续。

（2）海关签发出口货物报关单证明联（包括出口退税联和结汇核销联）的情形：

①对经批准享受入仓即予退税政策的出口监管仓库，海关在货物入仓结关后予以签发出口货物报关单证明联。

②对不享受入仓即予退税政策的出口监管仓库，海关在货物实际离境后签发出口货物报关单证明联。

2. 货物出仓管理。

（1）出仓货物出口时，仓库经营企业或者其代理人应当向主管海关申报。仓库经营企业或者其代理人除按照海关规定提交有关单证外，还应当提交仓库经营企业填制的“出口监管仓库货物出仓清单”。出仓货物出境口岸不在仓库主管海关的，经海关批准，可以在口岸所在地海关办理相关手续，也可以在主管海关办理相关手续。

（2）出口监管仓库货物转进口的，应当经海关批准，按照进口货物有关规定办理相关手续。

（3）对已存入出口监管仓库因质量等原因要求更换的货物，经仓库所在地主管海关批准，可以更换货物。被更换货物出仓前，更换货物应当先行入仓，并应当与原货物的商品编码、品名、规格型号、数量和价值相同。

海关提醒 货物拼装出口时，出口货物报关单和出口监管仓库货物出仓清单可按原入仓货物的实际状态分别申报，但须在出口货物报关单和出口监管仓库货物出仓清单备注栏内注明“拼装货物”。

已出仓离境的出口监管仓库货物因故需退运进境的，按海关退运货物有关规定在口岸海关办理通关手续，退运进境的货物不得再转入出口监管仓库。海关已签发报关单退税证明联的货物退运时，出口企业应向海关提供税务机关证明相关货物未办理出口退税或所退税款已退还税务机关的证明文件。

3. 出口监管仓库所存货物存储期限。

出口监管仓库所存货物存储期限为6个月。经主管海关同意可以延期，但延期不得超过6个月。货物存储期满前，仓库经营企业应当通知发货人或者其代理人办理货物的出境或者进口手续。

4. 出口监管仓库货物，因特殊原因确需退运、退仓，应当经海关批准，并按照有关规定办理相关手续。

5. 对已存入出口监管仓库因质量等原因要求更换的货物，经仓库所在地主管海关批准，可以更换货物。被更换货物出仓前，更换货物应当先行入仓，并应当与原货物的商品编码、品名、规格型号、数量和价值相同。

小贴士 货物集中报关

出口监管仓库货物原则上应按入仓票数逐票办理出口货物报关入仓手续。对批量少、批次频繁的入仓货物，经主管海关批准后，可以按集中报关方式办理货物入仓手续。入仓集中报关应采取事前申请、事后报关的方式办理。

出口监管仓库申请以集中报关方式办理货物入仓手续的，应在货物入仓前填制“出口监管仓库货物集中报关申请表”向仓库主管海关提出申请。对准予集中报关的，海关予以签发“出口监管仓库货物集中报关审核表”，并批注相关要求。

（1）办理集中报关手续要求：

①申请集中报关的出口监管仓库应具备与海关联网监管的条件，每一批入库货物的信息应通过网络向海关报送；

②根据企业资信状况和风险度，仓库主管海关可收取保证金；

③入仓货物集中报关的期限不得超过1个月，且不得跨年度办理。

④对集中报关入仓的货物，在办结进仓报关手续前，不得提前办理出仓报关手续。

（2）经海关审核同意后以集中报关方式办理货物入仓手续的，经营企业应汇总规定时段内的“出口监管仓库货物入仓清单”数据，并备齐以下单证，在规定时间内向主管海关通关部门申请办理集中报关手续：

①加盖出口监管仓库经营企业报关专用章的“出口监管仓库货物入仓清单”；

②对外签订的货物出口合同或“海关加工贸易手册”（纸质或电子数据的）；

③属于许可证件管理的，需提交相关许可证件；

④海关认为需要提交的其他资料。

疑点小问答 （1）什么是出口监管仓库入仓退税？

答：出口配送型出口监管仓库，符合上一年度入仓货物的实际出仓离境率不低于99%等条件的，可以向海关和税务部门申请国内货物入仓退税政策，即清关出口货物进入出口配送型仓库，主管海关即予签发报关单退税联。该类仓库管理上必须符合货物入仓退税的有关要求，并经海关批准享受入仓退税政策。

(2) 享受入仓退税政策出口监管仓库应具备哪些条件?

答：享受入仓退税政策的出口监管仓库，除了具备一般出口监管仓库条件外，还需具备以下条件：

①经营出口监管仓库的企业经营情况正常，无走私或重大违规行为，具备向海关缴纳税款的能力；

②上一年度入仓货物的实际出仓离境率不低于99%；

③对入仓货物实行全程计算机管理，具有符合海关监管要求的计算机管理系统；

④不得存放用于深加工结转的货物；

⑤具有符合海关监管要求的隔离设施、监管设施及其他必要的设施。

(3) 如何办理出口退税手续?

答：①国内货物存入实行入仓退税政策的出口监管仓库并办结出口报关手续后，由主管海关向出口企业签发“出口货物报关单（出口退税专用)”。

②以转关运输方式存入出口监管仓库的出口货物，启运地海关应在收到出口监管仓库主管海关确认货物已实际入仓的转关核销电子回执后，向出口企业签发“出口货物报关单（出口退税专用)”。上述出口货物报关单电子信息应纳入电子口岸执法管理系统，以便国税部门及时审核、审批出口退（免）税。

③已签发退税出口专用报关单的入仓货物，原则上不允许再转为境内销售，因特殊原因确需退运或转为境内销售的，按以下规定办理相关手续：

对退运、退关货物，出口企业必须向注册地主管税务部门申请证明，证明其货物未办理出口退税，或所退税款已退还主管税务部门。企业凭有关证明材料和出口单证向主管海关申请办理相关手续，主管海关对企业提供的证明材料向主管税务部门核实无误后予以办理。转关入仓货物申请退运的，出口企业应凭启运地海关和企业注册地主管税务部门有关证明材料和出口单证向主管海关办理相关手续。

转入国内市场销售的货物，主管海关应按照国货复进口货物的有关规定进行管理和验放。

年退关、退运货物不得超过离境货物的1%。

海关提醒 出口监管仓库符合入仓退税条件的，由其所在地主管海关和主管税务机关审核无误后报直属海关和省国税局核准后，本年度即可开展入仓退税业务。年度终了后，达不到享受入仓退税政策规定条件的，下年度取消其享受入仓退税政策的资格。

六、法律责任

1. 出口监管仓库所存货物在存储期间发生损毁或者灭失的，除不可抗力外，仓库应当依法向海关缴纳损毁、灭失货物的税款，并承担相应的法律责任。

2. 企业以隐瞒真实情况、提供虚假资料等不正当手段取得设立出口监管仓库行政许可的，由海关依法予以撤销。

3. 出口监管仓库经营企业有下列行为之一的，海关责令其改正，可以给予警告，或者处1万元以下的罚款；有违法所得的，处违法所得3倍以下的罚款，但最高不得超过3万元：

（1）未经海关批准，在出口监管仓库擅自存放非出口监管仓库货物；

（2）出口监管仓库货物管理混乱，账目不清的；

（3）违反本办法第十四条规定的；

（4）经营事项发生变更，未按照本办法第二十条的规定办理海关手续的。

4. 违反本办法的其他违法行为，由海关依照《海关法》、《中华人民共和国海关行政处罚实施条例》予以处理。构成犯罪的，依法追究刑事责任。

拓展阅读 海关助力某出口监管仓库做大做强

2013 年 4 月 23 日，某出口监管仓库内，搬运工人正使用铲车搬运成捆的精炼铜阴极产品，把货物整齐地码放在仓库的一个区域。当地海关的关员们在一旁验核精炼铜阴极产品的货号、数量。该出口监管仓库的负责人感慨地说，为了货物能够及时通关，海关关员经常加班加点，为了我们企业确实是尽心尽力。

这是 2013 年以来，仓库主管海关全力服务该出口监管仓库的一个缩影。该关围绕主动服务、务实服务、便捷服务的工作重点，紧密结合实际，多措并举助力出口监管仓库业务发展，使出口监管仓库业务不断增长。

为帮助该出口监管仓库提高知名度，当地主管海关积极向辖区重点外贸企业宣传、提供信息，为货源企业与出口监管仓库牵线搭桥。针对部分外贸企业不了解出口监管仓库及其业务的实际情况，海关积极向市内相关货源企业宣传出口监管仓库的优势和特点：与长三角一些城市的口岸监管仓库相比，出口监管仓库具有显著成本优势，有利于降低企业物流成本，通过出口监管仓库出口，仅物流费用一项就能为货源企业节省近 3 000 元/集装箱。通过海关的大力宣传和协调，许多货源企业算清了选择出口监管仓库的成本账，对出口监管仓库的相关业务很感兴趣，使出口监管仓库的业务得到了有效拓展。很快，当地有 2 家货源企业与该出口监管仓库签约，2013 年可为出口监管仓库提供货源约 3 万吨。2013 年 3 月，仓库主管海关还陪同上级海关前往出口监管仓库实地调研，详细了解出口监管仓库的经营管理状况，为出口监管仓库“把脉”，对企业的后续发展提出有针对性的指导意见。

据统计，2013 年一季度，该出口监管仓库业务实现“开门红”，累计入仓货物 1.22 万吨，货值总计 6.2 亿元（约合 9 848 万美元）；出库货物实际离境累计 1.15 万吨，货值总计 5.8 亿元（约合 9 300 万美元）。

第十二章　保税物流中心

保税物流中心有A型和B型两种。保税物流中心（A型），是指经海关批准，由中国境内企业法人经营、专门从事保税仓储物流业务的海关监管场所。保税物流中心（B型）是指经海关批准，由中国境内一家企业法人经营，多家企业进入并从事保税仓储物流业务的海关集中监管场所。

第一节　保税物流中心涉及的法律体系

目前，保税物流中心已基本形成包括法律和部门规章两个层级的法律体系框架。具体如下：

一、法律

《海关法》规定，保税货物的转让、转移以及进出保税场所，应当向海关办理有关手续，接受海关监管和查验。

二、部门规章

1.《中华人民共和国海关对保税物流中心（A型）的暂行管理办法》（海关总署令第129号）。

2.《中华人民共和国海关对保税物流中心（B型）的暂行管理办

法》（海关总署令第130号）。

第二节 《中华人民共和国海关对保税物流中心（A型）的暂行管理办法》

【文　　号】海关总署令第129号

【发布日期】2005－06－23

【生效日期】2005－07－01

一、可存入保税物流中心（A型）的货物

下列货物，经海关批准可以存入物流中心：

1. 国内出口货物；
2. 转口货物和国际中转货物；
3. 外商暂存货物；
4. 加工贸易进出口货物；
5. 供应国际航行船舶和航空器的物料、维修用零部件；
6. 供维修外国产品所进口寄售的零配件；
7. 未办结海关手续的一般贸易进口货物；
8. 经海关批准的其他未办结海关手续的货物。

二、保税物流中心（A型）的设立

1. 物流中心应当设在国际物流需求量较大，交通便利且便于海关监管的地方。

2. 物流中心经营企业应当具备下列资格条件：

（1）经工商行政管理部门注册登记，具有独立的企业法人资格；

（2）注册资本不低于3 000万元人民币；

（3）具备向海关缴纳税款和履行其他法律义务的能力；

（4）具有专门存储货物的营业场所，拥有营业场所的土地使用权；租赁他人土地、场所经营的，租期不得少于3年；

（5）经营特殊许可商品存储的，应当持有规定的特殊经营许可批件；

（6）经营自用型物流中心的企业，年进出口金额（含深加工结转）东部地区不低于2亿美元，中西部地区不低于5 000万元美元；

（7）具有符合海关监管要求的管理制度和符合会计法规定的会计制度。

3. 物流中心经营企业申请设立物流中心应当具备下列条件：

（1）符合海关对物流中心的监管规划建设要求；

（2）公用型物流中心的仓储面积，东部地区不低于20 000平方米，中西部地区不低于5 000平方米；

（3）自用型物流中心的仓储面积（含堆场），东部地区不低于4 000平方米，中西部地区不低于2 000平方米；

（4）建立符合海关监管要求的计算机管理系统，提供供海关查阅数据的终端设备，并按照海关规定的认证方式和数据标准，通过“电子口岸”平台与海关联网，以便海关在统一平台上与国税、外汇管理等部门实现数据交换及信息共享；

（5）设置符合海关监管要求的安全隔离设施、视频监控系统等监管、办公设施；

（6）符合国家土地管理、规划、消防、安全、质检、环保等方面的法律、行政法规、规章及有关规定。

4. 申请设立物流中心的企业应当向直属海关提出书面申请，并递交以下加盖企业印章的材料：

（1）申请书；

（2）市级（设区的市）人民政府意见书（附可行性研究报告）；

（3）企业章程复印件；

（4）企业法人营业执照复印件；

（5）法定代表人的身份证明复印件；

（6）税务登记证复印件；

（7）开户银行证明复印件；

（8）会计师事务所出具的验资报告等资信证明文件；

（9）物流中心内部管理制度；

（10）选址符合土地利用总体规划的证明文件及地理位置图、平面规划图；

（11）报关单位报关注册登记证书复印件。

5. 设立物流中心的申请由直属海关受理，报海关总署审批。

6. 企业自海关总署出具批准其筹建物流中心文件之日起1年内向直属海关申请验收，由直属海关会同省级税务、外汇管理等部门按照本办法的规定进行审核验收。

物流中心验收合格后，由海关总署向企业核发“保税物流中心（A型）验收合格证书”和“保税物流中心（A型）注册登记证书”，颁发保税物流中心（A型）标牌。

物流中心在验收合格后方可以开展有关业务。

7. 获准设立物流中心的企业确有正当理由未按时申请验收的，经直属海关同意可以延期验收，但延期不得超过6个月。如果有特殊情况需要二次延期的，报海关总署批准。

获准设立物流中心的企业无正当理由逾期未申请验收或者验收不合格的，视同其撤回设立物流中心的申请。

三、保税物流中心（A型）的经营管理

1. 物流中心不得转租、转借他人经营，不得下设分中心。

2. 物流中心经营企业可以开展以下业务：

（1）保税存储进出口货物及其他未办结海关手续货物；

（2）对所存货物开展流通性简单加工和增值服务；

（3）全球采购和国际分拨、配送；

（4）转口贸易和国际中转业务；

（5）经海关批准的其他国际物流业务。

3. 物流中心经营企业在物流中心内不得开展下列业务：

（1）商业零售；

（2）生产和加工制造；

（3）维修、翻新和拆解；

（4）存储国家禁止进出口货物，以及危害公共安全、公共卫生或者健康、公共道德或者秩序的国家限制进出口货物；

（5）法律、行政法规明确规定不能享受保税政策的货物；

（6）其他与物流中心无关的业务。

4. 物流中心负责人及其工作人员应当熟悉海关有关法律行政法规，遵守海关监管规定。

四、海关对保税物流中心（A 型）的监管

1. 海关采取联网监管、视频监控、实地核查等方式对进出物流中心的货物、物品、运输工具等实施动态监管。

2. 海关对物流中心实施计算机联网监管。物流中心应当建立符合海关监管要求的计算机管理系统并与海关联网，形成完整真实的货物进、出、转、存电子数据，保证海关开展对有关业务数据的查询、统计、采集、交换和核查等监管工作。

3. 主管海关通过视频监控系统对物流中心实施远程监管。

4. “保税物流中心（A 型）注册登记证书”有效期为 2 年。

物流中心经营企业应当在“保税物流中心（A 型）注册登记证书”每次有效期满 30 日前向直属海关办理延期审查申请手续。

物流中心经营企业办理延期审查申请需提交以下加盖企业印章的材料：

（1）经会计师事务所审计的本年度资产负债表和损益表复印件；

（2）报关注册登记证书正本；

（3）经工商行政管理部门加贴本年度通过年检标识的营业执照及企业法人营业执照副本复印件；

（4）企业进出口业务情况报告书；

（5）海关要求的其他说明材料。

对审查合格的企业准予延期 2 年。

5. 物流中心需变更经营单位名称、地址、仓储面积等事项的，企业申请并由直属海关报海关总署审批。其他变更事项报直属海关备案。

6. 物流中心经营企业无正当理由连续 6 个月未开展业务的，视同物流中心经营企业撤回物流中心设立申请。由直属海关报海关总署办理注销手续，并收回“保税物流中心（A 型）验收合格证书”和“保税物流中心（A 型）注册登记证书”。

物流中心经营企业因故终止业务的，由物流中心提出书面申请，经海关总署审批后，办理注销手续并交回“保税物流中心（A 型）验收合格证书”和“保税物流中心（A 型）注册登记证书”。

7. 物流中心内货物保税存储期限为 1 年。确有正当理由的，经主管海关同意可以予以延期，除特殊情况外，延期不得超过 1 年。

五、海关对保税物流中心（A 型）进出货物的监管

（一）物流中心与境外间的进出货物

1. 物流中心与境外间进出的货物，应当在物流中心主管海关办理相关手续。物流中心与口岸不在同一主管海关的，经主管海关批准，可以在口岸海关办理相关手续。

2. 物流中心与境外间进出的货物，除实行出口被动配额管理和中华人民共和国参加或者缔结的国际条约及国家另有明确规定的以外，不

实行进出口配额、许可证件管理。

3. 从境外进入物流中心内的货物，其关税和进口环节海关代征税，按照下列规定办理：

（1）本办法第四条中所列的货物予以保税；

（2）物流中心企业进口自用的办公用品、交通、运输工具、生活消费用品等，以及物流中心开展综合物流服务所需进口的机器、装卸设备、管理设备等，按照进口货物的有关规定和税收政策办理相关手续。

（二）物流中心与境内间的进出货物

1. 物流中心内货物跨关区提取，可以在物流中心主管海关办理手续，也可以按照海关其他规定办理相关手续。

2. 企业根据需要经主管海关批准，可以分批进出货物，并按照海关规定办理月度集中报关，但集中报关不得跨年度办理。

3. 物流中心货物进入境内视同进口，按照货物实际贸易方式和实际状态办理进口报关手续；货物属许可证件管理商品的，企业还应当向海关出具有效的许可证件；实行集中申报的进出口货物，应当适用每次货物进出口时海关接受申报之日实施的税率、汇率。

4. 货物从境内进入物流中心视同出口，办理出口报关手续。如需缴纳出口关税的，应当按照规定纳税；属许可证件管理商品，还应当向海关出具有效的出口许可证件。

从境内运入物流中心的原进口货物，境内发货人应当向海关办理出口报关手续，经主管海关验放；已经缴纳的关税和进口环节海关代征税，不予退还；除法律、行政法规另有规定外，按照以下规定办理：

（1）以下情况，海关给予签发用于办理出口退税的出口货物报关单证明联：

①货物从境内进入物流中心已办结报关手续的；

②转关出口货物，启运地海关在已收到物流中心主管海关确认转关

货物进入物流中心的转关回执后；

③境内运入物流中心供物流中心企业自用的国产的机器设备、装卸设备、管理设备、检验检测设备等。

（2）以下情况，海关不予签发用于办理出口退税的出口货物报关单证明联：

①境内运入物流中心供物流中心企业自用的生活消费用品、交通运输工具；

②境内运入物流中心供物流中心企业自用的进口的机器设备、装卸设备、管理设备、检验检测设备等；

③物流中心之间，物流中心与出口加工区、保税物流园区、物流中心（B型）和已实行国内货物入仓环节出口退税政策的出口监管仓库等海关特殊监管区域或者海关保税监管场所的货物往来。

5. 企业按照国家税务总局的有关税收管理办法办理出口退税手续。按照国家外汇管理局有关外汇管理办法办理收付汇手续。

6. 下列货物从物流中心进入境内时依法免征关税和进口环节海关代征税：

（1）用于在保修期限内免费维修有关外国产品并符合无代价抵偿货物有关规定的零部件；

（2）用于国际航行船舶和航空器的物料；

（3）国家规定免税的其他货物。

7. 物流中心与保税区、出口加工区、保税物流园区、物流中心（A型、B型）、保税仓库和出口监管仓库等海关特殊监管区域或者海关保税监管场所之间货物的往来，按照有关规定办理。

六、法律责任

1. 保税仓储货物在存储期间发生损毁或者灭失的，除不可抗力外，物流中心经营企业应当依法向海关缴纳损毁、灭失货物的税款，并承担相应的法律责任。

2. 违反本办法规定的，海关依照《海关法》、《中华人民共和国海关行政处罚实施条例》予以处理；构成犯罪的，依法追究刑事责任。

第三节 《中华人民共和国海关对保税物流中心（B型）的暂行管理办法》

【文　　号】海关总署令第130号

【发布日期】2005－06－23

【生效日期】2005－07－01

一、可存入保税物流中心（B型）的货物

1. 国内出口货物；
2. 转口货物和国际中转货物；
3. 外商暂存货物；
4. 加工贸易进出口货物；
5. 供应国际航行船舶和航空器的物料、维修用零部件；
6. 供维修外国产品所进口寄售的零配件；
7. 未办结海关手续的一般贸易进口货物；
8. 经海关批准的其他未办结海关手续的货物。

中心内企业应当按照海关批准的存储货物范围和商品种类开展保税物流业务。

二、保税物流中心（B型）的设立

（一）设立物流中心应当具备的条件

1. 物流中心仓储面积，东部地区不低于10万平方米，中西部地区

不低于 5 万平方米；

2. 符合海关对物流中心的监管规划建设要求；

3. 选址在靠近海港、空港、陆路交通枢纽及内陆国际物流需求量较大，交通便利，设有海关机构且便于海关集中监管的地方；

4. 经省级人民政府确认，符合地方经济发展总体布局，满足加工贸易发展对保税物流的需求；

5. 建立符合海关监管要求的计算机管理系统，提供供海关查阅数据的终端设备，并按照海关规定的认证方式和数据标准，通过“电子口岸”平台与海关联网，以便海关在统一平台上与国税、外汇管理等部门实现数据交换及信息共享；

6. 设置符合海关监管要求的安全隔离设施、视频监控系统等监管、办公设施。

（二）保税物流中心（B 型）经营企业应当具备的资格条件

1. 经工商行政管理部门注册登记，具有独立企业法人资格；

2. 注册资本不低于 5 000 万人民币；

3. 具备对中心内企业进行日常管理的能力；

4. 具备协助海关对进出物流中心的货物和中心内企业的经营行为实施监管的能力。

三、保税物流中心（B 型）内企业的设立及注册登记变更

1. 中心内企业应当具备下列条件：

（1）具有独立的法人资格或者特殊情况下的中心外企业的分支机构；

（2）具有独立法人资格的企业注册资本最低限额为 500 万元人民币；属企业分支机构的，该企业注册资本不低于 1 000 万人民币；

（3）具备向海关缴纳税款和履行其他法律义务的能力；

（4）建立符合海关监管要求的计算机管理系统并与海关联网；

（5）在物流中心内有专门存储海关监管货物的场所。

2. 企业申请进入物流中心应当向所在地主管海关提出书面申请，并递交以下加盖企业印章的材料：

（1）申请书；

（2）企业内部管理制度；

（3）企业法人营业执照复印件；

（4）法定代表人的身份证明复印件；

（5）税务登记证复印件；

（6）股权结构证明书（合资、合作企业）和投资主体各方的注册登记文件的复印件；

（7）开户银行证明复印件；

（8）会计事务所出具的验资报告等资信证明文件；

（9）物流中心内所承租仓库位置图、仓库布局图及承租协议；

（10）报关单位报关注册登记证书。

四、保税物流中心（B 型）的经营管理

1. 物流中心不得转租、转借他人经营，不得下设分中心。

2. 中心内企业可以开展以下业务：

（1）保税存储进出口货物及其他未办结海关手续货物；

（2）对所存货物开展流通性简单加工和增值服务；

（3）全球采购和国际分拨、配送；

（4）转口贸易和国际中转；

（5）经海关批准的其他国际物流业务。

3. 中心内企业不得在物流中心内开展下列业务：

（1）商业零售；

（2）生产和加工制造；

（3）维修、翻新和拆解；

（4）存储国家禁止进出口货物，以及危害公共安全、公共卫生或者健康、公共道德或者秩序的国家限制进出口货物；

（5）法律、行政法规明确规定不能享受保税政策的货物；

（6）其他与物流中心无关的业务。

4. 物流中心经营企业及中心内企业负责人及其工作人员应当熟悉海关有关法律法规，遵守海关监管规定。

五、海关对保税物流中心（B 型）及保税物流中心（B 型）内企业的监管

海关采取联网监管、视频监控、实地核查等方式对进出物流中心的货物、物品、运输工具等实施动态监管。海关对物流中心及中心内企业实施计算机联网监管。物流中心及中心内企业应当建立符合海关监管要求的计算机管理系统并与海关联网，形成完整真实的货物进、出、转、存电子数据，保证海关开展对有关业务数据的查询、统计、采集、交换和核查等监管工作。

六、海关对保税物流中心（B 型）进出货物的监管

（一）境外货物进中心（以下简称一线进境）

从境外进入物流中心内的货物，其关税和进口环节海关代征税，按照下列规定办理：

1. 下列的货物予以保税：

（1）国内出口货物；

（2）转口货物和国际中转货物；

（3）外商暂存货物；

（4）加工贸易进出口货物；

（5）供应国际航行船舶和航空器的物料、维修用零部件；

（6）供维修外国产品所进口寄售的零配件；

（7）未办结海关手续的一般贸易进口货物；

（8）经海关批准的其他未办结海关手续的货物。

2. 中心内企业进口自用的办公用品、交通、运输工具、生活消费用品等，以及企业在物流中心内开展综合物流服务所需的进口机器、装卸设备、管理设备等，按照进口货物的有关规定和税收政策办理相关手续。

小贴士 1. 一线进境货物保税，实行报关制。

2. 一线进境货物免证。物流中心与境外之间进出的货物，除实行出口被动配额管理和中华人民共和国参加或者缔结的国际条约及国家另有明确规定的以外，不实行进出口配额、许可证件管理。

3. 一线进境货物的监管方式：从境外进入保税物流中心的仓储货物，填报“物流中心进出境货物”代码“6033”。

海关提醒 一线进境货物，中心内企业申报进口报关单；一线进境货物，应当在物流中心主管海关办理相关手续。物流中心与口岸不在同一主管海关的，经主管海关批准，可以在口岸海关办理相关手续。

（二）国内货物进中心（以下简称二线进中心）

货物从境内进入物流中心视同出口，办理出口报关手续，如需缴纳出口关税的，应当按照规定纳税；属许可证件管理商品，还应当向海关出具有效的出口许可证件。

从境内运入物流中心的原进口货物，境内发货人应当向海关办理出口报关手续，经主管海关验放；已经缴纳的关税和进口环节海关代征税，不予退还。

1. 以下情况，海关给予签发用于办理出口退税的出口货物报关单证明联：

（1）货物从境内进入物流中心已办结报关手续的；

（2）转关出口货物，启运地海关在已收到物流中心主管海关确认转关货物进入物流中心的转关回执后；

（3）境内运入物流中心供中心内企业自用的国产的机器设备、装卸设备、管理设备、检验检测设备等。

2. 以下情况，海关不予签发用于办理出口退税的出口货物报关单证明联：

（1）境内运入物流中心供中心内企业自用的生活消费用品、交通运输工具；

（2）境内运入物流中心供中心内企业自用的进口的机器设备、装卸设备、管理设备、检验检测设备等；

（3）物流中心之间，物流中心与出口加工区、保税物流园区、物流中心（A 型）和已实行国内货物入仓环节出口退税政策的出口监管仓库等海关特殊监管区域或者海关保税监管场所的货物往来。

（三）中心内货物出境（以下简称一线出境）

物流中心与境外之间进出的货物，除实行出口被动配额管理和中华人民共和国参加或者缔结的国际条约及国家另有明确规定的以外，不实行进出口配额、许可证件管理。

小贴士 1. 一线出境货物免征出口关税，实行报关制。

2. 一线出境货物免证。

3. 一线出境货物的监管方式：从保税物流中心出往境外的仓储货物，填报“物流中心进出境货物”代码“6033”。

海关提醒 一线出境货物，中心内企业申报出口报关单；一线出境货物，应当在物流中心主管海关办理相关手续。物流中心与口岸不在同一主管海关的，经主管海关批准，可以在口岸海关办理相关手续。

（四）中心内货物出中心（以下简称二线出中心）

物流中心货物进入境内视同进口，按照货物实际贸易方式和实际状态办理进口报关手续；货物属许可证件管理商品的，企业还应当向海关出具有效的许可证件。

小贴士 1. 二线出中心货物视同进口，应证应税。

2. 二线出中心货物的监管方式：二线出中心货物，由中心外企业按《中华人民共和国海关进出口货物报关单填制规范》相应的监管方式填报。

3. 中心内企业根据需要经主管海关批准，可以分批进出货物，并按照海关规定办理月度集中报关，但集中报关不得跨年度办理；实行集中申报的进出口货物，应当适用每次货物进出口时海关接受申报之日实施的税率、汇率。

海关提醒 二线出中心货物实行“单报关、双申报”，即中心外企业申报进口报关单，同时中心内企业在辅助系统中申报中心货物出中心电子数据；二线出中心货物应在中心主管海关申报。

（五）物流中心内流转（以下简称中心内流转）

物流中心内货物可以在中心内企业之间进行转让、转移并办理相关海关手续。未经海关批准，中心内企业不得擅自将所存货物抵押、质押、留置、移作他用或者进行其他处置。

海关提醒 经海关核准，中心内流转货物，允许中心内企业先行收发货，再向海关集中申报；中心内流转时，转出企业申报的监管方式同一线出境，转入企业的监管方式同一线进境。

七、二线货物集中申报办理指南

中心内企业根据需要经主管海关批准，可以分批进出货物，并按照海关规定办理月度集中报关，但集中报关不得跨年度办理。

小贴士 申请集中申报的，申请人或受其委托的代理人应当向物流中心主管海关提出申请并提交下列文件材料：

1. 适用集中申报通关方式申请；
2. 中心内、外收发货人的工商营业执照复印件；
3. 中心内、外收发货人的海关注册登记证书复印件；
4. 海关认为应提交的其他材料。

八、法律责任

保税仓储货物在存储期间发生损毁或者灭失的，除不可抗力外，保税物流中心内企业应当依法向海关缴纳损毁、灭失货物的税款，并承担相应的法律责任。

拓展阅读　最快找到货物的智能仓库

如何从堆积如山的仓库中用最短的时间找出和取到货物？东莞保税物流中心给出的答案是：在智能仓库，只需一张小小的电子芯片。

作为珠三角新兴港口，虎门港一直谋求借助新兴的物流网技术提升港口竞争力。而港内的东莞保税物流中心也积极利用物联网技术建设“智能园区”。

作为虎门港物联网工程的核心内容，位于虎门港5号、6号泊位到保税物流中心之间的海关电子走廊监控系统正积极推进，通过RFID（射频识别，俗称电子标签）技术形成海关监管的电子走廊，从而实现对两个封闭监管区间运转货物的实时监测，实现区港互动。

据介绍，用于“海关电子走廊监控系统”的监控基站、服务器、系统、光纤等硬件已经基本建成，将提高货柜的通过速度。

而将RFID技术应用到智能仓库上，将大大地缩短货物的存取时间，通过电子标签或其他电子信息手段对货架进行标识，运用红外对射读取货架上货物信息，可以知道货物在仓库的具体位置，缩短寻找货物的时间等。

海关特殊监管区域篇

第十三章　保税区

本章所指保税区，是指经国务院批准设立的，具备保税加工、保税仓储、进出口贸易和进出口商品展示等功能的海关特殊监管区域。保税区是我国最早出现的海关特殊监管区域类型。截至 2013 年年底，我国共有保税区 12 个，分别是汕头、厦门象屿、海口、大连、青岛、上海外高桥、宁波、福州、广州、珠海、深圳、天津。其中，上海外高桥保税区是我国第一个获批设立的保税区，于 1990 年经国务院批准设立。

本章主要介绍《保税区海关监管办法》，对保税区与境外之间进出货物、保税区与非保税区之间进出货物、保税区内货物、保税区加工贸易货物的监管等内容进行重点介绍。

第一节　保税区涉及的相关法律体系

目前，保税区已基本形成包括法律、部门规章和规范性文件三个层级的法律体系框架。具体如下：

一、法律

《海关法》第三十二条规定：“保税货物的转让、转移以及进出保税场所，应当向海关办理有关手续，接受海关监管和查验。”第三十四条规定：“经国务院批准在中华人民共和国境内设立的保税区等海关特殊监管区域，由海关按照国家有关规定实施监管。”

二、部门规章

《保税区海关监管办法》（海关总署令第 65 号）。

三、规范性文件

《海关总署关于海关特殊监管区域企业双重身份管理问题的公告》（海关总署公告 2008 年第 17 号）。

第二节 《保税区海关监管办法》

【文　　号】海关总署令第 65 号

【发布日期】1997－08－01

【生效日期】1997－08－01

《保税区海关监管办法》是根据海关法和其他有关法律的规定而制定的，其目的是为了加强与完善海关对保税区的监管，促进保税区的健康发展。海关依照该办法对进出保税区的货物、运输工具、个人携带物品实施监管。

《保税区海关监管办法》共分七章三十条，分别为总则、对保税区与境外之间进出货物的监管、对保税区与非保税区之间进出货物的监管、对保税区内货物的监管、对保税区加工贸易货物的管理、对进出保税区运输工具和个人携带物品的监管、附则。

一、海关对保税区管理的具体要求

1. 保税区实行封闭式管理，与中华人民共和国境内的其他地区之间，设置符合海关监管要求的隔离设施。

2. 保税区内仅设置保税区行政管理机构和企业。除安全保卫人员外，其他人员不得在保税区内居住。

二、海关对保税区内企业日常管理的要求

1. 在保税区内设立的企业，应当向海关办理注册手续。

小贴士 （1）海关注册登记的分类和定义。

海关注册登记分为报关企业注册登记和进出口收发货人注册登记。其中，报关企业是指按照有关规定经海关准予注册登记，接受进出口收发货人的委托，以进出口货物收发货人名义或者以自己的名义，向海关办理代理报关业务，从事报关服务的境内企业法人，如区内的代理报关公司；进出口货物收发货人是指依法直接进口或者出口货物的中华人民共和国关境内的法人、其他组织或者个人，如区内的生产企业、物流企业、贸易公司等。

（2）区内企业可享受双重身份。

区内企业可以享受双重身份，海关会给予双重身份的企业专门的海关注册编码，即注册编码第七位为“K”，海关依据《关于海关特殊监管区域企业双重身份管理问题的公告》（海关总署公告2008年第17号）对其进行管理。

（3）注册登记证书有效期限定。

“中华人民共和国海关报关企业报关注册登记证书”有效期限为2年，“中华人民共和国海关进出口货物收发货人报关注册登记证书”有效期限为3年。注册登记有效期届满前应及时到海关办理换证手续，不及时换证将会导致企业无法办理进出口业务，还会被降低海关管理类别。

（4）注册登记证书变更事项。

企业发生重要信息（如企业名称、法定代表人等注册登记内容）变更的，应自批准变更之日起30日内到海关办理注册登记变更手续，不及时办理会影响企业的进出口业务，还会被降低海关管理类别。

2. 区内企业应当依照国家有关法律、行政法规的规定设置账簿、编制报表，凭合法、有效凭证记账并进行核算，记录有关进出保税区货物和物品的库存、转让、转移、销售、加工、使用和损耗等情况。

3. 保税区实行海关稽查制度。

小贴士 海关稽查制度，是指海关在规定期限内依法对进出口经营企业及相关单位的会计账簿、凭证、报表及其他资料实行稽核，以审查有关企业、单位有无违反海关法规行为的一种海关业务制度。

4. 区内企业应当与海关实行电子计算机联网，进行电子数据交换。

三、对保税区与境外之间进出货物需要关注的要点

1. 海关对保税区与境外之间进出的货物，实施简便、有效的监管。

2. 保税区与境外之进出的货物，由货物的收货人、发货人或其代理人向海关备案。

3. 对保税区与境外之间进出的货物，除实行出口被动配额管理的外，不实行进出口配额、许可证管理。

4. 从境外进入保税区的货物，其进口关税和进口环节税收，除法律、行政法规另有规定外，按照下列规定办理：

（1）区内生产性的基础设施建设项目所需的机器、设备和其他基建物资，予以免税；

（2）区内企业自用的生产、管理设备和自用合理数量的办公用品

及其所需的维修零配件，生产用燃料，建设生产厂房、仓储设施所需的物资、设备，予以免税；

（3）保税区行政管理机构自用合理数据的管理设备和办公用品及其所需的维修零配件，予以免税；

（4）区内企业为加工出口产品所需的原材料、零部件、元器件、包装物件，予以保税；

（5）第（1）～（4）项规定范围内外的货物或者物品从境外进入保税区，应当依法纳税；

（6）转口货物和在保税区内储存的货物按照保税货物管理。

海关提醒 区内企业从境外进口的自用汽车、办公家具等不可以免税。根据《海关总署关于保税港区等四区域进口减免税货物有关管理问题的通知》（署加发〔2009〕444号），保税区进口属于国务院规定一律停止减免税的20种商品，即电视机、摄像机、录像机、放像机、音响设备、空调器、电冰箱（电冰柜）、洗衣机、照相机、复印机、程控电话交换机、微型计算机及外设、电话机、无线寻呼系统、传真机、电子计数器、打字机及文字处理机、家具、灯具和餐料，还有汽车应照章征税，不予办理进口减免税手续。

小贴士 保税区与境外之间进出货物，企业应按照保税区相关规定填制相应单证，相关监管方式有：

（1）保税区进出境仓储、转口货物填报“保税区仓储转口”（代码1234）；

（2）保税区进出境加工贸易货物根据性质填报区外加工贸易货物相应监管方式；

（3）保税区进出境减免税货物根据性质填报区外减免税货物相应

监管方式。

四、保税区与非保税区之间进出货物的规定

1. 从保税区进入非保税区的货物，按照进口货物办理手续；从非保税区进入保税区的货物，按照出口货物办理手续，出口退税按照国家有关规定办理。

海关对保税区与非保税区之间进出的货物，按照国家有关进出口管理的规定实施监管。

小贴士 货物出口到保税区，必须在货物实际离境后海关才签发用于出口退税的出口货物报关单证明联。

2. 从非保税区进入保税区供区内使用的机器、设备、基建物资和物品，使用单位应当向海关提供上述货物或者物品的清单，经海关查验后放行。

前款货物或者物品，已经缴纳进口关税和进口环节税收的，已纳税款不予退还。

3. 保税区的货物需从非保税区口岸进出口或者保税区内的货物运往另一保税区的，应当事先向海关提出书面申请，经海关批准后，按照海关转关运输及有关规定办理。

五、企业应关注的保税区内货物管理规定

1. 保税区的货物可以在区内企业之间转让、转移，双方当事人应当就转让、转移事项向海关备案。

2. 保税区内的转口货物可以在区内仓库或者区内其他场所进行分级、挑选、刷贴标志、改换包装形式等简单加工。

3. 区内企业在保税区内举办境外商品和非保税区商品的展示活动，展示的商品应当接受海关监管。

拓展阅读　某电子厂在保税区设立配送中心

天津某电子厂由于所生产产品多样化、复杂化，其原料供货商包括了美、加、德、法等6个国家的18个供货商，供货商管理与生产线配料的工作量极大，令其经常顾此失彼，大量的供应源和零散货物入境，常常导致通关不畅，一批原料的受阻就可能导致整条生产线的停滞。后来该电子厂采取将原料配送中心设在保税区的方式，有效地解决了该类难题。企业先将生产用原料保税进口到保税区内的原料配送中心，配送中心先把各批料件分拆，再根据工厂生产每种产品的原料要求重新组合配货，最后根据生产线进度的安排指令，及时准确地将原料重新分批次运至工厂，直接进入流水线以供应生产。这使得工厂从繁杂的物流环节解放出来，集中精力做好现场生产。

六、加工贸易货物管理的注意事项

1. 区内加工企业应当向海关办理所需料、件进出保税区备案手续。

2. 区内加工企业生产属于被动配额管理的出口产品，应当事先经国务院有关部门批准。

3. 区内加工企业加工的制成品及其在加工过程中产生的边角余料运往境外时，应当按照国家有关规定向海关办理手续；在法律、行政法规另有规定外，免征出口关税。

区内加工企业将区内加工的制成品、副次品或者在加工过程中产生的边角余料运往非保税区时，应当按照国家有关规定向海关办理进口报关手续，并依法纳税。

4. 区内加工企业全部用境外运入料、件加工的制成品销往非保税区时，海关按照进口制成品征税。

用含有境外运入料、件加工的制成品销往非保税区时，海关对其制成品按照所含境外运入料、件征税；对所含境外运入料、件的品名、数量、价值申报不实的，海关按照进口制成品征税。

七、区内加工企业委托或被委托非保税区企业进行加工业务的条件

1. 在区内拥有生产场所，并已经正式开展加工业务。

2. 委托非保税区企业的加工业务，主要工序应当在区内进行。

3. 委托非保税区企业加工业务的期限为6个月；有特殊情况需要延长期限的，应当向海关申请展期，展期期限为6个月。在非保税区加工完毕的产品应当运回保税区；需要从非保税区直接出口的，应当向海关办理核销手续。

4. 接受非保税区企业委托加工的，由区内加工企业向海关办理委托加工料、件的备案手续，委托加工的料、件及产品应当与区内企业的料、件及产品分别建立账册并分别使用。加工完毕的产品应当运回非保税区企业，并由区内加工企业向海关销案。

八、加工贸易银行保证金台账制度

1. 海关对区内加工企业进料加工、来料加工业务，不实行加工贸易银行保证金台账制度。

2. 委托非保税区企业进行加工业务的，由非保税区企业向当地海关办理合同登记备案手续，并实行加工贸易银行保证金台账制度。

九、进出保税区运输工具和个人携带物品的限制性规定

1. 运输工具和人员进出保税区，应当经由海关指定的专用通道，并接受海关检查。

2. 进出保税区的运输工具的负责人，应当持保税区主管机关批准的证件连同运输工具的名称、数量、牌照号码及驾驶员姓名等清单，向海关办理登记备案手续。

3. 未经海关批准，从保税区到非保税区的运输工具和人员不得运输、携带保税区内的免税货物、物品，保税货物，以及用保税料件生产的产品。

海关提醒 根据《中华人民共和国海关行政处罚实施条例》相关规定，“以藏匿、伪装、瞒报、伪报或者其他方式逃避海关监管，擅自将保税区、出口加工区等海关特殊监管区域内的海关监管货物、物品，运出区外的”属走私行为，违法行为按相应规定予以处罚。

十、法律责任

违反本办法规定的，由海关依照《海关法》及《中华人民共和国海关行政处罚实施条例》的规定处理；情节严重的，海关可以取消区内企业在海关的注册资格。

第十四章　出口加工区

出口加工区是指经国务院批准在现有的经济技术开发区范围内设立的海关特殊监管区域。海关在出口加工区设立机构，对进出加工区的货物及区内相关场所实行24小时监管，且只能设在已经国务院批准的现有经济技术开发区内。出口加工区相对其他海关特殊监管区域，具有试点早、设立早、体系成熟和政策优惠的优势，是其他海关特殊监管区域的雏形。目前，随着我国进出口贸易形势发展，出口加工区也正在经历着转型升级的过程，充分满足了时代发展和现代经济体的需要。

第一节　出口加工区涉及的法律体系

一、法律

《海关法》，自2001年1月1日起施行，是海关执法的根本法律依据。

二、行政法规

《中华人民共和国海关对出口加工区监管的暂行办法》（国务院令第389号）。

三、部门规章

1.《中华人民共和国海关出口加工区货物出区深加工结转管理办法》（海关总署令第 126 号）。

2.《出口加工区加工贸易管理暂行办法》（商务部令 2005 年第 27 号）。

四、规范性文件

1.《海关总署关于部分进入海关特殊监管区域的产品不征收出口关税的公告》（海关总署公告 2008 年第 21 号），于 2008 年 3 月 31 日公布。该公告明确自 2008 年 2 月 15 日起，对出口加工区、保税港区、综合保税区、珠澳跨境工业区（珠海园区）和中哈霍尔果斯国际边境合作中心（中方配套区）的区内生产企业在境内区外采购用于生产出口产品的原材料，进区时不征收出口关税。

2.《海关总署关于部分进入海关特殊监管区域的产品不征收出口关税和退税的公告》（海关总署公告 2008 年第 34 号），于 2008 年 5 月 16 日公布。该公告进一步明确了部分进入海关特殊监管区域的产品不征收出口关税和按增值税法定征税率予以退税的审批流程，以及《海关特殊监管区域不征收出口关税及退税货物审批表填制规范》。

3.《海关总署关于公布第二批进入海关特殊监管区域不征收出口关税产品清单的公告》（海关总署公告 2008 年第 85 号），于 2008 年 11 月 25 日公布。该公告明确自 2008 年 12 月 1 日起，对出口加工区、保税港区、综合保税区、珠澳跨境工业区（珠海园区）和中哈霍尔果斯国际边境合作中心（中方配套区）内生产企业，从境内区外采购用于生产出口产品的磷酸二氢铵、氨气和未锻轧铝合金等原材料，进区时不征收出口关税。

4.《海关总署关于调整有关海关监管方式代码的公告》（海关总署

公告2010年第10号），于2010年2月2日公布，自2010年3月1日起实施。该公告对海关特殊监管区域的监管方式代码进行了调整，调整后的监管方式代码适用于保税港区、综合保税区、出口加工区、珠澳跨境工业园区（珠海园区）、中哈霍尔果斯国际边境合作区（中方配套区）的区内企业申报使用。

5.《海关总署关于公布海关特殊监管区域有关管理事宜的公告》（海关总署公告2010年第22号），于2010年3月30日公布并实施。该公告为配合海关总署2010年第10号公告的实施，对综合保税区或保税港区内企业原有企业编码的变更、电子账册管理方式等进行了明确，并发布了《海关特殊监管区域进出口货物报关单、进出境货物备案清单填制规范》。

第二节　《中华人民共和国海关对出口加工区监管的暂行办法》

【文　　号】国务院令第389号

【发布日期】2003-09-02

【生效日期】2003-11-01

为加强与完善加工贸易管理，规范出口加工区海关监管，促进出口加工区的健康发展，鼓励和扩大外贸出口，根据《中华人民共和国海关法》和国家有关法律、法规，制定本办法。该办法是出口加工区监管的根本性法规。

一、出口加工区的一般管理规定

1. 出口加工区不得经营商业零售、一般贸易、转口贸易及其他与出口加工区无关的业务。

2. 在出口加工区内设立的企业，应当向海关办理注册登记手续。

3. 区内企业应当依据《中华人民共和国会计法》及国家有关法律、法规的规定，设置符合海关监管要求的账簿、报表。凭合法、有效凭证记账并进行核算，记录本企业有关进、出加工区货物和物品的库存、转让、转移、销售、加工、使用和损耗等情况。

4. 出口加工区实行计算机联网管理和海关稽查制度。区内企业应建立符合海关监管要求的电子计算机管理数据库，并与海关实行电子计算机联网，进行电子数据交换。

5. 区内企业开展加工贸易业务不实行加工贸易银行保证金台账制度，海关不实行“加工贸易登记手册”管理。

疑点小问答 出口加工区海关是否对企业实行分类管理？

答：是。自2008年4月1日起，海关开始对海关特殊监管区域内企业实施分类管理，管理类别由高到低依次为AA类、A类、B类、C类、D类，新注册企业管理类别为B类，适用时间以企业首次注册登记日期起算。

6. 加工区是海关监管的特定区域。海关在加工区内设立机构，并依照本办法，对进、出加工区的货物及区内相关场所实行24小时监管。

疑点小问答 出口加工区可以开展哪些业务？出口加工区有哪些优惠政策？

答：2009年1月1日，经国务院批准，在全国出口加工区全面推广拓展保税物流功能和开展研发、检测、维修业务。因此，按照现行政策和相关规定，出口加工区不仅可以开展加工、制造类业务，还可以开展保税物流业务和研发、检测、维修业务。

二、对出口加工区与境外之间进出货物的监管

1. 出口加工区进出境货物实行备案制，由货主或其代理人填写进、出境货物备案清单，向出口加工区海关备案。

2. 出口加工区与境外之间进、出的货物，除实行出口被动配额管理的外，不实行进出口配额、许可证件管理。

3. 从境外进入出口加工区的货物，其进口关税和进口环节税，除法律、法规另有规定外，按照下列规定办理：

（1）区内生产性的基础设施建设项目所需的机器、设备和建设生产厂房、仓储设施所需的基建物资，予以免税。

（2）区内企业生产所需的机器、设备、模具及其维修用零配件，予以免税。

（3）区内企业为加工出口产品所需的原材料、零部件、元器件、包装物料及消耗性材料，予以保税。

（4）区内企业和行政管理机构自用合理数量的办公用品，予以免税。

（5）区内企业和行政管理机构自用的交通运输工具、生活消费用品按进口货物的有关规定办理报关手续，海关予以照章征税。

4. 除法律、法规另有规定外，区内企业加工的制成品及其在加工生产过程中产生的边角料、余料、残次品、废品等销往境外的，免征出口关税。

三、对出口加工区与区外之间进出货物的监管

1. 对出口加工区运往区外的货物、物品视同进口，企业按照进口货物的有关规定办理报关手续，并按照制成品征税。如属许可证件管理商品，还应向海关出具有效的进口许可证件。

2. 从区外运入出口加工区的货物、物品视同出口，应运入出口加

工区内海关指定仓库或地点，向出口加工区主管海关办理出口报关手续，其出口退税，除法律、法规另有规定外，按照以下规定办理：

（1）从区外进入加工区供区内企业使用的国产机器、设备、原材料、零部件、元器件、包装物料以及建造基础设施、加工企业和行政管理部门生产、办公用房所需合理数量的基建物资等，海关按照对出口货物的有关规定办理报关手续，并签发出口退税报关单。区外企业凭报关单出口退税联向税务部门申请办理出口退（免）税手续，具体退（免）税管理办法由国家税务总局另行下达。

（2）从区外进入加工区供区内企业和行政管理机构使用的生活消费用品、交通运输工具等，海关不予签发出口退税报关单。

（3）从区外进入加工区的进口机器、设备、原材料、零部件、元器件、包装物料、基建物资等，区外企业应当向海关提供上述货物或物品的清单，并办理出口报关手续，经海关查验后放行。上述货物或物品，已经缴纳的进口环节税，不予退还。

（4）因国内技术无法达到产品要求，须将国家禁止出口或统一经营商品运至加工区内进行某项工序加工的，应报经商务部批准，海关比照出料加工管理办法进行监管，其运入加工区的货物，不予签发出口退税报关单。

3. 区内企业的加工产品和在加工生产过程中产生的边角料、残次品、废品等应复运出境。因特殊情况需要运往区外时，由企业申请，经主管海关核准后，按内销时的状态确定归类并征税。如属进口许可证件管理商品，免领进口许可证件。如属《限制进口类可用作原料的废物目录》所列商品，应按现行规定向环保部门申领进口许可证件。对无商业价值的边角料和废品，需运往区外销毁的，应凭加工区管理委员会和环保部门的批件，向主管海关办理出区手续，海关予以免进口许可证件、免税。

4. 区内企业在确有需要时，可将有关模具、半成品等运往区外进行加工。经加工区主管海关关长批准，由接受委托的区外企业向加工区主管海关缴纳货物应征关税和进口环节增值税等值保证金或保函后办理出区手续。

委托区外企业加工的期限由加工区主管海关参照合同期限核定。货物加工完毕后应按期运回区内。区内企业凭出区时填写的委托区外加工申请书及有关单证，向加工区主管海关办理验放核销手续。加工区主管海关在办理验放核销手续后，应及时退还保证金或保函。

疑点小问答 出口加工区企业货物如何办理外发加工手续？

答：根据《中华人民共和国海关对出口加工区监管的暂行办法》，出口加工区企业因自身生产特点和条件限制，经海关批准并办理有关手续，可以委托承揽企业对加工贸易货物进行加工，并在规定期限内将加工后的产品运回本企业并最终出口。

外发加工办理程序如图 14 – 1 所示。

海关提醒 （1）近几年，外汇市场波动较大，企业在对外发货物计算保证金（保函）金额时，应尽量减小汇率变化对企业缴纳金额造成的影响，尤其是以外币计算的较大货值货物，从而避免由于税款计算误差导致延误海关审批手续。

（2）委外加工期限为 6 个月，特殊情况下委外加工需要延期的提前向海关提出申请。

（3）加工完毕后的货物应当按期运回出口加工区，在区外开展外发加工产生的边角料、废品、残次品、副产品，不运回出口加工区的，企业应向海关提出申请，并按照实际状态进行征税。

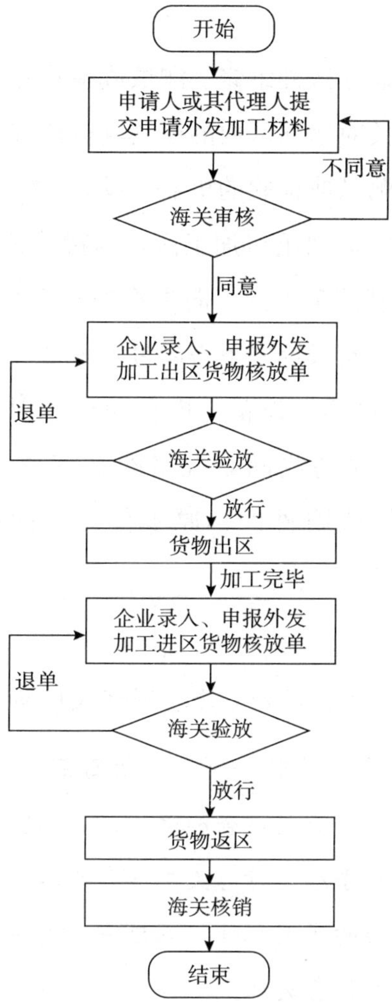

图 14－1　外发加工办理程序

5. 区内企业经主管海关批准，可在区外进行产品的测试、检验和展示活动。测试、检验和展示的产品，应比照海关对暂时进口货物的管理规定办理出区手续。

6. 区内使用的机器、设备、模具和办公用品等，须运往区外进行维修、测试或检验时，区内企业或管理机构应填写“出口加工区货物运往区外维修查验联系单”，向主管海关提出申请，并经主管海关核准、登记、查验后，方可出区，并且不得用于区外加工生产和使用。

区内企业将模具运往区外维修、测试或检验时，应留存模具所生产产品的样品，以备海关对运回区内的模具进行核查。

运往区外维修、测试或检验的机器、设备、模具和办公用品等，应自运出之日起2个月内运回出口加工区。因特殊情况不能如期运回的，区内企业应于期限届满前7天内，向主管海关说明情况，并申请延期。申请延期以1次为限，延长期限不得超过1个月。

运往区外维修的机器、设备、模具和办公用品等，运回区内时，要以海关能辨认其为原物或同一规格的新零件、配件或附件为限，但更换新零件、配件或附件的，原零件、配件或附件应一并运回区内。

海关提醒 企业对运往区外维修、测试或检验的机器、设备、模具和办公用品在办理海关手续时，应尽量留存照片、机器铭牌、采购单据、登记流转档案等以备海关核查和确认；对确实不能如期运回的，应尽量提前办理海关审批手续，待海关手续齐备后，方可延长区外停留期限；同时，在区外更换的废旧配件，不应丢弃或变卖，应随机器一并运回区内，以免影响企业设备返回。

7. 从区外进入加工区的货物，须经区内企业进行实质性加工后，方可运出境外。

四、对出口加工区内货物的监管

1. 出口加工区内货物在区内企业之间转让、转移的，双方当事人须事先将转让、转移货物的具体品名、数量、金额等有关事项向海关备案。

2. 区内企业自开展出口加工业务或仓储业务之日起，每半年持本企业账册和有关单据，向其主管海关办理一次核销手续。

3. 进入出口加工区的货物，在加工、储存期间，因不可抗力造成短少、损毁的，区内加工企业或仓储企业应自发现之日起10日内报告主管海关，并说明理由。经海关核实确认后，准其在账册内减除。

4. 区内加工企业，不得将未经实质性加工的进口原材料、零部件销往区外。区内从事仓储服务的企业，不得将仓储的原材料、零部件提供给区外企业。

五、对出口加工区之间往来货物的监管

1. 出口加工区与其他海关特殊监管区域（保税监管场所）间往来的货物，应由收、发货双方联名向转出区域（场所）主管海关申请。经海关核准后，按照转关运输的有关规定办理。

2. 货物转关至其他出口加工区时，经转入区主管海关核对封志完整及单货相符后，方可放行入厂或入库。

3. 出口加工区之间往来的货物不能按照转关运输办理的，收货企业应向转入区主管海关缴纳货物等值的担保金。货物运抵转入区并经海关核对无误后，主管海关应在10个工作日内，将担保金退还企业。

六、对进、出加工区运输工具和个人携带物品的监管

1. 运输工具和人员应经海关指定的专用通道进、出加工区。

2. 从出口加工区运往境外的加工产品及由出口加工区运往区外的货物，经海关查验放行后，应交由经海关核准，并由设立于区内的专营运输企业承运。下列货物经主管海关查验后，企业可指派专人携带或自行运输：

（1）价值 1 万美元及以下的小额物品；

（2）因品质不合格复运区外退换的物品；

（3）已办理进口纳税手续的物品；

（4）其他经海关核准的物品。

3. 进、出加工区货物的运输工具的负责人，应持企业法人营业执照和运输工具的名称、数量、牌照号码及驾驶员姓名等清单，向海关办理登记备案手续。承运出口加工区货物进、出加工区或转关运输的所有运输企业的经营人，应遵守海关有关运输工具及其所载货物的管理规定，并承担相关的法律责任。

4. 未经海关批准，从出口加工区到区外的运输工具和人员不得运输、携带出口加工区内货物出区。海关对进、出加工区的货物、物品、运输工具、人员及区内有关场所，有权依照《海关法》的规定进行检查、查验。

拓展阅读

如何在出口加工区内建立物流仓储企业

某私营业主吴某想在出口加工区投资建立一家企业，主要从事原材料的物流仓储业务，注册资本 100 万美元。

2009 年，海关总署发布了《海关总署关于出口加工区拓展保税物流等功能海关监管有关问题的通知》，拓展出口加工区的保税物流功能及开展研发、检测、维修业务。同时，境外货物入区免证免税，境内区外货物入区退税，充分享受到优惠的国家政策，以最少的资金成本投入做大做强。该私营业主吴某也正是看到了这一点，决定在出口加工区投资建厂。

在出口加工区注册企业需要先到工商、税务、管委会等部门办理相应手续，待审批手续完毕后，吴某须到海关办理进出口收发货人注册登记手续。办理手续时，吴某应携带以下相关证件：

（1）进出口货物收发货人注册登记申请书；

（2）企业法人营业执照副本复印件（个人独资、合伙企业或者个体工商户提交营业执照）；

（3）“对外贸易经营者登记备案表”复印件（法律、行政法规或者商务部规定不需要备案登记的除外）；

（4）“中华人民共和国外商投资企业批准证书”复印件（限外商投资企业提交）或“中华人民共和国台港澳侨投资企业批准证书”复印件（限台港澳侨投资企业提交）；

（5）企业章程复印件（非企业法人免提交）；

（6）税务登记证副本复印件；

（7）银行开户证明复印件；

（8）组织机构代码证书副本复印件；

（9）“报关单位情况登记表”、“报关单位管理人员情况登记表”、“出资者情况登记表”；

（10）其他与报关注册登记有关的文件资料。

其中，须按规定提交复印件的，复印件加盖公章，并将原件交海关验核。

上述手续办理完毕后，吴某的企业在海关便具备了合法的进出口收发货人资格，拥有了属于自己企业的海关10位编码，作为海关事务办理依据和企业身份识别标识。

此外，目前出口加工区实施电子账册管理，用于记录企业货物进出口和进出区情况。因此，吴某还应向出口加工区海关申请开设保税货物电子账册。办理手续时，应当向出口加工区海关提出申请并提交下列文件材料：

（1）区内企业填写清楚、齐全并加盖公章的“电子账册备案申请表”；

（2）所在区管委会盖章的“出口加工区加工贸易业务批准证”；

(3) 区内企业委托的代理报关公司的预录入备案清单;

(4) 生产工艺流程图、有关货物的详细说明等;

(5) 备案商品如涉及管制商品的(如烟草),还需提交归口主管部门的审批文件;

(6) 海关需要的其他单证。

上述手续办理齐全后,吴某的企业就正式具备了出口加工区仓储物流的功能,可以开展其他筹备工作了。

第三节 《中华人民共和国海关出口加工区货物出区深加工结转管理办法》

【文　　号】海关总署令第126号

【发布日期】2005-03-21

【生效日期】2005-05-01

"出口加工区货物出区深加工结转"是指区内加工企业(以下称为转出企业)将本企业加工生产的产品直接或者通过保税仓储企业转入其他出口加工区、保税区等海关特殊监管区域内及区外加工贸易企业(以下称为转入企业)进一步加工后复出口的经营活动。该办法明确了出口加工区加工企业将本企业加工生产的产品直接或者通过保税仓储企业转入其他海关特殊监管区域及区外加工贸易企业的操作办法。

一、出口加工区企业办理深加工结转业务的手续和业务要求

1. 出口加工区转出企业开展深加工结转分为结转到其他海关特殊监管区域和结转到区外加工贸易企业两种。

（1）出口加工区货物出区深加工结转（结转到其他海关特殊区域），主要操作流程如图 14－2 所示。

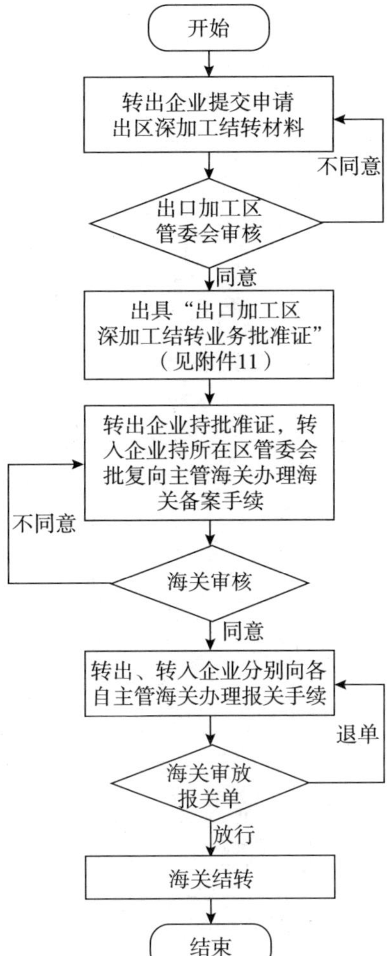

图 14－2　出口加工区货物出区深加工结转（结转到其他海关特殊区域）流程

（2）出口加工区货物出区深加工结转（结转到区外加工贸易企业），主要操作流程如图 14－3 所示。

2. 出口加工区深加工结转出区业务。

（1）出口加工区出区深加工结转货物应当全部加工复出口，对确有特殊原因需要内销或者转用于生产内销产品的，区外加工贸易企业应

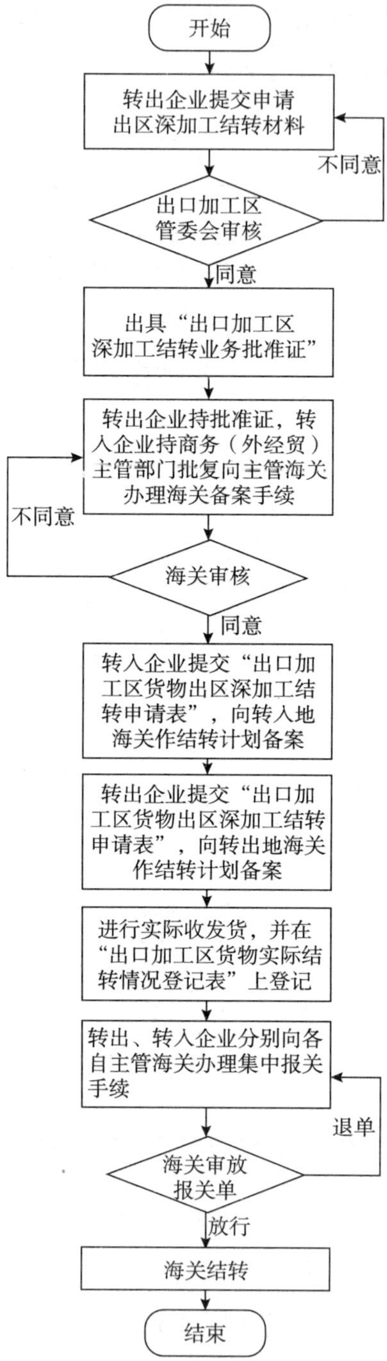

图 14－3　出口加工区货物出区深加工结转（结转到区外加工贸易企业）流程

当按照国家相关规定办理手续。

（2）转出企业、转入企业可以采用“分批送货，集中报关”的方式办理结转手续。

对转入其他出口加工区、保税区等海关特殊监管区域的，转出、转入企业分别在主管海关办理结转手续；转入区外加工贸易企业的，转出、转入企业在转出地主管海关办理结转手续。

（3）转出企业自转入地海关备案之日起 30 日内，持“中华人民共和国海关出口加工区深加工结转出区申请表”（以下简称“出区申请表”）和管委会审批材料向转出地海关办理备案手续；转出企业、转入企业每批实际发货、收货后，应当在实际发货、收货之日起 30 日内办结该批货物的报关手续。

（4）转出企业、转入企业办理结转备案手续后，应当按照经双方海关核准后的“出区申请表”进行实际收发货。转出企业的每批次发货记录应当在“出口加工区货物实际结转情况登记表”（以下简称“情况登记表”）上进行如实登记。由海关在转出地卡口签注“情况登记表”后货物出区。

（5）转出企业对以深加工结转方式出区的货物一律开具出口发票。转入企业、转出企业应当以外币计价结算，海关按照有关规定签发报关单外汇核销证明联。

（6）实行计算机联网管理的企业可通过网络办理结转手续。

小贴士 （1）目前，海关对出口加工区的保税货物实行的是电子账册管理模式。电子账册编码共 12 位，第 1 位为标记代码“H”，第 2 至第 5 位为关区代码（如：天津出口加工区代码为“0211”），加工贸易货物和仓储货物第 6 位为年份，企业自用设备、物资、办公用品、交通运输工具等第 6 位为“D”，第 7 至第 12 位为顺序号。

(2) 出口加工区企业保税货物电子账册有明确的核销期限规定，即区内企业自开展出口加工业务或仓储业务之日起，每半年持本企业账册和有关单据，向其主管海关办理一次核销手续。

二、深加工结转货物的退运、退换

区内转出的货物因质量不符等原因发生退运、退换的，转入企业为出口加工区、保税区等海关特殊监管区域外加工贸易企业的，由转出地主管海关按照退运、退换的有关规定办理相关手续并将实际退运、退换情况在“情况登记表”中进行登记；转入企业为其他出口加工区、保税区等海关特殊监管区域内企业的，转入企业、转出企业分别在其主管海关办理退运和退换手续。

三、不得开展出口加工区货物出区深加工结转的情形

转出企业未经实质性加工的保税料件不得出区深加工结转。转入企业、转出企业有下列情形之一的，不得开展出口加工区货物出区深加工结转：

1. 不符合海关监管要求，被海关责令限期整改，在整改期内的；
2. 涉嫌走私已被海关立案调查、侦查，尚未结案的；
3. 有逾期未报核“加工贸易手册”的；
4. 专营维修、设计开发的；
5. 其他不符合深加工结转监管条件的。

第四节 《出口加工区加工贸易管理暂行办法》

【文　　号】商务部令 2005 年第 27 号

【发布日期】2005 - 11 - 22

【生效日期】2006－01－01

本办法是根据《中华人民共和国对外贸易法》、《国务院关于修改〈中华人民共和国海关对出口加工区监管的暂行办法〉的决定》及其他法律、行政法规，主要对出口加工区的加工贸易业务管理进行规范。（“出口加工区的加工贸易”是指出口加工区内企业从境外或从境内采购原材料、零部件、元器件、包装物料等，经加工、装配后将制成品复运出境的生产经营活动。）

部分内容在《中华人民共和国海关对出口加工区监管的暂行办法》的章节中已经进行过表述，此处仅就商务部令中对加工贸易的规定进行补充说明。主要包括以下两点：

1.《出口加工区加工贸易管理暂行办法》提到“区内可以开展我国出口机电产品的售后维修业务”。但需要满足以下条件：

（1）企业在出口加工区开展机电产品维修业务前，需要按规定到管委会办理核准手续；

（2）企业需要向管委会提供维修产品属原产于中国，企业属生产该产品的生产厂商或由该生产厂商授权或委托开展维修业务的相关证明材料。

2.《出口加工区加工贸易管理暂行办法》中明确规定出口加工区内不得开展拆解、翻新业务。

小贴士 从境外进入出口加工区，并按照相关规定享受减免税的货物，按照《中华人民共和国海关进出口货物减免税管理办法》（海关总署令第179号）的有关规定，监管年限从内资货物进境放行之日起计算。监管年限按照进口货物类别分以下三种：

（1）船舶、飞机，8年；

（2）机动车辆，6年；

（3）其他货物，5年。

第十五章　保税物流园区

保税物流园区是指经国务院批准，在保税区规划面积或者毗邻保税区的特定港区内设立的、专门发展现代国际物流业的海关特殊监管区域。本章从《中华人民共和国海关对保税物流园区的管理办法》入手，对园区可以开展的业务、园区企业的管理、园区货物的监管、园区进出货物及运输工具和人员携带货物、物品的监管等内容进行重点介绍。

第一节　保税物流园区涉及的法律体系

目前，保税物流园区已基本形成包括法律、部门规章和规范性文件三个层级的法律体系框架。具体如下：

一、法律

《海关法》第三十二条规定："保税货物的转让、转移以及进出保税场所，应当向海关办理有关手续，接受海关监管和查验。"第三十四条规定："经国务院批准在中华人民共和国境内设立的保税区等海关特殊监管区域，由海关按照国家有关规定实施监管。"

二、部门规章

《中华人民共和国海关对保税物流园区的管理办法》（海关总署令

第 190 号）。

三、规范性文件

1.《海关总署关于上海外高桥保税区与外高桥港区联动试点的公告》（海关总署公告 2004 年第 10 号）。

2.《海关总署关于保税物流园区统计办法的公告》（海关总署公告 2005 年第 71 号）。

第二节　《中华人民共和国海关对保税物流园区的管理办法》

【文　　号】海关总署令第 190 号

【发布日期】2010－03－15

【生效日期】2010－05－01

随着中国外贸进出口总量的增加，中国口岸物流规模迅速扩大，已经形成沿海、沿江水运，航空和内陆边境全方位开放的立体化口岸体系。传统的港口、航空、公路优势与现代物流业相结合，出现了物流功能依托口岸进行整合的新动向。

设立保税物流园区，目的是为了实现区港联动，有助于保税区与港口在产业规划、产业布局和产业联动等方面进行功能整合，对港口和保税区的发展都有重要的意义。

《中华人民共和国海关对保税物流园区的管理办法》从法律层面规范了海关对保税物流园区及其进出货物、园区企业及其经营行为的管理。

一、保税物流园区主要的业务种类

《国务院办公厅关于同意扩大保税区与港区联动试点的复函》（国

办函〔2004〕58 号）中规定，保税物流园区要充分发挥保税区政策优势和港口区位优势，专门发展仓储和物流产业，区内不得开展加工贸易业务。

（一）保税物流园区可以开展的业务

1. 存储进出口货物及其他未办结海关手续的货物；
2. 对所存货物开展流通性简单加工和增值服务；
3. 国际转口贸易；
4. 国际采购、分销和配送；
5. 国际中转；
6. 检测、维修；
7. 商品展示；
8. 经海关批准的其他国际物流业务。

（二）保税物流园区不允许开展的业务

保税物流园区不允许开展商业零售、加工制造、翻新、拆解等与园区无关的业务。

（三）海关总署令第 190 号对海关总署令第 134 号的修改

海关总署令第 190 号是在海关总署令第 134 号《中华人民共和国海关对保税物流园区的管理办法》的基础上修改施行的。前者将第七条第三项由“进出口贸易，包括转口贸易”修改为“国际转口贸易”。

国际转口贸易是指国际贸易中进出口商品的买卖，不是由生产国和消费国之间直接进行，而是通过第三国进行的贸易。修改后的表述，更能体现成立保税物流园区的目的，突出了保税物流园区在促进发展国际进出口贸易中地理位置上优越、运输便利、便于货物集散的优势。企业可以通过国际转口贸易得到转口利润和仓储、运输、装卸等收入，同时可以带动周边的金融、交通等行业的发展。

二、园区企业的注册登记、变更及注销

园区企业应当具有企业法人资格。园区企业在开展业务前，应当按照《中华人民共和国海关对报关单位注册登记管理规定》及相关规定向海关办理注册登记手续。特殊情况下，经直属海关批准，区外法人企业可以依法在园区内设立分支机构。区内企业办理注册登记手续应当具备两个条件：

1. 具有向海关缴纳税款及履行其他法定义务的能力；
2. 在园区内拥有专门的营业场所。

（一）如何办理海关注册登记

进出口货物收发货人需向海关提交的申请材料（进出口收发货人注册登记流程如图 15－1 所示）：

1. 企业法人营业执照副本复印件（个人独资、合伙企业或者个体工商户提交营业执照）；
2. 对外贸易经营者登记备案表复印件（法律、行政法规或者商务部规定不需要备案登记的除外）；
3. “中华人民共和国外商投资企业批准证书”复印件（外商投资企业提交）；
4. 企业章程复印件（非企业法人免提交）；
5. 税务登记证书副本复印件；
6. 银行开户证明复印件（人民币基本账户）；
7. 组织机构代码证书副本复印件；
8. “报关单位情况登记表”、“报关单位管理人员情况登记表”；
9. 其他与注册登记有关的文件材料。

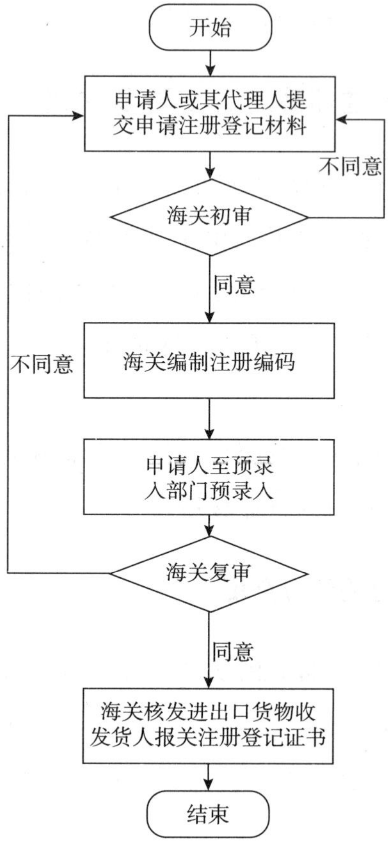

图 15－1　进出口收发货人注册登记流程

小贴士　海关注册编码规则

（1）海关注册编码共 10 位，由数字和 24 位英文大写字母（I 与 O 除外）组成，第 1～4 位是企业注册地的行政区划代码，第 5 位是企业注册地的经济区划代码，第 6 位是企业的经济类型代码，第 7 位是企业注册用的海关经营类别代码，第 8～10 位是流水号。

（2）保税物流园区内报关企业的注册登记编码的第 5 位为“7”，表示保税物流园区；第 6 位为“8”，表示报关企业。

海关提醒　申请企业在获得海关准予注册登记许可后，应当在工商行政管理部门办理许可经营项目登记，登记之日起90日内需到企业所在地海关办理注册登记手续。

所在地海关受理申请后，应当根据法定条件和程序进行全面审查，并于受理注册登记许可申请之日起20日内审查完毕，将审查意见和全部申请材料报送直属海关。直属海关应当自收到所在地海关报送的审查意见之日起20日内作出决定。

（二）企业如何换领注册登记证书

注册登记有效期届满应及时到海关办理换证手续，不及时换证将会导致企业无法办理进出口业务，还会被降低海关管理类别。

进出口收发货人换证流程如图15－2所示：

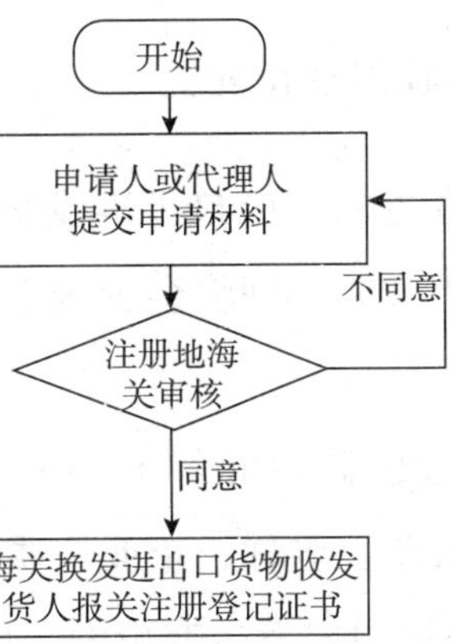

图15－2　进出口收发货人换证流程

所需提交的材料：

1. 企业法人营业执照副本复印件（个人独资、合伙企业或者个体工商户提交营业执照）；

2. 对外贸易经营者登记备案表复印件（法律、行政法规或者商务部规定不需要备案登记的除外）；

3. “中华人民共和国外商投资企业批准证书”、“中华人民共和国台、港、澳、侨投资企业批准证书”复印件（限外商投资企业提交）；

4. “报关单位情况登记表”；

5. “报关员情况登记表”；

6. “报关单位管理人员情况登记表”。

海关提醒 企业应在证件有效期内办理相关海关手续。

（1）报关企业注册登记许可期限均为2年，应在有效期届满40日前向注册地海关提出延续注册登记许可有效期申请；

（2）报关企业注册登记证书有效期限为2年，进出口货物收发货人注册登记证书有效期为3年，应在有效期届满30日内到注册地海关办理换证手续。

（三）企业如何办理注册登记变更

企业发生重要信息变更的，应自批准变更之日起30日内到海关办理注册登记变更手续，不及时办理将会影响企业的进出口业务，还会被降低海关管理类别。

进出口货物收发人变更流程如图15－3所示。

进出口货物收发货人单位名称、企业性质、企业住所、法定代表人（负责人）等海关注册登记内容发生变更的，应当自批准变更之日起30日内，向注册地海关提交变更后的工商营业执照或者其他批准文件及复印件，办理变更手续。应提交的材料有：

1. “中华人民共和国海关进出口收发货人报关注册登记证书”；

2. 变更后的对外贸易经营者登记备案表或批准证书复印件（外商投资企业提供）；

3. 变更后的工商营业执照副本复印件；

4. 变更后的国税证副本复印件；

5. 变更后的银行开户证明复印件；

6. 变更后的组织机构代码证副本复印件；

7. “报关单位情况登记表”、“报关单位管理人员情况登记表”。

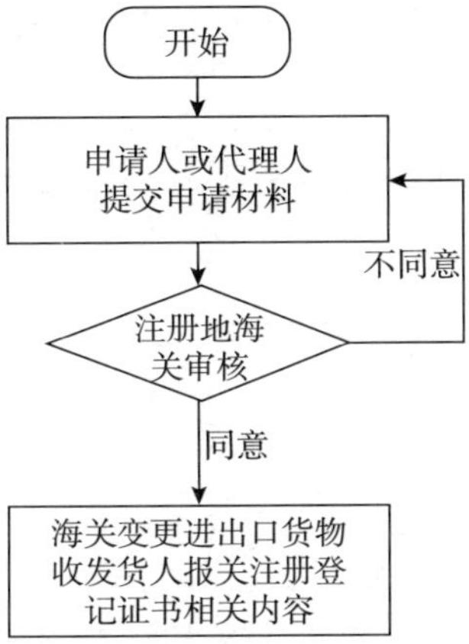

图 15－3　进出口货物收发人变更流程

疑点小问答　保税物流园区内的企业应该怎样按照海关的要求去开展业务？

答：海关对园区企业实行电子账册监管制度和计算机联网管理制度。园区企业应当建立符合海关监管要求的计算机管理系统，提供供海关查阅数据的终端设备，按照海关规定的认证方式和数据标准与海关进行联网。

园区企业应当设置符合海关监管要求的账簿、报表，记录本企业的财务状况和有关进出园区货物、物品的库存、转让、转移、销售、简单加工、使用等情况，如实填写有关单证、账册，凭合法、有效的凭证记账和核算。园区企业应当编制月度货物进、出、转、存情况表和年度财务会计报告，并定期报送园区主管海关。企业有关账册、原始数据应当自海关核库结束之日起至少保留 3 年。

三、进出园区的货物通关办理流程

（一）园区与境外之间进出货物的通关

园区与境外之间进出货物的通关办理流程，如图 15－4 所示。

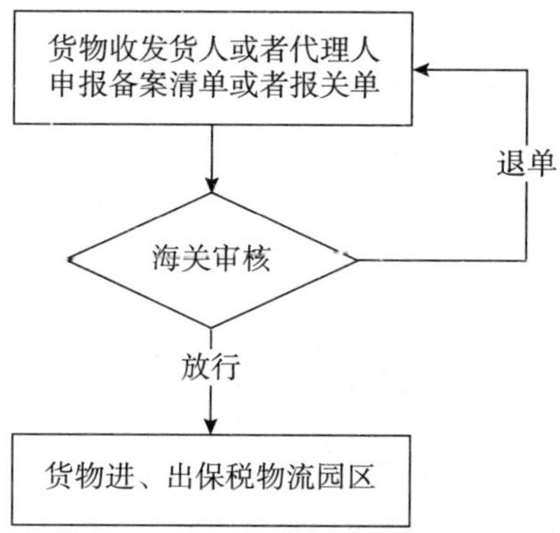

图 15－4　园区与境外货物通关流程

1. 园区与境外之间进出的货物应当向园区主管海关申报。园区货物的进出境口岸不在园区主管海关管辖区域的，经园区主管海关批准，可以在口岸海关办理申报手续。

2. 由于海关对园区与境外之间进出的货物实行备案制管理，因此向主管地海关办理申报时采用的是进出境货物备案清单。

3. 境外货物到港后，园区企业（或者其代理人）可以先凭舱单将货物直接运至园区，再凭进境货物备案清单向园区主管海关办理申报手续。

4. 园区内开展整箱进出、二次拼箱等国际中转业务的，由开展此项业务的企业向海关发送电子舱单数据，园区企业向园区主管海关申请提箱、集运等，凭舱单等单证办理进出境申报手续。

5. 下列货物从境外进入园区，海关予以办理保税手续：

（1）园区企业为开展业务所需的货物及其包装物料；

（2）加工贸易进口货物；

（3）转口贸易货物；

（4）外商暂存货物；

（5）供应国际航行船舶和航空器的物料、维修用零配件；

（6）进口寄售货物；

（7）进境检测、维修货物及其零配件；

（8）供看样订货的展览品、样品；

（9）未办结海关手续的一般贸易货物；

（10）经海关批准的其他进境货物。

6. 下列货物从境外进入园区，可以予以免税：

（1）园区的基础设施建设项目所需的设备、物资等；

（2）园区企业为开展业务所需的机器、装卸设备、仓储设施、管理设备及其维修用消耗零配件及工具；

（3）园区行政管理机构及其经营主体和园区企业自用合理数量的办公用品。

海关提醒 （1）园区自用的免税进口货物、国际中转货物或者法律、行政法规另有规定的货物不采用备案清单制管理。园区行政管理机构及其经营主体和园区企业从境外进口的自用交通运输工具、生活消费用品，按一般贸易进口货物的有关规定向海关办理申报手续。

（2）从园区运往境外的货物，除法律、行政法规另有规定外，免征出口关税。

（3）园区与境外之间进出的货物，不实行进出口许可证件管理，但法律、行政法规、规章另有规定的除外。

（二）园区与区外之间进出货物的通关

园区与区外之间进出货物的通关办理流程，如图 15－5 所示。

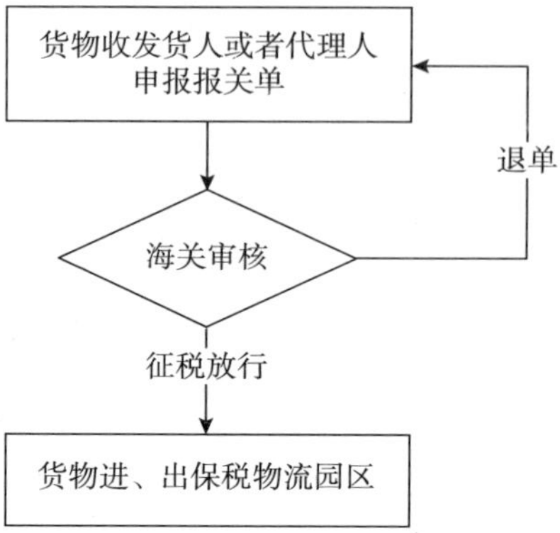

图 15－5　园区与区外货物通关流程

1. 园区与区外之间进出的货物，由园区企业或者区外收、发货人（或者其代理人）在园区主管海关办理申报手续。园区企业在区外从事进出口贸易业务且货物不实际进出园区的，可以在收、发货人所在地的主管海关或者货物实际进出境口岸的海关办理申报手续。

2. 园区货物运往区外视同进口，区外货物进入园区视同出口。园区企业或者其代理人按照进出口货物的有关规定向园区主管海关申报，海关按照货物进出园区时的实际监管方式的有关规定办理。

3. 属于应当征收出口关税的商品，企业应当按照海关有关规定缴纳出口关税；属于许可证件管理的商品，应当同时向海关出具有效的出口许可证件。

4. 园区企业跨关区配送货物或者异地企业跨关区到园区提取货物的，可以在园区主管海关办理申报手续，也可以按照海关规定办理进口转关手续。

海关提醒　区外原进口货物需要退运出境或者原出口货物需要复运进境的，不得经过园区进出境或者进入园区存储。根据无代价抵偿货物规定进行更换的区外原进口货物，留在区外不退运出境的，也不得进入园区。

小贴士 物流园区报关单申报填写规定

（1）当保税物流园区与境内之间的货物进出时，由境内企业填制“中华人民共和国海关进口货物报关单”或“中华人民共和国海关出口货物报关单”，贸易方式根据海关实际监管方式填报；运输方式栏为“物流园区”，代码为“X”；起运国或运抵国为“中国”；原产国或最终目的国按照实际国别填报。海关作单项统计。

（2）保税物流园区与其他保税物流园区、保税区、保税仓库、出口监管仓库及保税物流中心（A型、B型）等海关特殊监管区域或监管场所之间往来的货物，监管方式应填报为“保税间货物”（代码“1200”）；运输方式为“其他”（代码“9”）；起运国或运抵国为“中国”；原产国或最终目的国按照实际国别填报。

（三）哪些货物可以办理进区出口退税证明联

1. 从区外进入园区供园区企业开展业务的国产货物及其包装物料，签发出口货物报关单证明联；

2. 货物转关出口的，起运地海关在收到园区主管海关确认转关货物已进入园区的电子回执后，签发出口货物报关单证明联；

3. 从区外进入园区供园区行政管理机构及其经营主体和园区企业使用的国产基建物资、机器、装卸设备、管理设备等，签发出口货物报关单证明联。

海关提醒 下列货物不予签发出口货物报关单证明联：

（1）从区外进入园区供园区行政管理机构及其经营主体和园区企业使用的生活消费用品、办公用品、交通运输工具等。

（2）从区外进入园区的原进口货物、包装物料、设备、基建物资等。

（四）三种通关业务的办理

1. “分批出区，集中报关”业务。

“分批出区，集中报关”是指经海关批准，区内企业与境内区外企业、不同特殊监管区域（保税场所）的两家企业、同一特殊区域内的两家企业之间多批次进出货物，可先向海关办理货物的实际进出区手续，再以报关单（备案清单）集中办理海关手续的特殊通关方式（如图 15－6 所示）。

除法律、行政法规、规章规定不得集中申报的货物外，经园区主管海关批准可以办理集中申报手续的，适用每次货物进出口时海关接受该货物申报之日实施的税率、汇率。

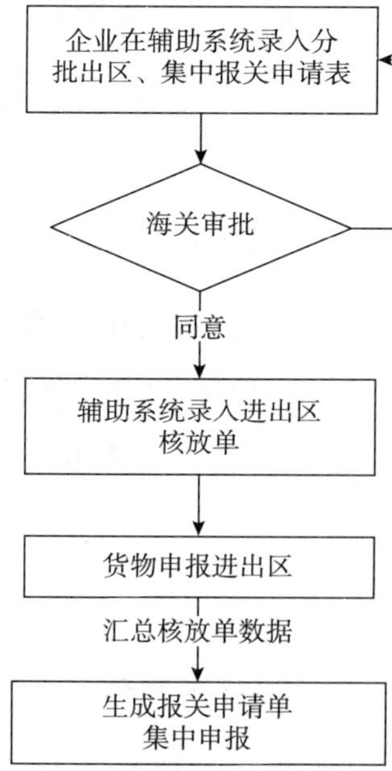

图 15－6　“分批出区，集中报关”通关业务流程

海关提醒集中申报的期限不得超过1个月，且不得跨年度办理。

拓展阅读 **分批出区，集中报关**

A企业是保税物流园区内的一家大型物流分拨企业，专门为手机制造商B企业做手机零配件的物流配送。B企业为了降低成本，提高生产效率，实现“零库存”需求，要求A企业按照生产需求及时将手机零配件送到B企业生产线。

为此，A企业向当地海关申请采用“分批出区，集中报关”的通关模式。采购的手机零配件在进入保税物流园区时，先向海关做入区备案，经海关查验和预归类后进入企业仓库存储。任何时间内，只要B企业发出需求指令，A企业就能在尚未报关的情形下将所需的手机零配件及时送到B企业生产线。海关卡口核对后放行货物，A企业在海关要求指定的时间内统一集中申报办理一段时间内所出货物的报关手续。

“分批出区，集中报关”的监管模式最主要的特征是变单票申报为多票集中申报，大大缩短了出区货物的通关时间，降低了企业成本。

2. 商品展示业务。

商品展示是指区内企业经海关核准，将生产的产品或仓储货物运往规划面积内、围网外的保税物流园区综合办公区专用的展示场所进行展示，展示完毕的商品按期返回的行为。展示的货物应当在园区主管海关备案，并接受海关监管。园区企业在区外其他地方举办商品展示活动的，应当比照海关对暂时进口货物的管理规定办理有关手续。商品展示业务如图15－7所示。

申请出区商品展示的，申请人或受其委托的代理人应当向园区海关提出申请并提交以下文件材料：

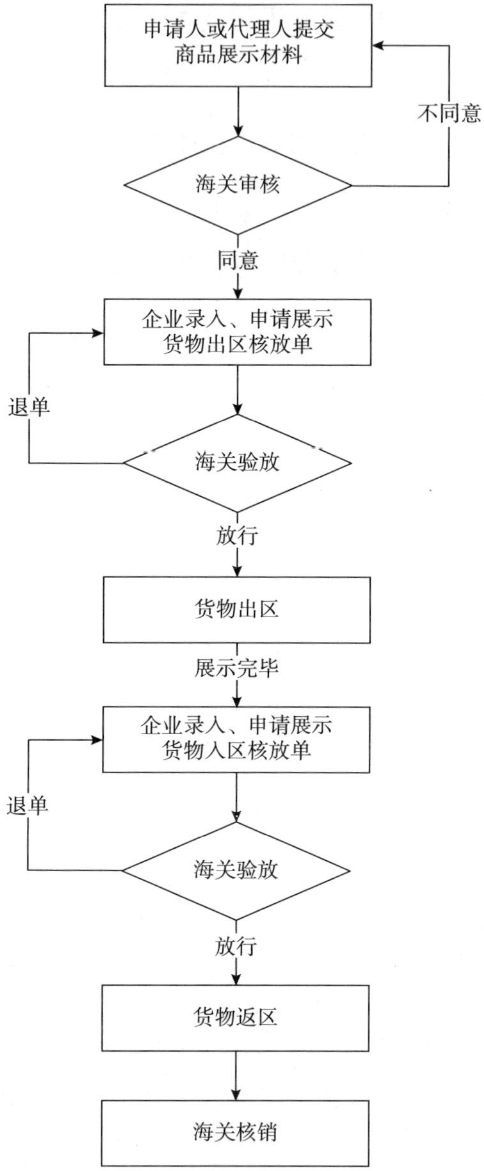

图 15－7 商品展示业务流程

(1) 出区商品展示申请;

(2) 与区外展示场所经营企业的展示合同;

(3) 区外展示场所经营企业的营业执照复印件;

(4) 海关认为应提交的其他材料。

拓展阅读 **园区商品展示——“先看后买”的超市经营模式**

对于进口商品，消费者希望购买前就能对该产品进行实物测评，但不是每个用户都有机会出国考察；另一方面，进口商在没有买家订货合同的情况下，也不愿意冒险先将货物报关交税入境，而是希望能缓交关税，在交易达成后补交关税。保税物流园区的商品展示功能，恰恰能解决上述难题，实现物流和商流的完美结合。

A 进口商从美国进口一台设备进入保税物流园区，在寻找买家的过程中，为节约成本，加快资金流转速度，A 进口商向园区海关提出，将该设备运往园区内专用的展示场所进行展示，在展示过程中进行招商，吸引买家实地实物考察洽谈。在展示过程中，A 进口商与前来洽谈的 B 买家达成协议。与买家 B 签订合同后，A 企业按照海关要求将该设备按期返回，并按正常通关流程办理该设备进口的通关手续。

商品展示功能，以一种超市经营即“先看后买”的方式，为进口商节省了招商过程中的成本，并搭建了进口商和消费者之间洽谈的展示平台，有力地促进了国际物流的发展。

3. 检测维修业务。

出区检测维修是指园区行政管理机构及其经营主体和园区企业使用的机器、设备和办公用品等，经园区主管海关核准、登记后运往区外进行检测、维修，检测、维修完毕后按期返回的行为。检测维修业务如图 15－8 所示。

检测、维修完毕运回园区的机器、设备等应当为原物。有更换新零配件或者附件的，原零配件或者附件应当一并运回园区。

对在区外更换的国产零配件或者附件，如需退税，由园区企业或者区外企业提出申请，园区主管海关按照出口货物的有关规定办理，并签发出口货物报关单证明联。

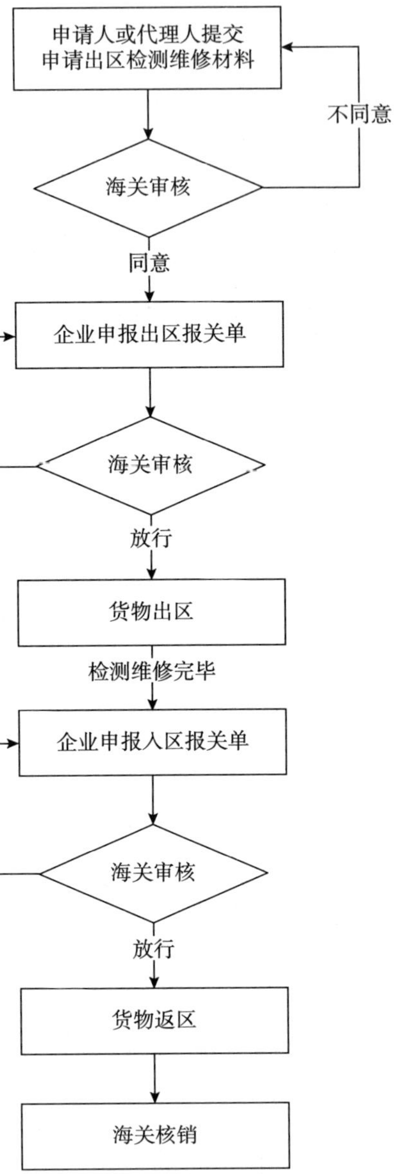

图 15-8　检测维修业务流程

海关提醒　运往区外检测、维修的机器、设备和办公用品等不得留在区外使用，并自运出之日起60日内运回园区。因特殊情况不能如期运回的，园区行政管理机构及其经营主体和园区企业应当于期满前10

日内，以书面形式向园区主管海关申请延期，延长期限不得超过30日。

四、对园区内货物的监管

1. 园区内货物可以自由流转，园区货物不设存储期限。园区企业转让、转移货物时应当将货物的具体品名、数量、金额等有关事项向海关进行电子数据备案，并在转让、转移后向海关办理报核手续。

2. 未经园区主管海关许可，园区企业不得将所存货物抵押、质押、留置、移作他用或者进行其他处置。

3. 除法律、行政法规规定不得声明放弃的货物外，园区企业可以申请放弃货物。放弃货物由园区主管海关依法提取变卖，变卖收入由海关按照有关规定处理。依法变卖后，企业凭放弃该批货物的申请和园区主管海关提取变卖该货物的有关单证办理核销手续；确因无使用价值无法变卖并经海关核准的，由企业自行处理，园区主管海关直接办理核销手续。放弃货物在海关提取变卖前所需的仓储等费用，由企业自行承担。

4. 园区内货物的退运与退换。

（1）进境货物未经流通性简单加工，需原状退运出境的，园区企业可以向园区主管海关申请办理退运手续。

（2）进入园区的国内出口货物尚未办理退税手续的，因品质或者规格原因需要退还出口企业时，园区企业应当在货物申报进入园区之日起1年内提出申请，并提供出口企业所在地主管税务部门出具的未办理出口退税证明，经园区主管海关批准后，可以办理退运手续，且无须缴纳进口关税、进口环节增值税和消费税；海关已征收出口关税的，应当予以退还。货物以转关方式进入园区的，园区企业出具起运地海关退运联系单后，园区主管海关办理相关手续。

（3）已办理出口退税的货物或者已经流通性简单加工的货物，如需退运，按照进出口货物的有关规定办理海关手续。

（4）除已经流通性简单加工的货物外，区外进入园区的货物，因质量、规格型号与合同不符等原因，需原状返还出口企业进行更换的，园区企业应当在货物申报进入园区之日起1年内向园区主管海关申请办理退换手续。海关按照《中华人民共和国海关进出口货物征税管理办法》的有关规定办理。更换的货物进入园区时，可以免领出口许可证件，免征出口关税，但海关不予签发出口货物报关单证明联。

5. 因不可抗力造成园区货物损坏、损毁、灭失的，园区企业应当及时书面报告园区主管海关，说明理由并提供保险、灾害鉴定部门的有关证明。

（1）货物灭失，或者虽未灭失但完全失去使用价值的，海关予以办理核销和免税手续。

（2）进境货物损坏、损毁，失去原使用价值但可以再利用的，园区企业可以向园区主管海关办理退运手续。如不退运出境并要求运往区外的，由园区企业提出申请，并经园区主管海关核准，根据受灾货物的使用价值进行估价、征税后运出园区外。

（3）区外进入园区的货物损坏、损毁，失去原使用价值但可以再利用，且需向出口企业进行退换的，可以退换为与损坏货物同一品名、规格、数量、价格的货物，并向园区主管海关办理退运手续。若已经办理出口退税手续的，根据受灾货物的使用价值进行估价、征税后运出园区外。

6. 因保管不善等非不可抗力因素造成货物损坏、损毁、灭失的，按下列规定办理：

（1）对于从境外进入园区的货物，园区企业应当按照一般贸易进口货物的规定，以货物进入园区时海关接受申报之日适用的税率、汇率，依法向海关缴纳损毁、灭失货物原价值的关税、进口环节增值税和消费税；

（2）对于从区外进入园区的货物，园区企业应当重新缴纳因出口而退还的国内环节有关税收，海关据此办理核销手续。

五、对进出园区运输工具和人员携带货物、物品的监管

《中华人民共和国海关对保税物流园区的管理办法》总则中规定，海关在园区派驻机构，对进出园区的货物、运输工具、个人携带物品及园区内相关场所实行24 小时监管。

1. 运输工具和人员应当经海关指定的专用通道进出园区。

2. 园区与其他口岸、海关特殊监管区域或者保税监管场所之间进出的货物，应当由海关备案或者核准的运输工具承运。承运人应当遵守海关有关运输工具及其所载货物的管理规定。园区与区外非海关特殊监管区域或者保税监管场所之间货物的往来，企业可以使用其他非海关监管车俩承运。承运车辆进出园区通道时应当经海关登记，海关可以对货物和承运车俩进行查验、检查。

3. 下列货物进出园区时，按照海关规定办理相关手续并经园区主管海关查验后，可以由园区企业指派专人携带或者自行运输：

（1）价值 1 万美元及以下的小额货物；

（2）因品质不合格复运区外退换的货物；

（3）已办理进口纳税手续的货物；

（4）企业不要求出口退税的货物；

（5）其他经海关核准的货物。

第三节 《海关总署关于上海外高桥保税区与外高桥港区联动试点的公告》

【文　　号】海关总署公告 2004 年第 10 号

【发布日期】2004 - 04 - 12

【生效日期】2004－04－15

2003年年初，海关总署决定首先在上海进行保税区与港区联动试点，同年7月份海关总署通过《上海外高桥保税区港区联动试点方案》的论证，12月8日，国务院正式批复，同意海关总署上报的《上海外高桥保税区港区联动试点方案》，至此，这项旨在进一步拓展保税区功能和港口区位优势的试点项目进入实质性启动阶段。

上海外高桥保税物流园区开发面积1.03平方公里（不含码头泊位），连接外高桥集装箱港区（二期、三期），是外高桥保税区10平方公里的组成部分。该园区有助于保税区与港口在产业规划、产业布局和产业联动等方面功能整合，促进国际中转业务的发展，加强对出口退税的有效管理，实现海关监管模式的突破，从而推进上海国际航运中心建设，拉动整个"长三角"地区的经济发展，进一步发展保税区仓储物流。它是我国保税区功能转型的积极探索。

一、文件主要内容

1. 保税物流园区专门发展仓储和物流产业，区内不得开展加工贸易业务。

2. 保税物流园区享受保税区相关政策，在进出口税收方面，比照实行出口加工区的相关政策，即国内货物进入园区视同出口，办理报关手续，实行退税；园区货物内销按货物进口的有关规定办理报关手续，货物按实际状态征税；区内货物自由流通，不征增值税和消费税。

二、保税物流园区四大功能

1. 国际中转功能。国外船公司所承揽目的港非中国的货物运到中国港口，可拆箱暂时停放，待重新拼装组合后再转运到其他国家口岸。

2. 国际配送功能。境外进入我国的货物，可以把货物储存在保税物流园区内，根据市场的需求，进行配送分拨。

3. 国际采购中心功能。通过保税物流园区间接地推动、扩大出口。进入园区保税物流园区的货物将视同出口。

4. 国际转口贸易功能。保税物流园区内企业可开展以转口贸易为核心的服务贸易，加快国际物流运作。

第十六章　保税港区（综合保税区）

保税港区和综合保税区都是经国务院批准设立的海关特殊监管区域，两者在政策、功能和管理模式上基本相同，区别在于综合保税区设立于内陆地区，保税港区设立于国家对外开放的口岸港区和与之相连的特定区域内，保税港区除具备综合保税区的物流、加工等功能外，还具备口岸功能。保税港区（综合保税区）是目前我国开放层次最高、优惠政策最多、功能最齐全的海关特殊监管区域，截至2013年年底，我国共有保税港区14个，综合保税区31个。本章以《中华人民共和国海关保税港区管理暂行办法》为基础，重点介绍保税港区（综合保税区）的业务范围、区内企业的法人资格以及进出区货物的海关监管等内容。

第一节　保税港区涉及的法律体系

目前，保税港区（综合保税区）（以下在不存在歧义的情况下均以保税港区指代综合保税区和保税港区这两种海关特殊监管区域）已基本形成包括法律、部门规章和规范性文件三个层级的法律体系框架。具体如下：

一、法律

《海关法》第三十二条规定：“保税货物的转让、转移以及进出保税场所，应当向海关办理有关手续，接受海关监管和查验。”第三十四条规定：“经国务院批准在中华人民共和国境内设立的保税区等海关特殊监管区域，由海关按照国家有关规定实施监管。”

二、部门规章

1.《中华人民共和国海关保税港区管理暂行办法》（海关总署令第164号）。

2.《海关总署关于修改〈中华人民共和国海关保税港区管理暂行办法〉的决定》（海关总署令第191号）。

三、规范性文件

1.《海关总署关于部分进入海关特殊监管区域的产品不征收出口关税的公告》（海关总署公告2008年第21号），于2008年3月31日公布。该公告明确自2008年2月15日起，对出口加工区、保税港区、综合保税区、珠澳跨境工业区（珠海园区）和中哈霍尔果斯国际边境合作中心（中方配套区）的区内生产企业在境内区外采购用于生产出口产品的原材料，进区时不征收出口关税。

2.《海关总署关于部分进入海关特殊监管区域的产品不征收出口关税和退税的公告》（海关总署公告2008年第34号），于2008年5月16日公布。该公告进一步明确了部分进入海关特殊监管区域的产品不征收出口关税和按增值税法定征税率予以退税的审批流程，以及《海关特殊监管区域不征收出口关税及退税货物审批表填制规范》。

3.《海关总署关于公布第二批进入海关特殊监管区域不征收出口关税产品清单的公告》（海关总署公告2008年第85号），于2008年11月25日公布。该公告明确自2008年12月1日起，对出口加工区、保税港区、综合保税区、珠澳跨境工业区（珠海园区）和中哈霍尔果斯国际边境合作中心（中方配套区）内生产企业，从境内区外采购用于生产出口产品的磷酸二氢铵、氨气和未锻轧铝合金等原材料，进区时不征收出口关税。

4.《海关总署关于调整有关海关监管方式代码的公告》（海关总署公告2010年第10号），于2010年2月2日公布，自2010年3月1日起实施。该公告对海关特殊监管区域的监管方式代码进行了调整，调整后的监管方式代码适用于保税港区、综合保税区、出口加工区、珠澳跨境工业区（珠海园区）、中哈霍尔果斯国际边境合作中心（中方配套区）的区内企业申报使用。

5.《海关总署关于公布海关特殊监管区域有关管理事宜的公告》（海关总署公告2010年第22号），于2010年3月30日公布，自2010年4月1日起实施。该公告为配合海关总署2010年第10号公告的实施，对综合保税区或保税港区内企业原有企业编码的变更、电子账册管理方式等进行了明确，并发布了《海关特殊监管区域进出口货物报关单、进出境货物备案清单填制规范》。

第二节 《中华人民共和国海关保税港区管理暂行办法》

【文　　号】海关总署令第191号

【发布日期】2010－03－15

【生效日期】2010－05－01

旧的《中华人民共和国海关保税港区管理暂行办法》（海关总署令第164号）于2007年9月3日公布，同年10月3日起正式施行；2010年3月15日新办法发布，并于同年5月1日起正式施行。新的《中华人民共和国海关保税港区管理暂行办法》主要对保税港区可以开展的业务进行了修订，将原办法中第八条第二项保税港区可以开展“对外贸易，包括国际转口贸易”的表述修订为“国际转口贸易”。

一、保税港区可以开展的业务

保税港区具有口岸、物流、加工三大主要功能，包括以下九类具体业务：

1. 存储进出口货物和其他未办结海关手续的货物；
2. 国际转口贸易；
3. 国际采购、分销和配送；
4. 国际中转；
5. 检测和售后服务维修；
6. 商品展示；
7. 研发、加工、制造；
8. 港口作业；
9. 经海关批准的其他业务。

小贴士 保税港区享有的六项优惠政策

1. 境外入区免证免税，境外入区货物免证免税。

从境外进出保税港区的货物，不实行进出口配额、许可证管理。区内自用的进口基建物资、机器设备、办公用品等免征进口关税和进口环节海关代征税，除减免税货物、征税货物（区内自用的交通运输工具、生活消费用品等）外的其他进口货物予以保税，从保税港区运往境外的货物免征出口关税。

2. 国内入区实行退税，国内入区货物实行出口退税。

从国内进入保税港区的货物视同出口，实行退税。

3. 区内货物自由流转。

保税港区内的企业之间货物可以自由流转，不征收增值税和消费税。

4. 保税加工限制较少。

除高耗能、高污染和资源性产品以及列入《加工贸易禁止类商品目录》的商品外，区内企业开展保税加工业务不受限制；区内企业不实行加工贸易银行保证金台账、合同核销制度和单耗标准管理。

5. 保税仓储无期限。

保税港区内的仓储货物不设存储期限，但存储期限超过 2 年的，区内企业应当每年向海关备案。

6. 生产用原材料不征出口关税或退税。

区内生产企业在国内采购用于生产出口产品的原材料，涉及出口关税的，进区时不征收出口关税；涉及已经取消出口退税的，进区时按增值税法定税率予以退税。

二、保税港区内企业的法人资格

（一）保税港区企业注册登记的两种形式

企业在保税港区内开展业务需具有法人资格，具备向海关缴纳税款以及履行其他法定义务的能力。特殊情况下，经保税港区主管海关核准，区外法人企业可以依法在保税港区内设立分支机构，并向海关备案。

区内企业注册登记分为报关企业注册登记和进出口收发货人注册登记两种形式。企业注册登记业务办结后，海关核发注册登记证书，企业获得唯一标识企业身份的海关注册编码。

（二）报关企业的注册登记及后续管理

1. 报关企业的注册登记。

（1）设立报关企业应满足的九个条件：

①具备境内企业法人资格条件；

②企业注册资本不低于 150 万元人民币；

③健全的组织机构和财务管理制度；

④报关员人数不少于5名；

⑤投资者、报关业务负责人、报关员无走私记录；

⑥报关业务负责人具有5年以上从事对外贸易工作经验或者报关工作经验；

⑦无因走私违法行为被海关撤销注册登记许可记录；

⑧有符合从事报关服务所必需的固定经营场所和设施；

⑨海关监管所需要的其他条件。

（2）申请报关企业注册登记许可应提交的材料：

企业在办理报关企业注册登记之前，需先到海关办理注册登记许可，并提交以下材料：

①“报关企业注册登记许可申请书”；

②“企业法人营业执照”副本或“企业名称预先核准通知书”复印件；

③企业章程；

④出资证明文件复印件；

⑤所聘报关从业人员的“报关员资格证”复印件；

⑥从事报关服务业可行性研究报告；

⑦报关业务负责人工作简历；

⑧报关服务营业场所所有权证明、租赁证明；

⑨授权委托书（委托代理人代为提出申请的，应当出具）；

⑩其他与申请注册登记许可相关的材料。

（3）申请报关企业注册登记应提交的材料：

①直属海关注册登记许可文件复印件；

②“企业法人营业执照”副本复印件；

③税务登记证副本复印件；

④银行开户证明复印件；

⑤组织机构代码证副本复印件；

⑥“报关单位情况登记表”、“报关单位管理人员情况登记表”；

⑦报关企业与所聘报关员签订的用工劳动合同复印件；

⑧其他与报关注册登记有关的材料。

海关提醒 办理报关企业注册登记的注意事项

(1) 代理报关企业在办理注册登记前，需先办理工商、税务、质检、商务等部门的注册登记手续；

(2) 企业在办理代理报关企业注册登记之前，需先取得报关企业许可。

2. 报关企业的注册登记变更。

报关企业注册登记许可中如发生企业名称、注册资本、法人代表等注册信息变更时，应当持“报关企业注册登记许可变更申请书”、“中华人民共和国海关报关企业报关注册登记证书”、企业变更决议等材料原件及复印件，以书面形式到注册地海关申请变更注册登记许可。报关企业取得变更注册登记许可后，应当自批准变更之日起30日内，向注册地海关提交变更后的工商营业执照或者其他与变更有关的批准文件及复印件，办理变更手续。

3. 报关企业的换证。

“中华人民共和国海关报关企业报关注册登记证书”有效期为2年，有效期届满前，报关企业要及时到海关办理换证手续，避免因证书过期造成无法办理进出口业务的情况。

海关提醒 办理报关企业换证手续的注意事项

报关企业需办理换证手续的，应当先办理注册登记许可延续手续。报关企业未办理注册登记许可延续手续或者海关未准予注册登记许可延续的，自丧失注册登记许可之日起，其跨关区分支机构注册登记许可自动终止。

报关企业办理注册登记许可延续手续应当在有效期届满40日前向注册地海关提出申请。报关企业在取得准予注册登记许可延续的批准后，应持“中华人民共和国海关准予报关企业（跨关区分支机构）注册登记许可延续决定书”、“报关企业报关注册登记证书”等材料到注册地海关办理换证手续。注册地海关根据企业提交的材料，在“报关企业报关注册登记证书”上添加有效期延续时间，并加盖注册登记印章，但不换发新的证书。

4. 报关企业的注销。

（1）应当办理注销手续的6种情况：

①破产、解散、自行放弃报关权或者分立成两个以上新企业的；

②被工商行政管理机关注销登记或者吊销营业执照的；

③丧失独立承担责任能力的；

④报关企业丧失注册登记许可的；

⑤进出口货物收发货人的对外贸易经营者备案登记表或者外商投资企业批准证书失效的；

⑥其他依法应当注销注册登记的情形。

（2）办理注销手续时应提交的材料：

①“中华人民共和国海关报关企业报关注册登记证书”；

②报关企业书面注销申请。

经海关审查，为符合注销条件的报关企业办理注销手续，原注册登记证书由海关收回。

（三）进出口收发货人的注册登记及后续管理

1. 进出口收发货人的注册登记。

申请办理进出口收发货人注册登记的企业或个人应到所在地海关提

交以下材料：

（1）“进出口货物收发货人注册登记申请书”；

（2）“企业法人营业执照”副本复印件（个人独资、合伙企业或者个体工商户提交营业执照）；

（3）“对外贸易经营者登记备案表”复印件（法律、行政法规或者商务部规定不需要备案登记的除外）；

（4）“中华人民共和国外商投资企业批准证书”或“中华人民共和国台、港、澳、侨投资企业批准证书”复印件（限外商投资企业提交）；

（5）企业章程复印件（非企业法人免提交）；

（6）税务登记证书副本复印件；

（7）银行开户证明复印件；

（8）组织机构代码证书副本复印件；

（9）“出资者情况登记表”、“企业管理人员情况登记表”；

（10）其他与申请注册登记相关的材料。

2. 进出口收发货人的变更。

海关注册登记企业如发生企业名称、注册资本、法人代表等注册信息变更时，应自变更之日起 30 日内到注册地海关办理注册登记变更手续并提交以下材料：

（1）“进出口货物收发货人注册登记变更申请书”；

（2）“中华人民共和国海关进出口收发货人报关注册登记证书”；

（3）变更后的“企业法人营业执照”副本复印件；

（4）变更后的“对外贸易经营者登记备案表”复印件；

（5）变更后的税务登记证书副本复印件；

（6）变更后的银行开户证明复印件；

（7）变更后的组织机构代码证书副本复印件；

（8）“出资者情况登记表”、“企业管理人员情况登记表”。

海关对上述材料进行审核，通过后为企业换发新证，原证书由海关收回，报关有效期不变。

3. 进出口收发货人的换证。

“中华人民共和国海关进出口收发货人报关注册登记证书”有效期为3年，有效期届满前30日内，进出口收发货人应及时到海关办理换证手续，避免因证书过期造成无法办理进出口业务的情况，并提交以下材料：

（1）“进出口货物收发货人注册登记证书换证申请书”；

（2）“企业法人营业执照”副本复印件（个人独资、合伙企业或者个体工商户提交营业执照）；

（3）“对外贸易经营者登记备案表”复印件（法律、行政法规或者商务部规定不需要备案登记的除外）；

（4）“中华人民共和国外商投资企业批准证书”或“中华人民共和国台、港、澳、侨投资企业批准证书”复印件（限外商投资企业提交）；

（5）“报关单位情况登记表”；

（6）“出资者情况登记表”、“企业管理人员情况登记表”。

业务办结后，海关为企业换发新证，证书有效期延长3年。

4. 进出口收发货人的注销。

（1）需办理注销注册登记手续的6种情况：

①破产、解散、自行放弃报关权或者分立成两个以上新企业的；

②被工商行政管理机关注销登记或者吊销营业执照的；

③丧失独立承担责任能力的；

④报关企业丧失注册登记许可的；

⑤进出口货物收发货人的对外贸易经营者备案登记表或者外伤投资企业批准证书失效的；

⑥其他依法应当注销注册登记的情形。

（2）办理注销手续时应提交的材料：

①“中华人民共和国海关进出口收发货人报关注册登记证书”；

②“进出口货物收发货人注销申请书”。

经海关审查，对符合注销条件的进出口收发货人办理注销手续，原注册登记证书由海关收回。

海关提醒 报关企业和进出口收发货人注销海关注册登记前，应先办结所有海关手续。

小贴士 保税港区企业的分类管理

海关根据企业遵守法律、行政法规、海关规章、相关廉政规定和经营管理状况，以及海关监管、统计记录等，设置 AA、A、B、C、D 五个管理类别，对有关企业进行分类管理。按照守法便利的原则，对适用不同管理类别的企业，制订相应的差别管理措施，其中 AA 类和 A 类企业适用相应的通关便利措施，B 类企业适用常规管理措施，C 类和 D 类企业适用严密监管措施，首次注册的企业适用 B 类管理。

三、对保税港区与境外之间进出货物的监管

（一）进出区货物实行备案制管理

海关对保税港区与境外之间进出的货物实行备案制管理，对从境外进入保税港区的货物予以保税，但减免税货物、征税货物、通过保税港区直接进出的货物除外。

（二）免征进口关税和进口环节海关代征税的三类货物

1. 区内生产性的基础设施建设项目所需的机器、设备和建设生产

厂房、仓储设施所需的基建物资；

2. 区内企业生产所需的机器、设备、模具及其维修用零配件；

3. 区内企业和行政管理机构自用合理数量的办公用品。

小贴士 认识 HD 账册

海关对进出保税港区的减免税货物实行电子账册管理，电子账册号第一位为“H”，第六位为“D”，简称“HD”账册。申请减免税货物入区的企业在货物实际入区前，应提前到主管海关预录入窗口办理电子账册备案手续，完成货物信息录入工作。

（三）从境外进入保税港区的征税货物

供区内企业和行政管理机构自用的交通运输工具、生活消费用品，按进口货物的有关规定办理报关手续，海关按照有关规定征收进口关税和进口环节海关代征税。

海关提醒 不能办理减免税手续的商品

根据海关总署2004年第7号公告，以下20种商品进口一律停止减免关税和进口环节增值税，包括：电视机、摄像机、录像机、放像机、音响设备、空调器、电冰箱（电冰柜）、洗衣机、照相机、复印机、程控电话交换机、微型计算机及外设、电话机、无线寻呼系统、传真机、电子计数器、打字机及文字处理机、家具、灯具和餐料等。同时，进口汽车也应照章征税，不予办理进口减免税手续。

（四）进出区货物不实行配额、许可证管理

除特殊规定外，保税港区与境外之间进出的货物，不实行进出口配

额、许可证管理。对于同一配额、许可证项下的货物，海关在进区环节已经验核过配额和许可证件的，在出境环节不再要求企业出具上述原件。

疑点小问答 什么是配额、许可证管理制度？

答：《中华人民共和国货物进出口管理条例》第十一条规定："国家规定有数量限制的限制进口货物，实行配额管理；其他限制进口货物，实行许可证管理。"进口配额、许可证管理货物的进口经营者需凭配额证明或许可证向海关办理报关验放手续。

海关提醒 关于保税港区的异地申报

保税港区与境外之间进出的货物应当在保税港区主管海关办理海关手续；进出境口岸不在保税港区主管海关辖区内的，经保税港区主管海关批准，可以在口岸海关办理海关手续。

小贴士 认识电子账册

海关对进出保税港区的货物实行电子账册管理。区内企业应当应用符合海关监管要求的计算机管理系统，提供供海关查阅数据的终端设备和计算机应用的软件接口，按照海关规定的认证方式和数据标准与海关进行联网，并确保数据真实、准确、有效。

目前，保税港区应用的电子账册可分为"H 账册"和"HW 账册"两种形式：

H 账册：账册号第一位为"H"，适用于区内的保税加工企业和保税物流企业。该模式下，保税货物在向海关申报前，需先到海关预录入窗口办理电子账册备案或变更手续。

HW账册：账册号第一位为“H”，第六位为“W”，主要适用于区内进出商品品名相对较少的保税物流企业。该模式下，保税货物无须在电子账册中事先备案即可直接办理进出报关手续。海关计算机系统会自动将有关报关数据计入电子账册中，并用出区数量核扣进区数量，企业不需办理报核手续。

四、对保税港区与区外之间进出货物的监管

（一）进出区货物实行配额、许可证管理

保税港区与区外之间进出的货物，属于配额、许可证件管理商品的，区内企业或区外收发货人应向海关出具配额、许可证件。对于已经在进境环节验核完毕的，在出区环节不再要求企业出具配额、许可证件。

（二）从保税港区进入境内区外的货物视同进口

从保税港区进入境内区外的货物视同进口，区内企业或者区外收发货人应按照进出口货物的有关规定向保税港区主管海关办理进口货物申报手续。需要征税的，应按照货物出区时的实际状态缴纳税款。

（三）从境内区外进入保税港区的货物视同出口

从境内区外进入保税港区的货物视同出口，区内企业或者区外收发货人应按照进出口货物的有关规定向保税港区主管海关办理出口货物申报手续，并按照有关规定签发用于出口退税的出口货物报关单证明联。

小贴士 1. 可以签发出口货物报关单证明联的两种情况：

（1）从区外进入保税港区供区内企业开展业务的国产货物及其包

装物料，海关按照对出口货物的有关规定办理，签发出口货物报关单证明联；

（2）从区外进入保税港区供保税港区行政管理机构和区内企业使用的国产基建物资、机器、装卸设备、管理设备、办公用品等，海关按照对出口货物的有关规定办理，签发出口货物报关单证明联。

2. 不予签发出口货物报关单证明联的两种情况：

（1）从区外进入保税港区供保税港区行政管理机构和区内企业使用的生活消费用品和交通运输工具，海关不予签发出口货物报关单证明联；

（2）从区外进入保税港区的原进口货物、包装物料、设备、基建物资等，区外企业应当向海关提供上述货物或者物品的清单，按照出口货物的有关规定办理申报手续，海关不予签发出口货物报关单证明联，原已缴纳的关税、进口环节海关代征税不予退还。

（四）暂时出区货物的管理

1. 经保税港区主管海关批准，区内企业可以在保税港区综合办公区专用的展示场所举办商品展示活动。展示的货物应当在海关备案，并接受海关监管。

区内企业在区外其他地方举办商品展示活动的，应当比照海关对暂时进境货物的管理规定办理有关手续。

2. 保税港区内使用的机器、设备、模具和办公用品等海关监管货物，可以比照进境修理货物的有关规定，运往区外进行检测、维修。区内企业将模具运往区外进行检测、维修的，应当留存模具所生产产品的样品或者图片资料。

海关提醒 运往区外进行检测、维修的机器、设备、模具和办公用品等，不得在区外用于加工生产和使用，并且应当自运出之日起60日内运回保税港区。因特殊情况不能如期运回的，区内企业或者保税港区行政管理机构应当在期限届满前7日内，以书面形式向海关申请延期，延长期限不得超过30日。

检测、维修完毕运回保税港区的机器、设备、模具和办公用品等应当为原物。有更换新零件、配件或者附件的，原零件、配件或者附件应当一并运回保税港区。对在区外更换的国产零件、配件或者附件，需要退税的，由区内企业或者区外企业提出申请，保税港区主管海关按照出口货物的有关规定办理手续，签发出口货物报关单证明联。

疑点小问答 海关针对暂时进出境货物有哪些管理规定？

答：主要是2007年3月1日发布的《中华人民共和国海关暂时进出境货物管理办法》（海关总署令第157号）。

（五）委外加工货物的管理

区内企业需要将模具、原材料、半成品等运往区外进行加工的，应当在开展外发加工前，凭承揽加工合同或者协议、承揽企业营业执照复印件和区内企业签章确认的承揽企业生产能力状况等材料，向保税港区主管海关办理外发加工手续。委托区外企业加工的期限不得超过6个月，加工完毕后的货物应当按期运回保税港区。在区外开展外发加工产生的边角料、废品、残次品、副产品不运回保税港区的，海关按照实际状态征税。区内企业凭出区时委托区外加工申请书以及有关单证，向海关办理验放核销手续。

五、对保税港区内货物的监管

（一）保税港区内货物可以自由流转

保税港区内货物可以自由流转，不征收增值税和消费税，但相关区内企业需及时向海关报送转让、转移货物的品名、数量、金额等电子数据信息。

（二）区内开展加工贸易的海关政策

区内企业不实行加工贸易银行保证金台账和合同核销制度，海关对保税港区内加工贸易货物不实行单耗标准管理。区内企业应当定期向海关报送货物的进区、出区和储存情况。

（三）因不可抗力造成的货物损毁、灭失

因不可抗力造成保税港区货物损毁、灭失的，区内企业应当及时书面报告保税港区主管海关，说明情况并提供灾害鉴定部门的有关证明。经保税港区主管海关核实确认后，按照下列规定处理：

1. 货物灭失，或者虽未灭失但完全失去使用价值的，海关予以办理核销和免税手续；

2. 进境货物损毁，失去部分使用价值的，区内企业可以向海关办理退运手续。如不退运出境并要求运往区外的，由区内企业提出申请，经保税港区主管海关核准，按照海关审定的价格进行征税；

3. 区外进入保税港区的货物损毁，失去部分使用价值，且需向出口企业进行退换的，可以退换为与损毁货物相同或者类似的货物，并向保税港区主管海关办理退运手续。

需退运到区外的，属于尚未办理出口退税手续的，可以向保税港区主管海关办理退运手续；属于已经办理出口退税手续的，按照海关审定的价格进行征税。

（四）因非不可抗力因素造成的货物损毁、灭失

区内企业应当及时书面报告保税港区主管海关，说明情况。经保税港区主管海关核实确认后，按照下列规定办理：

1. 从境外进入保税港区的货物，区内企业应当按照一般贸易进口货物的规定，按照海关审定的货物损毁或灭失前的完税价格，以货物损毁或灭失之日适用的税率、汇率缴纳关税、进口环节海关代征税；

2. 从区外进入保税港区的货物，区内企业应当重新缴纳因出口而退还的国内环节有关税收，海关据此办理核销手续，已缴纳出口关税的，不予以退还。

（五）区内货物的存储期限

保税港区货物不设存储期限。但存储期限超过2年的，区内企业应当每年向海关备案。

海关提醒 因货物性质和实际情况等原因，在保税港区继续存储会影响公共安全、环境卫生或者人体健康的，海关可以责令企业及时办结相关海关手续，将货物运出保税港区。

（六）保税港区与其他海关特殊监管区域的货物往来

海关对于保税港区与其他海关特殊监管区域或者保税监管场所之间往来的货物，实行保税监管，不予签发出口货物报关单证明联。但货物从未实行国内货物入区（仓）环节出口退税制度的海关特殊监管区域或者保税监管场所转入保税港区的，视同货物实际离境，由转出地海关签发用于办理出口退税的出口货物报关单证明联。

保税港区与其他海关特殊监管区域或者保税监管场所之间的流转货物，不征收进出口环节的有关税收。承运保税港区与其他海关特殊监管区域或者保税监管场所之间往来货物的运输工具，应当符合海关监管要求。

六、对直接进出口货物以及进出保税港区运输工具和个人携带货物、物品的监管

1. 直接进出口货物。

货物通过保税港区直接出口或进口，企业需按照海关关于进出口货物的有关规定办理报关手续。

2. 运输工具和个人进出保税港区，需接受海关监管和检查。

3. 进出境运输工具服务人员及进出境旅客携带个人物品进出保税港区的，海关按照进出境旅客行李物品的有关规定进行监管。

海关提醒 可以自行携带进出区的5种情况

保税港区与区外之间进出的下列货物，经海关批准，可以由区内企业指派专人携带或者自行运输：

(1) 价值1万美元以下的小额货物；

(2) 因品质不合格复运区外退换的货物；

(3) 已办理进口纳税手续的货物；

(4) 企业不要求出口退税的货物；

(5) 其他经海关批准的货物。

案例 老张在保税港区的成长秘籍

老张今年40多岁，以前在一家给国外厂商做玩具代工的私营企业上班，收入不多不少，日子过得还算平静。由于和顶头上司的一次激烈争吵，老张愤而辞职，可是总不能就此赋闲在家，总得找点事儿做。思来想去，老张觉得外贸代工这块自己多少还算懂一些，而且听说家门口刚刚建成了一个保税港区，国家给了不少优惠政策，便决定在保税港区成立一家外贸公司，说不定还真能干出点事业来。

万事开头难，这外贸说起来容易，可真要是做起来该从哪儿入手呢？经过一番打听之后，老张了解到需要先到海关办理注册备案。老张带着刚刚招来的业务员小陈风尘仆仆地来到保税港区海关，关员问明老张的来意，递给他一份《保税港区新企业注册指南》，老张一看，在办理海关注册之前还需要办理工商、税务、开立基本户等多项手续，看来得先从这些入手了。老张带着小陈东奔西走，终于顺利办完了工商注册、税务登记、开立银行基本户、申领组织机构代码证、办理对外贸易经营者备案等各项业务。老张拿着这些材料再次回到海关，没过几天，老张顺利拿到了海关注册登记证书，终于可以正式开展进出口业务了。

老张干的是进料加工的生意，凭着以往积累下的一些人脉，揽到了一份玩具加工的订单。可如何开始运作又让老张犯了难，海关人员及时递上了一份《电子账册申请指南》，老张读后豁然开朗。原来海关对在保税港区内开展的加工贸易实行电子账册管理，国外进料直接进入电子账册中，加工后成品可直接通过账册申报出区。在海关的帮助下老张建立了电子账册（H 账册），但新的问题又来了，老张需要两辆叉车在生产时使用，但在通过卡口时，海关关员告诉老张这两辆叉车没备案，得办理相关手续才能进区。老张赶紧来到海关办事大厅，一问才知道，申请进区的生产用设备需通过 HD 账册管理。老张心想，都怪自己想得太简单了，这保税港区的政策还真得好好学习学习。

老张的第一笔生意终于在磕磕绊绊中如期交货了。从此之后，老张的生意顺风顺水，没过多久，老张就琢磨着再扩大一点生产规模，把生意做得再大一点。于是老张又找来了几个合作伙伴，注册资本增加了，出资者也增多了。一次老张去海关办业务，听见隔壁窗口有人在说注册信息变更的事，心想难道这也有说法？他赶紧询问前台海关人员，关员解释说，海关注册企业有诸如经营范围、注册资本、出资者等注册信息变更时，必须及时到海关办理注册登记变更手续。老张又详细了解一番，比如海关注册登记证书的 3 年的年审时限，注销的有关规定和企业分类管理的有关规定，看来海关业务来不得半点疏忽。

保税港区的保税功能让老张得到了不少实惠，进料无须缴纳税款直接进入H账册，加工完成后又通过H账册申报离境，节省了很大一笔资金占用，让企业的有限资本全部投入生产中去，企业的生意做得红红火火。老张回想起曾经了解过海关对企业实行AA、A、B、C、D共5个类别的分类管理，类别越高，企业享受的海关便捷通关政策越多，当然，前提是企业遵纪守法，企业规模也达到了一定的要求。这时，老张的企业年度出口总额已经达到了60万美元以上，也没有任何违反海关规定或触犯法律的情况，完全符合海关对B类升A类企业需年度进出口总额达到50万美元以上，无走私、偷逃税款、虚报瞒报和报关差错率低于5%的要求。经过申请，老张的企业顺利通过了海关审查，成为保税港区内为数不多的A类企业之一，享有多项高效、便捷的海关监管优惠政策，成为让区内企业人人羡慕的对象。

老张的企业依旧在红红火火地运作着，老张最大的感受就是要多学政策，用好政策，只有把政策研究透了才能赚到别人赚不到的钱。老张回想起一路走来的风风雨雨，欣慰地笑了。

第十七章　其他海关特殊监管区域

本章所指其他海关特殊监管区域是指除了本书第十三章至第十六章内容介绍的保税区、出口加工区、保税物流园区、保税港区、综合保税区等类型之外的海关特殊监管区域。这些区域只针对特定地区，是由国务院批准设立，并由海关按照国家有关规定实施监管的特殊形态区域，其涉及的政策法规主要有《中华人民共和国海关珠澳跨境工业区珠海园区管理办法》。

第一节　相关法律体系

本章介绍的其他海关特殊监管区域政策涉及法律、部门规章和规范性文件三个层级的法律体系框架，具体如下。

一、法律

《海关法》第三十四条："经国务院批准在中华人民共和国境内设立的保税区等海关特殊监管区域，由海关按照国家有关规定实施监管。"

二、部门规章

《中华人民共和国海关珠澳跨境工业区珠海园区管理办法》（海关

总署令第160号，经海关总署令第189号修改）。

三、规范性文件

1.《海关总署关于部分进入海关特殊监管区域的产品不征收出口关税的公告》（海关总署公告2008年第21号），于2008年3月31日公布。该公告明确自2008年2月15日起，对出口加工区、保税港区、综合保税区、珠澳跨境工业区（珠海园区）和中哈霍尔果斯国际边境合作中心（中方配套区域）的区内生产企业在境内区外采购用于生产出口产品的原材料，进区时不征收出口关税。

2.《海关总署关于部分进入海关特殊监管区域的产品不征收出口关税和退税的公告》（海关总署公告2008年第34号），于2008年5月16日公布。该公告进一步明确了部分进入海关特殊监管区域的产品不征收出口关税和按增值税法定征税率予以退税的审批流程，以及《海关特殊监管区域不征收出口关税及退税货物审批表填制规范》。

3.《海关总署关于公布第二批进入海关特殊监管区域不征收出口关税产品清单的公告》（海关总署公告2008年第85号），于2008年11月25日公布。该公告明确自2008年12月1日起，对出口加工区、保税港区、综合保税区、珠澳跨境工业区（珠海园区）和中哈霍尔果斯国际边境合作中心（中方配套区域）内生产企业，从境内区外采购用于生产出口产品的磷酸二氢铵、氨气和未锻轧铝合金等原材料，进区时不征收出口关税。

4.《海关总署关于调整有关海关监管方式代码的公告》（海关总署公告2010年第10号），于2010年2月2日公布，自2010年3月1日起实施。该公告对海关特殊监管区域的监管方式代码进行了调整，调整后的监管方式代码适用于保税港区、综合保税区、出口加工区、珠澳跨境工业园区（珠海园区）、中哈霍尔果斯边境合作区（中方配套区）内企业申报使用。

5.《海关总署关于公布海关特殊监管区域有关管理事宜的公告》(海关总署公告 2010 年第 22 号)，于 2010 年 3 月 30 日公布，自 2010 年 4 月 1 日起实施。该公告为配合海关总署 2010 年第 10 号公告的实施，对综合保税区或保税港区内企业原有企业编码的变更、电子账册管理方式等进行了明确，并发布了《海关特殊监管区域进出口货物报关单、进出境货物备案清单填制规范》。

第二节 《中华人民共和国海关珠澳跨境工业区珠海园区管理办法》

【文　　号】海关总署令 2010 年第 189 号

【发布日期】2010－03－15

【生效日期】2010－05－01

《中华人民共和国海关珠澳跨境工业区珠海园区管理办法》(海关总署令第 160 号)，是海关对珠澳跨境工业区珠海园区进行监管的主要法律规范。该办法于 2007 年 3 月 8 日公布，自 2007 年 4 月 8 日起施行。2010 年 3 月 15 日海关总署令第 189 号在海关总署令 160 号基础上修改，自 2010 年 5 月 1 日起施行。

海关总署令第 189 号《海关总署关于修改〈中华人民共和国海关珠澳跨境工业区珠海园区管理办法〉的决定》将原办法第六条第三项删除，并将原办法第六条第五项由“进出口贸易，包括转口贸易”修改为“国际转口贸易”。

一、珠澳跨境工业区珠海园区的政策优势

1. 珠海园区实行保税区政策，与中华人民共和国关境内的其他地区之间进出货物在税收方面实行出口加工区政策。

2. 海关对进出珠海园区的货物、物品、运输工具以及珠海园区内企业、场所实行24小时监管。

3. 珠海园区实行封闭式管理。珠海园区和澳门园区之间设立专用口岸通道，珠海园区和区外之间设立进出区卡口通道。

海关提醒 法律、行政法规禁止进出口的货物、物品，不得进出珠海园区。

二、珠澳跨境工业区珠海园区可以开展的业务

1. 加工制造；
2. 检测、维修、研发；
3. 储存进出口货物以及其他未办结海关手续货物；
4. 国际转口贸易；
5. 国际采购、分销和配送；
6. 国际中转；
7. 商品展示、展销；
8. 经海关批准的其他加工和物流业务。

第三节　中哈霍尔果斯国际边境合作中心（中方配套区）

中哈霍尔果斯国际边境合作中心与中哈霍尔果斯国际边境合作中心（中方配套区）既有联系又有区别。两者都享受一些特殊优惠的政策，但前者不是海关特殊监管区域；后者作为前者的配套区域，属于海关特殊监管区域，享受保税区与出口加工区相关的税收与外汇政策。

一、中哈霍尔果斯国际边境合作中心概述

中哈霍尔果斯国际边境合作中心是中国与其他国家建立的第一个国际边境合作中心，沿中哈界河横跨中国与哈萨克斯坦两个国家，总面积5.28平方公里，其中中方区面积3.43平方公里，哈方区面积1.85平方公里，由各自独立建设，中间由专用通道连接为一体。

中方合作中心自2007年开工建设，2011年8月24日通过商务部与公安部、海关总署、质检总局组成的联合验收组的验收，并于2011年12月2日实现封关运营，这是合作中心运营的第一阶段。两国的投资者和建设人员可经过连接通道进入对方的“合作中心”进行考察投资和工作会谈。2012年4月18日，霍尔果斯国际边境合作中心启动临时市场，服装、建材、果蔬等各类产品在临时市场经营，哈萨克斯坦商人和居民可前来采购。这是合作中心运营的第二阶段。

二、中哈霍尔果斯国际边境合作中心的管理模式与政策

中哈霍尔果斯国际边境合作中心实行封闭式管理，享受一些优惠政策。

（一）管理模式

根据中哈两国政府签署的《中华人民共和国政府和哈萨克斯坦共和国政府关于霍尔果斯国际边境合作中心活动管理的协定》，合作中心的管理模式为：

1. “一关两检”等进出境查验机构退至合作中心入口处，进行“二线”管理，边境线不设立查验机构；

2. 中哈两国公民、第三国公民及货物、车辆可以在合作中心内跨境自由流动，可免签在中心内停留30天；

3. 合作中心中哈双方区域全部实行封闭管理，由横跨中哈两国的通道相连形成一个整体；

4. 合作中心各自一侧受本国的司法管辖，适用本国现行法律及有关国际条约、中哈协议；

5. 中心区域内的货物及服务贸易项下的资金支付和转移，遵循经常项目可自由兑换的原则办理，中心双方区域内设立的银行或其他机构据本国法律提供现钞兑换服务。

（二）主要功能

中哈霍尔果斯国际边境合作中心的主要功能是贸易洽谈、商品展示和销售、仓储运输、宾馆饭店、商业服务设施、金融服务、举办各类区域性国际经贸洽谈会等。

（三）优惠政策

根据《国务院关于中国—哈萨克斯坦霍尔果斯国际边境合作中心有关问题的批复》（国函〔2006〕15 号）及有关规定，合作中心享受下列优惠政策：

1. 由国内进入中心的基础方面设施建设物资和中心内企业自用设备，按照出口贸易政策，予以退税。但普通出口货物进入中心，不享受入中心退税政策；

2. 企业从哈方进口基础设施建设物资和区内设施自用设备进入中心中方区域，免征关税及进口环节增值税；

3. 从中心进入中方境内的货物按一般贸易税收管理规定照章征收关税和进口环节增值税；

4. 旅客从中心进入中方境内的，每人每日一次可携带 8 000 元人民币的免税物品。

三、中哈霍尔果斯国际边境合作中心（中方配套区）

2006年国务院批复同意在中哈霍尔果斯国际边境合作中心以南1公里处建立中方配套区域，作为支撑中心发展的产业基地。尽管中哈霍尔果斯国际边境合作中心也实行封闭式管理，享受一些优惠政策，但它不是海关特殊监管区域，只有中方配套区域才是海关特殊监管区域。在海关特殊监管区域的分类上，中哈霍尔果斯国际边境合作中心中方配套区与珠澳跨境工业区珠海园区归入“跨境工业区”，验收标准、监管模式与其他海关特殊监管区域相同。

中哈霍尔果斯国际边境合作中心中方配套区域规划面积为9.73平方公里，目前尚未竣工与验收。

（一）主要功能

配套区域具有保税加工、保税物流、保税服务三大功能，与其他海关特殊监管区域基本一样。

（二）优惠政策

其优惠政策与其他海关特殊监管区域基本相同。主要是：境外进口货物入区保税；境外进口设备入区免税；境内区外货物入区视同出口，办理出口报关手续，实行退税；货物出区进入境内按货物进口的有关规定办理报关手续；区内企业之间的货物交易不征收增值税和消费税。

附录

附件1　业务关键词对应政策法规索引

1. 手册设立

《中华人民共和国海关加工贸易货物监管办法》第九条、第十一条、第十二条、第十三条、第十四条、第十五条、第十六条、第十七条、第十八条

2. 核销

（1）《中华人民共和国海关法》第三十三条

（2）《中华人民共和国海关加工贸易货物监管办法》第二条、第五条、第九条、第二十八条、第三十二条、第三十四条、第三十五条、第三十六条、第三十七条、第三十八条、第三十九条、第四十二条

3. 擅自内销

《中华人民共和国海关法》第八十二条

4. 料件串换

《中华人民共和国海关加工贸易货物监管办法》第二十七条、第二十八条

5. 报核期限

（1）《中华人民共和国海关加工贸易货物监管办法》第三十条

（2）《中华人民共和国海关加工贸易企业联网监管办法》第十四条

6. 报核要求

《中华人民共和国海关加工贸易货物监管办法》第三十一条、第三十二条

7. 内销

(1)《中华人民共和国海关加工贸易货物监管办法》第三十三条

(2)《中华人民共和国海关加工贸易企业联网监管办法》第十二条

(3)《中华人民共和国海关关于加工贸易边角料、剩余料件、残次品、副产品和受灾保税货物的管理办法》第四条、第六条、第七条、第八条、第十四条

(4)《中华人民共和国海关审定内销保税货物完税价格办法》第四条、第五条、第六条、第七条、第十三条

(5)《海关总署关于加工贸易内销货物审价问题的公告》

8. 退运

(1)《中华人民共和国海关加工贸易货物监管办法》第三十四条

(2)《中华人民共和国海关关于加工贸易边角料、剩余料件、残次品、副产品和受灾保税货物的管理办法》第十条

9. 销毁

《中华人民共和国海关关于加工贸易边角料、剩余料件、残次品、副产品和受灾保税货物的管理办法》第十一条

10. 受灾保税货物

(1)《中华人民共和国海关加工贸易货物监管办法》第三十五条

(2)《中华人民共和国海关关于加工贸易边角料、剩余料件、残次品、副产品和受灾保税货物的管理办法》第九条

11. 结案

《中华人民共和国海关加工贸易货物监管办法》第三十九条

12. 深加工结转

《中华人民共和国海关关于加工贸易保税货物跨关区深加工结转的管理办法》

13. **盘点**

《中华人民共和国海关加工贸易企业联网监管办法》第十五条

14. **不作价设备**

（1）《关于加工贸易进口设备有关问题的通知》第一条、第二条、第三条、第五条、第七条、第八条、第九条、第十一条

（2）《海关总署关于外商提供不作价进口设备的管理问题的公告》第一条、第二条、第三条

（3）《机电产品进口管理办法》第二十七条

（4）《关于明确增值税转型后进口税收优惠政策执行有关问题的公告》第四条

15. **异地加工贸易**

《中华人民共和国海关关于异地加工贸易的管理办法》（海关总署令第 74 号）第一条、第二条、第五条、第六条、第八条、第九条、第十一条

16. **异地加工贸易申请表**

《中华人民共和国海关关于异地加工贸易的管理办法》（海关总署令第 74 号）第五条、第六条、第七条

17. **异地加工贸易回执**

《中华人民共和国海关关于异地加工贸易的管理办法》（海关总署令第 74 号）第六条

18. **工艺损耗**

（1）《中华人民共和国加工贸易单耗管理办法》（海关总署令第 155 号）第三条、第十六条、第二十八条

（2）《海关总署关于加工贸易单耗管理办法执行中有关问题的公告》（2007 年第 23 号）第五条

19. **单耗标准**

（1）《中华人民共和国加工贸易单耗管理办法》（海关总署令第

155号）第七条、第八条、第九条、第十条、第十一条、第十二条

（2）《海关总署关于加工贸易单耗管理办法执行中有关问题的公告》（2007年第23号）第四条

20. 申报单耗

（1）《中华人民共和国加工贸易单耗管理办法》（海关总署令第155号）第十二条、第十三条、第十四条、第十五条、第十七条、第二十二条

（2）《海关总署关于加工贸易单耗管理办法执行中有关问题的公告》（2007年第23号）第一条、第二条、第四条、第七条

21. 单耗审核

《中华人民共和国加工贸易单耗管理办法》（海关总署令第155号）第十九条

22. 核查单耗

1.《中华人民共和国加工贸易单耗管理办法》（海关总署令第155号）第二十条

23. 单耗核定

（1）《中华人民共和国加工贸易单耗管理办法》（海关总署令第155号）第二十四条、第二十五条、第二十六条、第二十七条

（2）《海关总署关于加工贸易单耗管理办法执行中有关问题的公告》（2007年第23号）第七条

（3）《海关总署关于颁布加工贸易单耗复核程序的公告》（2008年第32号）第一条、第二条

24. 单耗复核

（1）《中华人民共和国加工贸易单耗管理办法》（海关总署令第155号）第二十七条

（2）《海关总署关于颁布加工贸易单耗复核程序的公告》（2008年第32号）第二条、第三条、第四条、第五条

25. 企业法人资格

《保税港区管理暂行办法》第一章第九条

26. 电子口岸

《保税港区管理暂行办法》第一章第六条

27. 海关稽查制度

《保税港区管理暂行办法》第一章第十条

28. 计算机联网管理制度

《保税港区管理暂行办法》第一章第十条

29. 禁止类目录

《保税港区管理暂行办法》第一章第十四条、第三章第二十三条

30. 备案制管理

《保税港区管理暂行办法》第一章第十六条

31. 许可证

《保税港区管理暂行办法》第二章第二十条、第三章第二十一条

32. 担保

《保税港区管理暂行办法》第三章第二十二条

33. 残次品内销

《保税港区管理暂行办法》第三章第二十三条

34. 副产品内销

《保税港区管理暂行办法》第三章第二十三条

35. 边角料内销

《保税港区管理暂行办法》第三章第二十三条

36. 集中申报

《保税港区管理暂行办法》第三章第二十五条

37. 出口退税

《保税港区管理暂行办法》第三章第二十六条

38. **商品展示**

《保税港区管理暂行办法》第三章第二十七条

39. **暂时出区货物**

《保税港区管理暂行办法》第三章第二十八条

40. **外发加工**

《保税港区管理暂行办法》第三章第二十九条

41. **委外加工货物**

《保税港区管理暂行办法》第三章第二十九条

42. **放弃货物**

《保税港区管理暂行办法》第四章第三十四条

43. **货物损毁、灭失**

《保税港区管理暂行办法》第四章第三十五条

附件2　海关特殊监管区域、保税监管场所以及区（所）外企业政策功能比较表

名称 项目	区所外加工贸易、外贸企业	保税港区（综合保税区）	出口加工区	保税区	保税物流园区	保税物流中心（B型）	保税仓库	出口监管仓库
功能	1. 加工贸易； 2. 进出口贸易。	1. 存储进出口货物和其他未办结海关手续的货物； 2. 国际转口贸易； 3. 国际采购、分销和配送； 4. 国际中转； 5. 检测和售后服务维修； 6. 商品展示； 7. 研发、加工、制造； 8. 港口作业； 9. 经海关批准的其他业务。	1. 加工、制造； 2. 保税物流（2009年拓展）； 3. 研发、检测、维修（2009年拓展）； 4. 经海关批准的其他业务。	1. 仓储； 2. 加工； 3. 进出口贸易包括转口贸易； 4. 商品展示； 5. 经海关批准的其他业务。	1. 存储进出口货物及其他未办结海关手续的货物； 2. 对所存货物开展流通性简单加工和增值服务； 3. 进出口贸易，包括转口贸易； 4. 国际采购、分销和配送； 5. 国际中转； 6. 检测、维修； 7. 商品展示； 8. 经海关批准的其他国际物流业务。	1. 保税存储进出口货物及其他未办结海关手续的货物； 2. 对所存货物开展流通性简单加工和增值服务； 3. 全球采购和国际分拨、配送； 4. 转口贸易和国际中转； 5. 经海关批准的其他国际物流业务。	1. 仓储； 2. 不发生实质性改变的简单加工； 3. 全球采购和国际分销、配送； 4. 转口贸易； 5. 寄售维修； 6. 经海关批准的其他国际物流业务。	1. 仓储； 2. 不发生实质性改变流通性增值服务； 3. 保税物流配送； 4. 经海关批准的其他国际物流业务。

附件 2 续 1

项目 \ 名称		区所外加工贸易、外贸企业	保税港区（综合保税区）	出口加工区	保税区	保税物流园区	保税物流中心（B 型）	保税仓库	出口监管仓库
进口（境）税收政策	免税	1. 对符合《外商投资产业指导目录》的鼓励类和限制乙类，并转让技术的外商投资项目，在投资总额内进口的自用设备，除《外商投资项目不予免税的进口商品目录》所列的商品外，免征关税（重大科技专项等还可免进口环节增值税）。	1. 下列货物从境外进入保税港区，海关免征进口关税和进口环节海关代征税： 区内生产性的基础设施建设项目所需的机器、设备和建设生产厂房、仓储设施所需的基建物资。 区内企业生产所需的机器、设备、模具及其维修用零配件。 区内企业和行政管理机构自用合理数量的办公用品。 2. 自 2009 年 11 月起，20 种进口商品不予免税。	与保税港区相同。	1. 下列从境外进入保税区的货物，予以免税： 区内生产性的基础设施建设项目所需的机器、设备和其他基建物资； 区内企业自用的生产、管理设备和自用合理数量的办公用品及其所需的维修零配件，生产用燃料，建设生产厂房、仓储设施所需的物资、设备。	1. 下列从境外进入保税物流园区的货物、物品，予以免税： 园区的基础设施建设项目所需的设备、物资等。 (1) 园区企业为开展业务所需的机器、装卸设备、仓储设施、管理设备及其维修用消耗品、零配件及工具； (2) 园区行政管理机构及其经营主体和园区企业自用合理数量的办公用品。 2. 自 2009 年 11 月起，20 种进口商品不予免税。 3. 从境外入区的减免税货物有监管期限，监管期限到期后，在海关监管期内未发生违反海关监管规定行为的可以自动解除监管，也可向海关书面申请解除监管。	不享受减免税政策。	不享受减免税政策。	不享受减免税政策。

附件2续2

名称 项目		区所外加工贸易、外贸企业	保税港区（综合保税区）	出口加工区	保税区	保税物流园区	保税物流中心（B型）	保税仓库	出口监管仓库
进口（境）税收政策	免税	2. 外国政府和国际组织贷款项目进口的自用设备、加工贸易外商提供的不作价进口设备，比照上述规定执行。 3. 对符合《当前国家重点鼓励发展的产业、产品和技术目录》的国内投资项目，在投资总额内进口的自用设备，除《国内投资项目不予免税的进口商品目录》所列商品外，免征关税（重大科技专项等还可免进口环节增值税）。	3. 从境外入区的减免税货物有监管期限，监管期限到期后，在海关监管期内未发生违反海关监管规定行为的可以自动解除监管，也可向海关书面申请解除监管。 但是，从境内区外进入保税港区的国产设备无监管期限，出区内销时需按残值补税。	与保税港区相同。	2. 自2009年11月起，20种进口商品不予免税。 3. 从境外入区的减免税货物有监管期限，监管期限到期后，在海关监管期内未发生违反海关监管规定行为的可以自动解除监管，也可向海关书面申请解除监管。		不享受减免税政策。	不享受减免税政策。	不享受减免税政策。

附件2续3

项目 \ 名称		区所外加工贸易、外贸企业	保税港区（综合保税区）	出口加工区	保税区	保税物流园区	保税物流中心（B型）	保税仓库	出口监管仓库
进口（境）税收政策	免税	4. 区外减免税货物有监管期限，监管期限到期后，在海关监管期内未发生违反海关监管规定行为的可以自动解除监管，也可向海关书面申请解除监管。		与保税港区相同。			不享受减免税政策。	不享受减免税政策。	不享受减免税政策。
	保税	1. 禁止开展高耗能、高污染和资源性产品以及列入《加工贸易禁止类商品目录》商品的加工贸易业务；	1. 区内企业的生产经营活动应当符合国家产业发展要求，不得开展高耗能、高污染和资源性产品以及列入《加工贸易禁止类商品目录》商品的加工贸易业务； 2. 除免税货物、征税进境的交通运输工具和生活消费用品、通过保税港区直接进出口的货物外，对从境外进入保税港区的货物予以保税；	与保税港区基本相同。	与保税港区基本相同。	下列货物从境外进入保税物流园区，予以保税： 1. 园区企业为开展业务所需的货物及其包装物料； 2. 加工贸易进口货物； 3. 转口贸易货物； 4. 外商暂存货物； 5. 供应国际航行船舶和航空器的物料、维修用零配件；	保税物流中心存储货物范围： 1. 国内出口货物； 2. 转口货物和国际中转货物； 3. 外商暂存货物； 4. 加工贸易进出口货物；	保税仓库存储货物范围： 1. 加工贸易进口货物； 2. 转口货物； 3. 供应国际航行船舶和航空器的油料、物料和维修用零部件；	出口监管仓库存储货物范围： 1. 一般贸易出口货物； 2. 加工贸易出口货物； 3. 从其他海关特殊监管区域、场所转入的出口货物；

附件2续4

项目 \ 名称		区所外加工贸易、外贸企业	保税港区（综合保税区）	出口加工区	保税区	保税物流园区	保税物流中心（B型）	保税仓库	出口监管仓库
进口（境）税收政策	保税	2. 对开展列入《加工贸易限制类商品目录》商品的加工贸易业务实行银行保证金台账“实转”管理，A类和B类企业缴纳50%的保证金。C类企业缴纳按全部保税进口料件应缴进口关税和进口环节增值税之和100%计征保证金。	3. 区内企业不实行加工贸易银行保证金台账管理。	与保税港区基本相同。	与保税港区基本相同。	6. 进口寄售货物； 7. 进境检测、维修货物及其零配件； 8. 供看样订货的展览品、样品； 9. 未办结海关手续的一般贸易货物； 10. 经海关批准的其他进境货物。	5. 供应国际航行船舶和航空器的物料、维修用零部件； 6. 供维修外国产品所进口寄售的零配件； 7. 未办结海关手续的一般贸易进口货物； 8. 经海关批准的其他未办结海关手续的货物。	4. 供维修外国产品所进口寄售的零配件； 5. 外商暂存货物； 6. 未办结海关手续的一般贸易货物； 7. 经海关批准的其他未办结海关手续的货物。	4. 出口配送型仓库可以存放为拼装出口货物而进口的货物，以及为改换出口监管仓库货物包装而进口的包装物料； 5. 其他已办结海关出口手续的货物。

附件 2 续 5

项目 \ 名称		区所外加工贸易、外贸企业	保税港区（综合保税区）	出口加工区	保税区	保税物流园区	保税物流中心（B 型）	保税仓库	出口监管仓库
进口（境）税收政策	征税	1. 区外进口货物，需要征税的，按照货物的实际状态缴纳税款。 2. 加工贸易企业申请内销边角料的，按照报验状态征税，免征缓税利息，免交许可证件。加工贸易企业申请内销残次品的，根据其对应的进口料件价值：	1. 从境外进入保税港区的，供区内企业和行政管理机构自用的交通运输工具、生活消费用品照章征税。 2. 保税港区运往区外的货物，需要征税的，按照货物进出区时的实际状态缴纳税款。 3. 区内企业在加工生产过程中产生的边角料、废品，以及加工生产、储存、运输等过程中产生的包装物料，经海关批准运往区外的，按出区时的实际状态征税。 4. 残次品、副产品出区内销的，按内销时的实际状态征税。 5. 经保税港区运往区外的优惠贸易协定项下货物，符合原产地管理规定的，可以申请享受协定税率或者特惠税率。	与保税港区基本相同。	区内加工企业全部用境外运入料、件加工的制成品销往非保税区时，海关按照进口制成品征税。 用含有境外运入料、件加工的制成品销往非保税区时，海关对其制成品按照所含境外运入料、件征税；对所含境外运入料、件的品名、数量、价值申报不实的，海关按照进口制成品征税。	与保税港区基本相同。	货物出中心视同进口，按照实际监管方式的有关规定办理。	货物出仓库视同进口，按照实际监管方式的有关规定办理。	货物出仓库结转到国内，按照实际监管方式的有关规定办理。

附件2续6

项目	名称	区所外加工贸易、外贸企业	保税港区（综合保税区）	出口加工区	保税区	保税物流园区	保税物流中心（B型）	保税仓库	出口监管仓库
进口（境）税收政策	征税	料件金额占该加工贸易合同项下实际进口料件总额3%以内（含3%）、且总值在人民币1万元以下（含1万元）的，按照料件归类计征税款和税款缓税利息，免于提交许可证件。		与保税港区基本相同。		与保税港区基本相同。	货物出中心视同进口，按照实际监管方式的有关规定办理。	货物出仓库视同进口，按照实际监管方式的有关规定办理。	货物出仓库结转到国内，按照实际监管方式的有关规定办理。

附件 2 续 7

项目 \ 名称		区所外加工贸易、外贸企业	保税港区（综合保税区）	出口加工区	保税区	保税物流园区	保税物流中心（B 型）	保税仓库	出口监管仓库
进口（境）税收政策	征税	3. 加工贸易企业申请内销副产品的，按照副产品的报验状态归类后的适用税率和审定的价格，计征税款和缓税利息，如属进口许可证件管理的，还须提交有关进口许可证件。		与保税港区基本相同。		与保税港区基本相同。	货物出中心视同进口，按照实际监管方式的有关规定办理。	货物出仓库视同进口，按照实际监管方式的有关规定办理。	货物出仓库结转到国内，按照实际监管方式的有关规定办理。
出口（境）税收政策		区外出口货物，需要征税的，按照货物的实际状态缴纳税款。	1. 从保税港区运往境外的货物免征出口关税，但法律、行政法规另有规定的除外。 2. 境内区外运入保税港区的货物，需要征税的，按照货物进区时的实际状态缴纳税款。	与保税港区基本相同。	1. 从保税区运往境外的货物，除法律、行政法规另有规定外，免征出口关税。	1. 从园区运往境外的货物，除法律、行政法规另有规定外，免征出口关税。	1. 货物出境免征出口关税； 2. 货物入中心应当征收出口关税的，海关按照有关规定征收。	货物出境免征出口关税。	1. 货物出境免征出口关税； 2. 货物入仓库应当征收出口关税的，海关按照有关规定征收。

附件2续8

名称 项目	区所外加工贸易、外贸企业	保税港区（综合保税区）	出口加工区	保税区	保税物流园区	保税物流中心（B型）	保税仓库	出口监管仓库
出口（境）税收政策		3. 自2008年2月15日起，对境内区外进入所有海关特殊监管区域用于建区和企业厂房基础建设的，属于取消出口退税或加征出口关税的基建物资（以下简称“基建物资”），入区时不予退税，海关办理登记手续，不征收出口关税。 对区内生产企业在国内采购用于生产出口产品的原材料，进区时不征收出口关税。上述原材料未经实质性加工的，不得转让或销售给区内非生产企业（如保税物流、仓储、贸易等企业）、直接出境或以保税方式出区；如出区销往境内区外的，一律照章征收进口关税和进口环节增值税。 区内非生产企业在境内区外采购进区的上述原材料，不适用上述税收政策。	与保税港区基本相同。	2 区外货物运入保税区视同出口，属于应当征收出口关税的商品，海关按照有关规定征收出口关税。	2. 区外货物运入园区视同出口，由园区企业或者区外发货人（或者其代理人）向园区主管海关办理出口申报手续。属于应当征收出口关税的商品，海关按照有关规定征收出口关税。			

附件2续9

项目 \ 名称		区所外加工贸易、外贸企业	保税港区（综合保税区）	出口加工区	保税区	保税物流园区	保税物流中心（B型）	保税仓库	出口监管仓库
出口退税政策		货物实际离境退税。	境内区外货物入区退税。	与保税港区基本相同。	境内区外货物入区不退税，实际离境退税。	与保税港区基本相同。	国内货物入中心退税。	无	经批准享受入仓即予退税政策的仓库，国内货物入仓库退税；其余未经批准享受入仓即予退税政策的仓库，国内货物入仓库不退税，离境可退税。
申报制度	进出境	报关制。	备案制，但免税、征税货物、通过保税港区直接进出口的货物采取报关制。	与保税港区相同。	与保税港区相同。	与保税港区相同。	报关制	报关制	报关制（出境）
	进出区（所）	加工贸易企业从国内采购的设备、货物不纳入海关管理。	普遍采取报关制。但区内企业从区外购买且区外企业不要求出口退税的少量办公用品、生活消费品、包装物料和基建物资可以采取卡口登记货物方式进出。	与保税港区相同。	与保税港区相同。	与保税港区相同。	报关制	报关制（进口）	报关制

附件2续10

项目		区所外加工贸易、外贸企业	保税港区（综合保税区）	出口加工区	保税区	保税物流园区	保税物流中心（B型）	保税仓库	出口监管仓库
贸易管制	进出境	进出口货物属于配额、许可证件管理商品的，区内企业或者区外收货人应当向海关出具配额、许可证件。	1. 保税港区与境外之间进出的货物，不实行进出口配额、许可证件管理，我国参加或缔结的国际条约、国家法律法规另有规定，涉及国家安全、公共道德、动植物检疫、知识产权和文物保护等限制措施的，按有关规定办理。 2. 对于同一配额、许可证件项下的货物，在进区环节已经验核配额、许可证件的，在出境环节不再要求企业出具配额、许可证件原件。 3. 国家禁止进出口的货物、物品不得进出保税港区。	与保税港区基本相同。	与保税港区基本相同。	与保税港区基本相同。	除法律、行政法规、规章另有规定外，中心与境外之间进出的货物，不实行进出口许可证件管理。	除法律、行政法规、规章另有规定外，仓库与境外之间进出的货物，不实行进出口许可证件管理。	除法律、行政法规、规章另有规定外，仓库内货物出境不实行进出口许可证件管理。

附件2续11

项目 \ 名称		区所外加工贸易、外贸企业	保税港区（综合保税区）	出口加工区	保税区	保税物流园区	保税物流中心（B型）	保税仓库	出口监管仓库
丨	进出区（所）	1. 加工贸易企业申请内销边角料的，免交许可证件。 2. 加工贸易企业申请内销残次品的，根据其对应的进口料件价值：料件金额占该加工贸易合同项下实际进口料件总额3%以内（含3%），且总值在人民币1万元以下（含1万元）的，免予提交许可证件。 料件金额占该加工贸易合同项下实际进口料件总额3%以上或者总值在人民币1万元以上的，属于进口许可证件管理的，还须提交有关进口许可证件。	1. 保税港区与区外之间进出的货物，属于配额、许可证件管理商品的，区内企业或者区外收货人应当向海关出具配额、许可证件。 2. 对于同一配额、许可证件项下的货物，在进境环节已经验核配额、许可证件的，在出区环节不再要求企业出具配额、许可证件原件。 3. 区内企业在加工生产过程中产生的边角料、废品，以及加工生产、储存、运输等过程中产生的包装物料，属于进口配额、许可证件管理商品的，免领进口配额、许可证件。属于列入《禁止进口废物目录》的废物以及其他危险废物需出区进行处置的，凭保税港区行政管理机构以及所在地的市级环保部门批件等材料，向海关办理出区手续。	与保税港区基本相同。	与保税港区基本相同。	与保税港区基本相同。	货物进出中心应当向海关出具有效的进出口许可证件。	货物出仓库应当向海关出具有效的进口许可证件。	货物进仓库应当向海关出具有效的出口许可证件。

附件 2 续 12

项目 \ 名称		区所外加工贸易、外贸企业	保税港区（综合保税区）	出口加工区	保税区	保税物流园区	保税物流中心（B型）	保税仓库	出口监管仓库
	进出区（所）	1. 加工贸易企业申请内销副产品的，如属进口许可证件管理的，还须提交有关进口许可证件。 2. 加工贸易企业申请内销副产品的，按照副产品的报验状态归类后的适用税率和审定的价格，计征税款和缓税利息，如属进口许可证件管理的，还须提交有关进口许可证件。	4. 区内企业在加工生产过程中产生的残次品、副产品出区内销的，属于进口配额、许可证件管理的，企业应当向海关出具进口配额、许可证件。						

附件2续13

名称 项目	区所外加工贸易、外贸企业	保税港区（综合保税区）	出口加工区	保税区	保税物流园区	保税物流中心（B型）	保税仓库	出口监管仓库
外汇管理政策	区（所）外企业在购汇等方面较区内企业更为方便，其外汇政策与区内企业基本相同，仅在以下两点有所区别： 1. 区外企业与境外之间的进出境贸易项下的外汇收支，需向外汇局办理收付汇的核销手续。 2. 货物流与资金流不一致的付汇，区外企业无法进行。	1. 账户设立 区内企业可开设经常项目外汇账户及资本项目外汇专用账户。外汇账户的收支范围、使用期限由外汇管理局核定，经常项目外汇账户限额无须核定。 区内企业关闭外汇账户后，其外汇账户余额可转入经批准新开立的外汇账户。终止经营的，可按有关规定清算。 2. 外汇收付结算方式 保税港区与境外之间的一切经济往来，必须以外币计价结算，不得以人民币计价结算。 贸易项下进出保税港区的免税、保税货物，以外币计价结算，其他物品进出保税港区可以以外币计价结算，也可以以人民币计价结算。 区内企业之间，可以以外币计价结算，也可以以人民币计价结算。	与保税港区基本相同。	与保税港区基本相同。	与保税港区基本相同。	与保税港区基本相同。	与区（所）外企业基本相同。	与区（所）外企业基本相同。

附件2续14

名称 项目	区所外加工贸易、外贸企业	保税港区（综合保税区）	出口加工区	保税区	保税物流园区	保税物流中心（B型）	保税仓库	出口监管仓库
外汇管理政策		3. 收付汇不核销 区内企业与境外之间的进出境贸易项下的外汇收支，无需向外汇局办理收付汇的核销手续，外汇凭相关单证从银行支付。货物在保税港港区内外进出引起的外汇收付，由区外企业向外汇局办理进出口收付汇核销手续。 区内企业与境外所有经济交易，需办理国际收支统计申报手续。 4. 宽松的购汇 区内企业可有条件购汇，允许区内人民币资金注册企业，以不超过其注册资本总额中实际到位的人民币部分购汇。允许区内货物分拨企业以不超过其年度进口货物总额部分购汇。允许区内加工企业以不超过经批准的内销产品总额购汇。	与保税港区基本相同。	与保税港区基本相同。	与保税港区基本相同。	与保税港区基本相同。	与区（所）外企业基本相同。	与区（所）外企业基本相同。

附件2续15

项目＼名称	区所外加工贸易、外贸企业	保税港区（综合保税区）	出口加工区	保税区	保税物流园区	保税物流中心（B型）	保税仓库	出口监管仓库
外汇管理政策		对货物流与资金流不一致的付汇，允许区内企业凭相关凭证向境外企业购付汇。 5. 利润、利息、红利可汇出境外 允许区内企业外方投资者的利润、股息、红利购汇汇出境外，自有外汇不足支付的，可按有关规定向银行购汇支付。	与保税港区基本相同。	与保税港区基本相同。	与保税港区基本相同。	与保税港区基本相同。	与区（所）外企业基本相同。	与区（所）外企业基本相同。
国税政策	1. 区（所）外企业有出口退税资格。 2. 区（所）外企业有一般纳税人资格，可以开具增值税专用发票。	1. 区内企业没有出口退税资格。 2. 区内企业没有一般纳税人资格，不得开具增值税专用发票。	与保税港区基本相同。	保税区企业有出口退税资格和一般纳税人资格。	与保税港区基本相同。	与保税港区基本相同。	与区（所）外企业基本相同。	与区（所）外企业基本相同。

附件2续16

名称 项目	区所外加工贸易、外贸企业	保税港区 （综合保税区）	出口加工区	保税区	保税物流园区	保税物流中心（B型）	保税仓库	出口监管仓库
检验检疫政策	区外检验检疫政策与区内基本相同，且由于只实行进出境管理，手续上较区内更为简便。	1. 转口货物实施检验检疫简易程序 经保税港区中转、转口至境外的应检物，在保税港区短暂仓储，原包装转口出境并且包装密封状况良好，无破损、撒漏的，入境时只需实施外包装检疫，必要时进行防疫消毒处理。出境时一般不实施内容物的检疫。 转口应检物出境时，除有法律法规以及输入国家或地区的特殊要求外，一般不再实施检疫和检疫处理。 2. 国内入区货物检验检疫简化程序 国内货物进入保税港区视同出口，凭属地检验检疫机构验讫的证明向区内检验检疫机构办理查验、换证和通关手续。	与保税港区基本相同。	与保税港区基本相同。	与保税港区基本相同。	与保税港区基本相同。	与区（所）外企业基本相同。	与区（所）外企业基本相同。

附件2续17

名称 项目	区所外加工贸易、外贸企业	保税港区（综合保税区）	出口加工区	保税区	保税物流园区	保税物流中心（B型）	保税仓库	出口监管仓库
检验检疫政策		3. 国内入区复出区货物免检疫 对入区后又复出区进入国内市场的货物，在检验检疫有效期内免予实施检疫。 4. 境外入区仓储等货物免品质检验 保税港区内企业从境外进入的仓储物流货物以及自用的办公用品、出口加工所需原材料、零部件免予实施品质检验。 5. 保税港区和区内企业的检验检疫 保税港区内企业之间销售、转移进出口应检物，免予实施检验检疫。保税港区内企业加工自用的办公和生活消费用品，免予实施品质检验。 6. 原产地证书签发 保税港区企业加工出口产品，符合有关规定的，可以向检验检疫机构申请普惠制原产地证书或者一般原产地证书、区域性优惠原产地证书、专用原产地证书。	与保税港区基本相同。	与保税港区基本相同。	与保税港区基本相同。	与保税港区基本相同。	与区（所）外企业基本相同。	与区（所）外企业基本相同。

附件2续18

名称 项目	区所外加工贸易、外贸企业	保税港区（综合保税区）	出口加工区	保税区	保税物流园区	保税物流中心（B型）	保税仓库	出口监管仓库
区内货物管理	区外加工贸易企业实行加工贸易银行保证金台账、合同核销制度（联网监管企业除外）和单耗标准管理。	1. 保税港区货物不设存储期限。但存储期限超过2年的，区内企业应当每年向海关备案。因货物性质和实际情况等原因，在保税港区继续存储会影响公共安全、环境卫生或者人体健康的，海关应当责令企业及时办结相关海关手续，将货物运出保税港区。 2. 保税港区内货物可以自由流转。区内企业转让、转移货物的，双方企业应当及时向海关报送转让、转移货物的品名、数量、金额等电子数据信息。 3. 区内企业不实行加工贸易银行保证金台账、合同核销制度和单耗标准管理。	与保税港区基本相同。	与保税港区基本相同。	与保税港区基本相同。	与保税港区基本相同。	保税仓库保税仓储货物存储期限为1年。确有正当理由的，经海关同意可予以延期；除特殊情况外，延期不得超过1年。	出口监管仓库所存货物存储期限为6个月。经主管海关同意可以延期，但延期不得超过6个月。

附件2续19

名称 项目	区所外加工贸易、外贸企业	保税港区（综合保税区）	出口加工区	保税区	保税物流园区	保税物流中心（B型）	保税仓库	出口监管仓库
保税货物流转管理	区外加工贸易企业深加工结转已实现保税货物流转的先行送货，普通车辆运输，事后集中申报的模式。	与其他特殊区域或保税场所间的货物流转普遍采取转关方式操作。	与保税港区基本相同。	与保税港区基本相同。	与保税港区基本相同。	与保税港区基本相同。	与保税港区基本相同。	与保税港区基本相同。
临时进出区业务管理	区外加工贸易企业的减免税设备发往其他企业维修，只需向主管海关报备。更换的零配件不纳入海关管理。 区外加工贸易企业减免税设备不得给其他企业使用。	1. 保税港区内使用的机器、设备、模具和办公用品等海关监管货物，可以比照进境修理货物的有关规定，运往区外进行检测、维修。更换下的原零配件需返区。	1. 区内使用的机器、设备、模具和办公用品等，须运往区外进行维修、测试或检验时，区内企业或管理机构应填写“出口加工区货物运往区外维修查验联系单”，向主管海关提出申请，并经主管海关核准、登记、查验后，方可将机器、设备、模具和办公用品等运往区外维修、测试或检验。	1. 区内加工企业委托非保税区企业或者接受非保税区企业委托进行加工业务，应当事先经海关批准，并符合下列条件： 在区内拥有生产场所，并已经正式开展加工业务；	1. 经园区主管海关批准，园区企业可以在园区综合办公区专用的展示场所举办商品展示活动。展示的货物应当在园区主管海关备案，并接受海关监管。 园区企业在区外其他地方举办商品展示活动的，应当比照海关对暂时进口货物的管理规定办理有关手续。	无	无	无

附件2续20

名称 项目	区所外加工贸易、外贸企业	保税港区（综合保税区）	出口加工区	保税区	保税物流园区	保税物流中心(B型)	保税仓库	出口监管仓库
临时进出区业务管理		2. 区内企业需要将模具、原材料、半成品等运往区外进行加工的，应当在开展外发加工前，凭承揽加工合同或者协议、承揽企业营业执照复印件和区内企业签章确认的承揽企业生产能力状况等材料，向保税港区主管海关办理外发加工手续。委托区外企业加工的期限不得超过6个月，加工完毕后的货物应当按期运回保税港区。 3. 经保税港区主管海关批准，区内企业可以在保税港区综合办公区专用的展示场所举办商品展示活动。展示的货物应当在海关备案，并接受海关监管。	区内企业将模具运往区外维修、测试或检验时，应留存模具所生产产品的样品，以备海关对运回区内的模具进行核查。 运往区外维修、测试或检验的机器、设备、模具和办公用品等，不得用于区外加工生产和使用。	委托非保税区企业的加工业务，主要工序应当在区内进行； 委托非保税区企业加工业务的期限为6个月；有特殊情况需要延长期限的，应当向海关申请展期，展期期限为6个月。在非保税区加工完毕的产品应当运回保税区；需要从非保税区直接出口的，应当向海关办理核销手续；	2. 园区行政管理机构及其经营主体和园区企业使用的机器、设备和办公用品等，需要运往区外进行检测、维修的，应当向园区主管海关提出申请，经园区主管海关核准、登记后可以运往区外。 运往区外检测、维修的机器、设备和办公用品等不得留在区外使用，并自运出之日起60日内运回园区。因特殊情况不能如期运回的，园区行政管理机构及其经营主体和园区企业应当于期满前10日内，以书面形式向园区主管海关申请延期，延长期限不得超过30日。 检测、维修完毕运回园区的机器、设备等应当为原物。有更换新零配件或者附件的，原零配件或者附件应当一并运回园区。	无	无	无

附件2续21

名称 项目	区所外加工贸易、外贸企业	保税港区（综合保税区）	出口加工区	保税区	保税物流园区	保税物流中心（B型）	保税仓库	出口监管仓库
临时进出区业务管理		区内企业在区外其他地方举办商品展示活动的，应当比照海关对暂时进境货物的管理规定办理有关手续。	运往区外维修、测试或检验的机器、设备、模具和办公用品等，应自运出之日起2个月内运回加工区。因特殊情况不能如期运回的，区内企业应于期限届满前7天内，向主管海关说明情况，并申请延期。申请延期以1次为限，延长期限不得超过1个月。	接受非保税区企业委托加工的，由区内加工企业向海关办理委托加工料、件的备案手续，委托加工的料、件及产品应当与区内企业的料、件及产品分别建立账册并分别使用。加工完毕的产品应当运回非保税区企业，并由区内加工企业向海关销案。	对在区外更换的国产零配件或者附件，如需退税，由园区企业或者区外企业提出申请，园区主管海关按照出口货物的有关规定办理，并签发出口货物报关单证明联。	无	无	无

附件2续22

名称 项目	区所外加工贸易、外贸企业	保税港区（综合保税区）	出口加工区	保税区	保税物流园区	保税物流中心(B型)	保税仓库	出口监管仓库
临时进出区业务管理			运往区外维修的机器、设备、模具和办公用品等，运回区内时，要以海关能辨认其为原物或同一规格的新零件、配件或附件为限，但更换新零件、配件或附件的，原零件、配件或附件应一并运回区内。 2. 区内企业在确有需要时，可将有关模具、半成品等运往区外进行加工。经加工区主管海关关长批准，由接受委托的区外企业向加工区主管海关缴纳货物应征关税和进口环节增值税等值保证金或保函后办理出区手续。	2. 区内企业在保税区内举办境外商品和非保税区商品的展示活动，展示的商品应当接受海关监管。		无	无	无

附件2续23

名称 项目	区所外加工贸易、外贸企业	保税港区（综合保税区）	出口加工区	保税区	保税物流园区	保税物流中心（B型）	保税仓库	出口监管仓库
临时进出区业务管理			委托区外企业加工的期限由加工区主管海关参照合同期限核定。货物加工完毕后应按期运回区内。区内企业凭出区时填写的委托区外加工申请书及有关单证，向加工区主管海关办理验放核销手续。加工区主管海关在办理验放核销手续后，应及时退还保证金或保函。 3. 区内企业经主管海关批准，可在区外进行产品的测试、检验和展示活动。测试、检验和展示的产品，应比照海关对暂时进口货物的管理规定办理出区手续。			无	无	无

附件3　新旧《中华人民共和国海关加工贸易货物监管办法》对比表

海关总署令第195号	海关总署令第219号	主要区别
第二条第一款　本办法适用于办理加工贸易货物备案、进出口报关、加工、监管、核销手续。	第二条第一款　本办法适用于办理加工贸易货物手册设立、进出口报关、加工、监管、核销手续。	“备案”修改为“手册设立”
第二条第二款　加工贸易货物的备案、进出口报关、核销，应当采用纸质单证和电子数据的形式。	第二条第二款　加工贸易经营企业、加工企业、承揽者应当按照本办法规定接受海关监管。	增加监管对象并将原内容修改至第九条。“纸质单证”和“电子数据”由“和”调整为“或者”的关系
第三条　用语含义	第三条　本办法所称“加工贸易”是指经营企业进口全部或者部分原辅材料、零部件、元器件、包装物料（以下统称料件），经过加工或者装配后，将制成品复出口的经营活动，包括来料加工和进料加工。	仅保留“加工贸易”概念，其他名词解释调整至第五章附则中第四十二条
第五条　经海关批准，加工贸易项下进口料件实行保税监管的，待加工成品出口后，海关根据核定的实际加工复出口的数量予以核销；对按照规定进口时先行征收税款的，待加工成品出口后，海关根据核定的实际加工复出口的数量退还已征收的税款。加工贸易项下的出口产品属于应当征收出口关税的，海关按照有关规定征收出口关税。	第五条　加工贸易项下进口料件实行保税监管的，加工成品出口后，海关根据核定的实际加工复出口的数量予以核销。加工贸易项下进口料件按照规定在进口时先行征收税款的，加工成品出口后，海关根据核定的实际加工复出口的数量退还已征收的税款。加工贸易项下的出口产品属于应当征收出口关税的，海关按照有关规定征收出口关税。	删除“经海关批准”表述

附件 3 续 1

海关总署令第 195 号	海关总署令第 219 号	主要区别
第六条　海关按照国家规定对加工贸易货物实行担保制度。	第六条　海关按照国家规定对加工贸易货物实行担保制度。未经海关批准，加工贸易货物不得抵押。	将原第六条、第七条内容合并
第七条　未经海关批准，加工贸易货物不得抵押。	第七条　海关对加工贸易实行分类监管，具体管理办法由海关总署另行制定。	第七条为新增内容
第八条　海关根据监管需要，可以对加工贸易企业进行核查，企业应当予以配合。海关核查不得影响企业的正常经营活动。	第八条　海关可以对加工贸易企业进行核查，企业应当予以配合。海关核查不得影响企业的正常经营活动。	删除“海关根据监管需要”表述
第九条第二款　加工贸易企业应当按照规定向海关提交上年度企业生产经营活动的年度报表等资料。		该内容已删除
第二章　加工贸易货物备案	第二章　加工贸易货物手册设立	全章内容中“备案”均修改为“手册设立”
第十三条　经海关审核，单证齐全有效，并且符合本办法第十条至第十二条规定的，海关应当自接受企业备案申请之日起 5 个工作日内予以备案，并核发加工贸易手册。需要办理担保手续的，经营企业按照规定提供担保后，海关核发加工贸易手册。	第十三条　经营企业按照本办法第十一条、第十二条规定，提交齐全、有效的单证材料，申报设立手册的，海关应当自接受企业手册设立申报之日起 5 个工作日内完成加工贸易手册设立手续。需要办理担保手续的，经营企业按照规定提供担保后，海关办理手册设立手续。	“申请“修改为“申报”，“核发”修改为“办理”

附件3续2

海关总署令第195号	海关总署令第219号	主要区别
第十四条	第十六条　加工贸易企业有下列情形之一的，不得办理手册设立手续：（一）进口料件或者出口成品属于国家禁止进出口的；（二）加工产品属于国家禁止在我国境内加工生产的；（三）进口料件不宜实行保税监管的；（四）经营企业或者加工企业属于国家规定不允许开展加工贸易的；（五）经营企业未在规定期限内向海关报核已到期的加工贸易手册，又重新申报设立手册的。	内容调整至第十六条，“无法实行保税监管”改为“不宜实行保税监管”
第十五条第一款　经营企业或者加工企业有下列情形之一的，海关可以在经营企业提供相当于应缴税款金额的保证金或者银行保函后予以备案：（一）涉嫌走私、违规，已经被海关立案侦查，案件尚未审结的；（二）由于管理混乱被海关要求整改，在整改期内的。	第十四条　有下列情形之一的，海关应当在经营企业提供相当于应缴税款金额的保证金或者银行、非银行金融机构保函后办理手册设立手续：（一）涉嫌走私，已经被海关立案侦查，案件尚未审结的；（二）由于管理混乱被海关要求整改，在整改期内的。	删除“加工企业”；添加“非银行金融机构保函”，“可以”修改为“应当”，删除“涉嫌违规”
第十五条第二款　经营企业或者加工企业有下列情形之一的，海关有理由认为其存在较高监管风险，可以比照前款规定办理，并书面告知有关企业：（一）租赁厂房或者设备的；（二）首次开展加工贸易业务的；（三）加工贸易手册延期两次（含两次）以上的；（四）办理异地加工贸易手续的；（五）涉嫌违规，已经被海关立案调查，案件尚未审结的。	第十五条　有下列情形之一的，海关可以要求经营企业在办理手册设立手续时提供相当于应缴税款金额的保证金或者银行、非银行金融机构保函：（一）租赁厂房或者设备的；（二）首次开展加工贸易业务的；（三）加工贸易手册延期两次（含两次）以上的；（四）办理异地加工贸易手续的；（五）涉嫌违规，已经被海关立案调查，案件尚未审结的。	删除“加工企业”，添加“非银行金融机构保函”

附件 3 续 3

海关总署令第 195 号	海关总署令第 219 号	主要区别
第十六条　海关发现经营企业办理加工贸易货物备案手续提交的单证与事实不符的，应当按照下列规定处理：（一）货物尚未进口的，海关注销其备案；（二）货物已进口的，企业可以申请退运，也可以向海关提供相当于应缴税款金额的保证金或者银行保函后继续履行合同。	第十七条　经营企业办理加工贸易货物的手册设立，申报内容、提交单证与事实不符的，海关应当按照下列规定处理：（一）货物尚未进口的，海关注销其手册；（二）货物已进口的，责令企业将货物退运出境。本条第一款第（二）项规定情形下，经营企业可以向海关申请提供相当于应缴税款金额的保证金或者银行、非银行金融机构保函，并且继续履行合同。	“可以”修改为“责令”，添加“非银行金融机构保函”
第十九条　经营企业进口加工贸易货物，可以从境外或者海关特殊监管区域、保税仓库进口，也可以通过深加工结转方式转入。经营企业出口加工贸易货物，可以向境外或者海关特殊监管区域、出口监管仓库出口，也可以通过深加工结转方式转出。	第二十条　经营企业进口加工贸易货物，可以从境外或者海关特殊监管区域、保税监管场所进口，也可以通过深加工结转方式转入。经营企业出口加工贸易货物，可以向境外或者海关特殊监管区域、保税监管场所出口，也可以通过深加工结转方式转出。	将“保税仓库”改为“保税监管场所”

附件3续4

海关总署令第195号	海关总署令第219号	主要区别
第二十二条　经营企业经主管部门批准，可以开展深加工结转业务，并按照海关对加工贸易货物深加工结转的管理规定办理有关手续。	第二十三条　加工贸易企业开展深加工结转的，转入企业、转出企业应当向各自的主管海关申报，办理实际收发货以及报关手续。具体管理规定由海关总署另行制定并公布。有下列情形之一的，加工贸易企业不得办理深加工结转手续：（一）不符合海关监管要求，被海关责令限期整改，在整改期内的；（二）有逾期未报核手册的；（三）由于涉嫌走私已经被海关立案调查，尚未结案的。加工贸易企业未按照海关规定进行收发货的，不得再次办理深加工结转手续。	减少了“经主管部门批准”的要求，增加了企业应当办理收发货手续的要求，增加了不得办理深加工结转手续的几点情形。
第二十三条　经营企业经海关批准可以开展外发加工业务，并按照外发加工的相关管理规定办理。经营企业开展外发加工业务，不得将加工贸易货物转卖给承揽企业。承揽企业不得将加工贸易货物再次外发至其他企业进行加工。	第二十四条第一款　经营企业开展外发加工业务，应当按照外发加工的相关管理规定自外发之日起3个工作日内向海关办理备案手续。经营企业开展外发加工业务，不得将加工贸易货物转卖给承揽者；承揽者不得将加工贸易货物再次外发。	删除“经海关批准”，明确企业办理时限，“承揽企业”改为“承揽者”
第二十四条	第二十四条第二款　经营企业将全部工序外发加工的，应当在办理备案手续的同时向海关提供相当于外发加工货物应缴税款金额的保证金或者银行、非银行金融机构保函。	仅保留“全部工序外发加工”提供保金保函

附件 3 续 5

海关总署令第 195 号	海关总署令第 219 号	主要区别
第二十五条　外发加工的成品、剩余料件以及生产过程中产生的边角料、残次品、副产品等加工贸易货物，经经营企业所在地主管海关批准，可以不运回本企业。	第二十五条　外发加工的成品、剩余料件以及生产过程中产生的边角料、残次品、副产品等加工贸易货物，经营企业向所在地主管海关办理相关手续后，可以不运回本企业。	"经海关批准"改为"企业向海关办理手续"
第二十六条　经营企业和承揽企业应当共同接受海关监管。经营企业应当根据海关要求如实报告外发加工货物的发运、加工、单耗、存储等情况。	第二十六条　海关对加工贸易货物实施监管的，经营企业和承揽者应当予以配合。	明确是对货物监管，"承揽企业"改为"承揽者"
第二十七条第二款　因加工出口产品急需，经海关核准，经营企业可以在保税料件之间、保税料件与非保税料件之间进行串换，但料件串换限于同一企业，并应当遵循同品种、同规格、同数量、不牟利的原则。	第二十七条第二款　经海关核准，经营企业可以在保税料件之间、保税料件与非保税料件之间进行串换，但是被串换的料件应当属于同一企业，并且应当遵循同品种、同规格、同数量、不牟利的原则。	删除"因加工出口产品急需"
第二十九条　经营企业进口料件因质量问题、规格型号与合同不符等原因，需返还原供货商进行退换的，可以直接向口岸海关办理报关手续。已经加工的保税进口料件不得进行退换。	第二十九条　经营企业进口料件由于质量存在瑕疵、规格型号与合同不符等原因，需要返还原供货商进行退换，以及由于加工贸易出口产品售后服务需要而出口未加工保税料件的，可以直接向口岸海关办理报关手续。已经加工的保税进口料件不得进行退换。	新增"加工贸易出口产品售后服务需要而出口未加工保税料件"

附件3续6

海关总署令第195号	海关总署令第219号	主要区别
第三十一条　经营企业报核时应当向海关如实申报进口料件、出口成品、边角料、剩余料件、残次品、副产品以及单耗等情况，并向海关提交加工贸易手册、加工贸易进出口货物专用报关单以及海关要求提交的其他单证。	第三十一条第一款　经营企业报核时应当向海关如实申报进口料件、出口成品、边角料、剩余料件、残次品、副产品以及单耗等情况，并且按照规定提交相关单证。	简化需提交的单证表述
第三十二条　经审核单证齐全有效的，海关受理报核；海关不予受理的，应当书面告知企业原因，企业应当按照规定重新报核。	第三十一条第二款　经营企业按照本条第一款规定向海关报核，单证齐全、有效的，海关应当受理报核。	删除“不予受理”
第三十四条　加工贸易保税进口料件或者成品因故转为内销的，海关凭主管部门准予内销的有效批准文件，对保税进口料件依法征收税款并加征缓税利息；进口料件属于国家对进口有限制性规定的，经营企业还应当向海关提交进口许可证件。	第三十三条　加工贸易保税进口料件或者成品因故转为内销的，海关凭主管部门准予内销的有效批准文件，对保税进口料件依法征收税款并且加征缓税利息，另有规定的除外。进口料件属于国家对进口有限制性规定的，经营企业还应当向海关提交进口许可证件。	增加“另有规定的除外”。
第三十五条第二款　经海关批准，经营企业放弃加工贸易货物的，按照海关对放弃进口货物的管理规定办理，海关凭接受放弃的有关单证核销。		该内容已删除
第四十条　加工贸易货物备案和核销单证自加工贸易手册核销结案之日起留存3年。	第三十九条　加工贸易货物的手册设立和核销单证自加工贸易手册核销结案之日起留存3年。	“备案”修改为“手册设立”

附件 3 续 7

海关总署令第 195 号	海关总署令第 219 号	主要区别
第四十一条第一款　加工贸易企业出现分立、合并、破产的，应当及时向海关报告，并办结海关手续。	第四十条第一款　加工贸易企业出现分立、合并、破产、解散或者其他停止正常生产经营活动情形的，应当及时向海关报告，并且办结海关手续。	增加“解散或者其他停止正常生产经营活动情形”

附件4 《中华人民共和国海关对进料加工保税集团管理办法》修订对比表

修订来源文件:《海关总署关于修改部分规章的决定》(海关总署第218号令)附件1

原内容	现内容	主要区别
第八条　保税集团在为加工出口产品所需进口料、件前,其牵头企业应持凭经贸主管部门颁发的《进料加工批准书》连同合同副本或订货卡片向海关办理合同登记备案手续。海关审核无误后,向其签发海关发放《进料加工登记手册》(以下简称《登记手册》),并在右上角加盖"保税集团货物"戳记。	第八条　保税集团在为加工出口产品所需进口料、件前,其牵头企业应当凭经贸主管部门颁发的《进料加工批准书》连同合同副本或者订货卡片向海关办理手册设立手续,海关发放《进料加工登记手册》(以下简称《登记手册》),并在右上角加盖"保税集团货物"戳记。	"合同登记备案"修改为"手册设立"且无审核要求
第十条　海关对保税集团进口的料、件予以全额保税,集团的牵头企业应按规定向海关交纳监管手续费。进口的料、件应当存入指定的保税仓库,料、件出库加工时,海关按对保税仓库及所存货物的管理办法进行监管。保税进口料、件进入加工环节时,海关按对保税工厂的管理办法进行监管。加工的成品出口,免征出口关税,如属于出口许可证管理商品,还应向海关交验出口货物许可证。	第十条　海关对保税集团进口的料、件予以全额保税,集团的牵头企业应当按照规定向海关办理手续。进口的料、件应当存入指定的保税仓库,料、件出库加工时,海关按照对保税仓库及所存货物的管理办法进行监管。保税进口料、件进入加工环节时,海关按照对保税工厂的管理办法进行监管。加工的成品出口,免征出口关税,如果属于出口许可证管理商品,还应当向海关交验出口货物许可证。	"向海关交纳监管手续费"修改为"向海关办理手续"

附件 4 续 1

原内容	现内容	主要区别
第十四条　保税进口的料、件，应自进口之日起一年内加工成品返销出口。如有特殊情况需要延长期限的，保税集团的牵头企业应向海关提出书面申请，但延期最长不得超过一年。如期满仍未加工成品复出口或转为进口的，由海关按《海关法》有关规定处理。	第十四条　保税进口的料、件，应当自进口之日起一年内加工成品返销出口。如果有特殊情况需要延长期限的，保税集团的牵头企业应当向海关办理延期变更手续，但是延期最长不得超过一年。如果期满仍未加工成品复出口或者转为进口的，由海关按照有关规定依法处理。	"提出书面申请"修改为"办理延期变更手续"

附件5 《中华人民共和国海关关于异地加工贸易的管理办法》修订对比表

修改来源文件：《海关总署关于修改部分规章的决定》（海关总署第218号令）附件2

原内容	现内容	主要区别
第五条　经营单位开展异地加工贸易，须凭其所在地外经贸主管部门核发的《加工贸易业务批准证》和加工企业所在地外经贸主管部门出具的《加工贸易加工企业生产能力证明》，填制《中华人民共和国海关异地加工贸易申请表》（格式见附件1，以下简称《申请表》），向经营单位主管海关提出异地加工申请。	第五条　经营单位开展异地加工贸易，应当凭其所在地外经贸主管部门核发的《加工贸易业务批准证》和加工企业所在地外经贸主管部门出具的《加工贸易加工企业生产能力证明》，填制《中华人民共和国海关异地加工贸易申报表》（格式见附件1，以下简称《申报表》），向经营单位主管海关办理异地加工手续。	《申请表》修改为《申报表》，“合同备案登记”修改为“设立手册”
第六条　经营单位主管海关在核准异地加工手续时，对于办理过异地加工贸易业务的经营单位，须查阅由加工企业主管海关反馈的《中华人民共和国海关异地加工贸易回执》（格式见附件2，以下简称《回执》）。经核实合同执行情况正常的，在《申请表》（一式二联）内批注签章，与《加工贸易业务批准证》、《加工贸易加工企业生产能力证明》一并制作关封，交经营单位凭以向加工企业主管海关办理合同备案登记。	第六条　经营单位主管海关在办理异地加工手续时，对于办理过异地加工贸易业务的经营单位，应当查阅由加工企业主管海关反馈的《中华人民共和国海关异地加工贸易回执》（格式见附件2，以下简称《回执》）。经核实合同执行情况正常的，在《申报表》（一式二联）内批注签章，与《加工贸易业务批准证》、《加工贸易加工企业生产能力证明》一并制作关封，交经营单位凭以向加工企业主管海关办理手册设立手续。	

附件5续1

原内容	现内容	主要区别
第七条　加工企业主管海关凭经营单位提供的《加工贸易业务批准证》、“委托加工合同”、《加工贸易加工企业生产能力证明》、《申请表》及其他有关单证办理合同登记备案。如由加工企业向海关办理合同备案手续的，必须持有经营单位出具的委托书。	第七条　加工企业主管海关凭经营单位提供的《加工贸易业务批准证》、委托加工合同、《加工贸易加工企业生产能力证明》、《申报表》以及其他有关单证办理手册设立手续。由加工企业向海关办理手册设立手续的，应当持有经营单位出具的委托书。	《申请表》修改为《申报表》，“合同备案登记”修改为“设立手册”

附件6 《中华人民共和国海关关于加工贸易边角料、剩余料件、残次品、副产品和受灾保税货物的管理办法》修订对比表

修订来源文件：《海关总署关于修改部分规章的决定》（海关总署第218号令）附件6

原内容	现内容	主要区别
第五条　加工贸易企业申请将剩余料件结转到另一个加工贸易合同使用，限同一经营单位、同一加工厂、同样进口料件和同一加工贸易方式。凡具备条件的，海关按规定核定单耗后，准予企业办理该合同核销及其剩余料件结转手续。剩余料件转入合同已经商务主管部门审批的，由原审批部门按变更方式办理相关手续，如剩余料件的转入量不增加已批合同的进口总量，则免于办理变更手续；转入合同为新建合同的，由商务主管部门按现行加工贸易审批管理规定办理。同一经营单位申请将剩余料件结转到另一加工厂的，应当经主管海关同意并缴纳相当于结转保税料件应缴税款金额的风险担保金；对已实行台帐实转的合同，台帐实转金额不低于结转保税料件应缴税款金额的，经主管海关同意，可以免予缴纳风险担保金。	第五条　加工贸易企业申报将剩余料件结转到另一个加工贸易合同使用，限同一经营企业、同一加工企业、同样进口料件和同一加工贸易方式。凡具备条件的，海关按规定核定单耗后，企业可以办理该合同核销及其剩余料件结转手续。剩余料件转入合同已经商务主管部门审批的，由原审批部门按变更方式办理相关手续，如剩余料件的转入量不增加已批合同的进口总量，则免于办理变更手续；转入合同为新建合同的，由商务主管部门按现行加工贸易审批管理规定办理。加工贸易企业申报剩余料件结转有下列情形之一的，企业缴纳不超过结转保税料件应缴纳税款金额的风险担保金后，海关予以办理：（一）同一经营企业申报将剩余料件结转到另一加工企业的；（二）剩余料件转出金额达到该加工贸易合同项下实际进口料件总额50%及以上的；（三）剩余料件所属加工贸易合同办理两次及两次	增加了剩余料件结转需要缴纳风险担保金的情况

附件6续1

原内容	现内容	主要区别
	以上延期手续的；剩余料件结转涉及不同主管海关的，在双方海关办理相关手续，并由转入地海关收取风险担保金。前款所列须缴纳风险担保金的加工贸易企业有下列情形之一的，免于缴纳风险担保金：（一）适用加工贸易A类管理的；（二）已实行台账实转的合同，台账实转金额不低于结转保税料件应缴税款金额的；（三）原企业发生搬迁、合并、分立、重组、改制、股权变更等法律规定的情形，且现企业继承原企业主要权利义务或者债权债务关系的，剩余料件结转不受同一经营企业、同一加工企业、同一贸易方式限制。	增加了剩余料件结转需要缴纳风险担保金的情况
第八条　加工贸易企业在加工生产过程中产生或者经回收能够提取的副产品，未复出口的，加工贸易企业在向海关备案或者核销时应当如实申报。	第八条　加工贸易企业在加工生产过程中产生或者经回收能够提取的副产品，未复出口的，加工贸易企业在向海关办理手册设立或者核销手续时应当如实申报。	将“海关备案”修改为“手册设立”
第九条　加工贸易受灾保税货物（包括边角料、剩余料件、残次品、副产品）在运输、仓储、加工期间发生灭失、短少、损毁等情事的，加工贸易企业应当及时向主管海关报告，海关可以视情派员核查取证。	第九条　加工贸易受灾保税货物（包括边角料、剩余料件、残次品、副产品）在运输、仓储、加工期间发生灭失、短少、损毁等情事的，加工贸易企业应当及时向主管海关报告，海关可以视情派员核查取证。	将“报请核销”修改为“报核”

附件6续2

原内容	现内容	主要区别
（一）因不可抗力因素造成的加工贸易受灾保税货物，经海关核实，对受灾保税货物灭失或者虽未灭失，但完全失去使用价值且无法再利用的，海关予以免税核销；对受灾保税货物虽失去原使用价值，但可以再利用的，海关按照审定的受灾保税货物价格、其对应进口料件适用的税率计征税款和税款缓税利息后核销。受灾保税货物对应的原进口料件，属于发展改革委、商务部、环保总局及其授权部门进口许可证件管理范围的，免于提交许可证件。企业在规定的核销期内报请核销时，应当提供下列证明材料	（一）因不可抗力因素造成的加工贸易受灾保税货物，经海关核实，对受灾保税货物灭失或者虽未灭失，但是完全失去使用价值且无法再利用的，海关予以免税核销；对受灾保税货物虽失去原使用价值，但是可以再利用的，海关按照审定的受灾保税货物价格、其对应进口料件适用的税率计征税款和税款缓税利息后核销。受灾保税货物对应的原进口料件，属于发展改革委、商务部、环保总局及其授权部门进口许可证件管理范围的，免于提交许可证件。企业在规定的核销期内报核时，应当提供下列证明材料	将“报请核销”修改为“报核”
第十一条　加工贸易企业因故无法内销或者退运而申请放弃边角料、剩余料件、残次品、副产品或者受灾保税货物的，凭企业放弃该批货物的申请和海关受理企业放弃货物的有关单证经海关核实无误后办理核销手续。放弃的货物按照下列情况办理： （一）经海关核定有使用价值的，由主管海关依照《中华人民共和国海关法》第三十条第四款的规定变卖处理； （二）经主管海关核定无使用价值的，由企业自行处理； （三）对按照规定需进行销毁处理的，由企业负责销毁，海关凭有关销毁的证明材料办理核销手续。	第十一条　加工贸易企业因故无法内销或者退运的边角料、剩余料件、残次品、副产品或者受灾保税货物，由加工贸易企业委托具有法定资质的单位进行销毁处置，海关凭相关单证、处置单位出具的接收单据和处置证明等资料办理核销手续。 海关可以派员监督处置，加工贸易企业及有关处置单位应当给予配合。加工贸易企业因处置获得的收入，应当向海关如实申报，海关比照边角料内销征税的管理规定办理征税手续。	明确了对因故无法内销或者退运的边角料、剩余料件、残次品、副产品或者受灾保税货物的处置方法。

书目介绍

乐 贸 系 列

书名	作者	定价	书号	出版时间
外贸操作实务子系列				
1. 外贸全流程攻略——进出口经理跟单手记	温伟雄	33.00 元	978-7-5175-0015-5	2014 年 5 月第 1 版
2. 出口营销实战(第三版)	黄泰山	45.00 元	978-7-80165-932-3	2013 年 1 月第 3 版
3. 外贸实务疑难解惑 220 例	张浩清	38.00 元	978-7-80165-853-1	2012 年 1 月第 1 版
4. 外贸高手客户成交技巧	毅　冰	35.00 元	978-7-80165-841-8	2012 年 1 月第 1 版
5. 外贸纠纷处理实务——案例与技巧	熊志坚	35.00 元	978-7-80165-789-3	2011 年 1 月第 1 版
6. 报检七日通	徐荣才　朱瑾瑜	22.00 元	978-7-80165-715-2	2010 年 8 月第 1 版
7. 实用外贸技巧助你轻松拿订单	王陶(波锅涅)	25.00 元	978-7-80165-724-4	2010 年 4 月第 1 版
8. 外贸业务经理人手册(第 2 版)	陈文培	39.00 元	978-7-80165-671-1	2010 年 1 月第 1 版
9. 外贸会计实务精要	疏　影	28.00 元	978-7-80165-633-9	2009 年 5 月第 1 版
10. 外贸实用工具手册	本书编委会	32.00 元	978-7-80165-558-5	2009 年 1 月第 1 版
11. 外贸实务经验分享 33 例	沱沱网中文站	28.00 元	978-7-80165-560-8	2009 年 1 月第 1 版
12. 外贸实务案例精华 80 篇	刘德标 吴珊红	29.80 元	978-7-80165-561-5	2009 年 1 月第 1 版
13. 快乐外贸七讲	朱芷萱	22.00 元	978-7-80165-373-4	2009 年 1 月第 1 版
14. 危机生存——十位经理人谈金融危机下的经营之道	本书编委会	22.00 元	978-7-80165-586-8	2009 年 1 月第 1 版
15. 外贸七日通(最新修订版)	黄海涛(深海鱿鱼)	22.00 元	978-7-80165-397-0	2008 年 8 月第 3 版
16. 金牌外贸业务员找客户——17 种方法·案例·评析	陈念祥 张思羽	35.00 元	978-7-80165-543-1	2008 年 8 月第 2 版
17. 出口营销策略(《出口营销实战》升级版)	黄泰山　冯斌	35.00 元	978-7-80165-459-5	2008 年 5 月第 1 版
18. 进口实务操作指南——步骤·实例·经验技巧	中国进口网	55.00 元	978-7-80165-493-9	2008 年 5 月第 1 版
出口风险管理子系列				
1. 轻松应对出口法律风险	韩宝庆	39.80 元	978-7-80165-822-7	2011 年 9 月第 1 版
2. 出口风险管理实务(第二版)	冯　斌	48.00 元	978-7-80165-725-1	2010 年 4 月第 2 版
3. 50 种出口风险防范	王新华　陈丹凤	35.00 元	978-7-80165-647-6	2009 年 8 月第 1 版

书名	作者	定价	书号	出版时间
外贸单证操作子系列				
1. 跟单信用证一本通	何源	35.00 元	978-7-80165-849-4	2012 年 1 月第 1 版
2. 信用证审单有问有答 280 例	李一平　徐珺	37.00 元	978-7-80165-761-9	2010 年 8 月第 1 版
3. 外贸单证经理的成长日记	曹顺祥	38.00 元	978-7-80165-716-9	2010 年 3 月第 1 版
4. 外贸单证解惑 280 例	龚玉和　齐朝阳	38.00 元	978-7-80165-638-4	2009 年 7 月第 1 版
5. 信用证 6 小时教程	黄海涛（深海鱿鱼）	25.00 元	978-7-80165-624-7	2009 年 4 月第 2 版
6. 跟单高手教你做跟单	汪　德	32.00 元	978-7-80165-623-0	2009 年 4 月第 1 版
7. 外贸单证处理技巧（第 3 版）	屈　韬	42.00 元	978-7-80165-516-5	2008 年 5 月第 1 版
8. 进出口单证实务案例评析	袁永友　柏望生	33.00 元	978-7-80165-371-8	2006 年 8 月第 1 版
福步外贸高手子系列				
1. 巧用外贸邮件拿订单	刘　裕	45.00 元	978-7-80165-966-8	2013 年 8 月第 1 版
2. 小小开发信　订单滚滚来——外贸开发信写作技巧及实用案例分析	薄如骢	26.00 元	978-7-80165-551-6	2008 年 8 月第 1 版
3. 外贸技巧与邮件实战	刘　云	28.00 元	978-7-80165-536-3	2008 年 7 月第 1 版
国际物流操作子系列				
1. 货代高手教你做货代——优秀货代笔记（第二版）	何银星	33.00 元	978-7-5175-0003-2	2014 年 2 月第 2 版
2. 国际物流操作风险防范——技巧·案例分析	孙家庆	32.00 元	978-7-80165-577-6	2009 年 4 月第 1 版
3. 集装箱运输与海关监管	赵　宏	23.00 元	978-7-80165-559-2	2009 年 1 月第 1 版
通关实务子系列				
1. 外贸企业轻松应对海关估价	熊　斌　赖　芸　王卫宁	35.00 元	978-7-80165-895-1	2012 年 9 月第 1 版
2. 报关实务一本通（第 2 版）	苏州工业园区海关	35.00 元	978-7-80165-889-0	2012 年 8 月第 2 版
3. 如何通过原产地证尽享关税优惠	南京出入境检验检疫局	50.00 元	978-7-80165-614-8	2009 年 4 月第 3 版
4. 海关进出口商品归类基础与训练	温朝柱	36.00 元	978-7-80165-496-0	2009 年 1 月第 1 版
5. 最新报关单填制实用辅导	盛新阳　彭飞	38.00 元	978-7-80165-497-7	2008 年 10 月第 1 版
6. 最新商品归类技巧	赵　宏	38.00 元	978-7-80165-520-2	2008 年 9 月第 1 版

书名	作者	定价	书号	出版时间
彻底搞懂子系列				
1. 彻底搞懂信用证(第二版)	王腾　曹红波	35.00 元	978-7-80165-840-1	2011 年 11 月第 2 版
2. 彻底搞懂中国自由贸易区优惠	刘德标　祖月	34.00 元	978-7-80165-762-6	2010 年 8 月第 1 版
3. 彻底搞懂贸易术语	陈　岩	33.00 元	978-7-80165-719-0	2010 年 2 月第 1 版
4. 彻底搞懂海运航线	唐丽敏	25.00 元	978-7-80165-644-5	2009 年 7 月第 1 版
5. 彻底搞懂提单	张敏　赵通	29.80 元	978-7-80165-602-5	2009 年 6 月第 1 版
6. 彻底搞懂关税	孙金彦	29.00 元	978-7-80165-618-6	2009 年 6 月第 1 版
外贸英语实战子系列				
1. 十天搞定外贸函电	毅　冰	38.00 元	978-7-80165-898-2	2012 年 10 月第 1 版
2. 外贸高手的口语秘籍	李　凤	35.00 元	978-7-80165-838-8	2012 年 2 月第 1 版
3. 外贸英语函电实战	梁金水	25.00 元	978-7-80165-705-3	2010 年 1 月第 1 版
4. 外贸英语口语一本通	刘新法	29.00 元	978-7-80165-537-0	2008 年 8 月第 1 版
5. 英汉物流词汇精析——结合实务操作	应海新	68.00 元	978-7-80165-517-2	2008 年 5 月第 1 版
外贸谈判子系列				
1. 外贸英语谈判实战	王慧　吴旻　张海军　蒋晓杰　仲颖	32.00 元	978-7-80165-767-1	2010 年 9 月第 1 版
2. 外贸谈判策略与技巧	赵立民	26.00 元	978-7-80165-645-2	2009 年 7 月第 1 版
国际商务往来子系列				
国际商务礼仪大讲堂	李嘉珊	26.00 元	978-7-80165-640-7	2009 年 12 月第 1 版
贸易展会子系列				
外贸参展全攻略——如何有效参加 B2B 贸易商展(第二版)	钟景松	33.00 元	978-7-80165-779-4	2010 年 10 月第 2 版
区域市场开发子系列				
中东市场开发实战	刘军　沈一强	28.00 元	978-7-80165-650-6	2009 年 9 月第 1 版
国际结算子系列				
1. 国际结算函电实务	周红军　阎之大	40.00 元	978-7-80165-732-9	2010 年 5 月第 1 版
2. 出口商如何保障安全收汇——L/C、D/P、D/A、O/A 精讲	庄乐梅	85.00 元	978-7-80165-491-5	2008 年 5 月第 1 版

国际贸易金融工具子系列

书名	作者	定价	书号	出版时间
1. 出口信用保险——操作流程与案例	中国出口信用保险公司	35.00 元	978-7-80165-522-6	2008 年 5 月第 1 版
2. 福费廷	周红军	26.00 元	978-7-80165-451-9	2008 年 1 月第 1 版

加工贸易操作子系列

书名	作者	定价	书号	出版时间
1. 加工贸易实务操作与技巧	熊　斌	35.00 元	978-7-80165-809-8	2011 年 4 月第 1 版
2. 加工贸易达人速成——操作案例与技巧	陈秋霞	28.00 元	978-7-80165-891-3	2012 年 7 月第 1 版
3. 加工贸易企业关务作业统筹	熊　斌	29.80 元	978-7-80165-423-6	2009 年 3 月第 1 版

乐税子系列

书名	作者	定价	书号	出版时间
1. 外贸会计账务处理实务——经验·技巧分享	徐玉树	38.00 元	978-7-80165-958-3	2013 年 8 月第 1 版
2. 生产企业免抵退税实务——经验·技巧分享(第二版)	徐玉树	42.00 元	978-7-80165-936-1	2013 年 2 月第 2 版
3. 外贸企业出口退(免)税常见错误解析 **100** 例	周朝勇	49.80 元	978-7-80165-933-0	2013 年 2 月第 1 版
4. 生产企业出口退(免)税常见错误解析 **115** 例	周朝勇	49.80 元	978-7-80165-901-9	2013 年 1 月第 1 版
5. 外汇核销指南	陈文培等	22.00 元	978-7-80165-824-1	2011 年 8 月第 1 版
6. 外贸企业出口退税操作手册	中国出口退税咨询网	42.00 元	978-7-80165-818-0	2011 年 5 月第 1 版
7. 生产企业免抵退税从入门到精通	中国出口退税咨询网	98.00 元	978-7-80165-695-7	2010 年 1 月第 1 版
8. 出口涉税会计实务精要(《外贸会计实务精要》第 2 版)	龙博客工作室	32.00 元	978-7-80165-660-5	2009 年 9 月第 2 版

专业报告子系列

书名	作者	定价	书号	出版时间
1. 国际工程风险管理	张　燎	1980.00 元	978-7-80165-708-4	2010 年 1 月第 1 版
2. 涉外型企业海关事务风险管理报告	《涉外型企业海关事务风险管理报告》研究小组	1980.00 元	978-7-80165-666-7	2009 年 10 月第 1 版

外贸企业管理子系列

书名	作者	定价	书号	出版时间
小企业做大外贸的四项修炼	胡伟锋	26.00 元	978-7-80165-673-5	2010 年 1 月第 1 版

国际贸易金融子系列

书名	作者	定价	书号	出版时间
1. 国际贸易金融服务全程通(第二版)	郭党怀　张丽君　张贝	43.00 元	978-7-80165-864-7	2012 年 1 月第 2 版
2. 国际结算与贸易融资实务	李华根	42.00 元	978-7-80165-847-0	2011 年 12 月第 1 版

书名	作者	定价	书号	出版时间

毅冰谈外贸子系列

书名	作者	定价	书号	出版时间
毅冰私房英语书——七天秀出外贸口语	毅 冰	35.00 元	978-7-80165-965-1	2013 年 9 月第 1 版

“实用型”报关与国际货运专业教材

书名	作者	定价	书号	出版时间
1. 电子口岸实务(第二版)	林青	35.00 元	978-7-5175-0027-8	2014 年 6 月第 2 版
2. 电子口岸实务	杨鹏强 林青	30.00 元	978-7-80165-771-8	2010 年 9 月第 1 版
3. 报检实务(第二版)	孔德民	38.00 元	978-7-80165-999-6	2014 年 3 月第 2 版
4. 进出口商品归类实务(2012 修订版)	林 青	45.00 元	978-7-80165-902-6	2013 年 1 月第 2 版
5 现代关税实务(第 2 版)	李 齐	35.00 元	978-7-80165-862-3	2012 年 1 月第 2 版
6. 国际贸易单证实务(第 2 版)	丁行政	45.00 元	978-7-80165-855-5	2012 年 1 月第 2 版
7. 报关实务(第 3 版)	杨鹏强	45.00 元	978-7-80165-825-8	2011 年 9 月第 3 版
8. 海关概论(第 2 版)	王意家	36.00 元	978-7-80165-805-0	2011 年 4 月第 2 版
9. 国际集装箱班轮运输实务	林益松 郑海棠	43.00 元	978-7-80165-770-1	2010 年 9 月第 1 版
10. 国际货运代理操作实务	杨鹏强	45.00 元	978-7-80165-709-1	2010 年 1 月第 1 版
11. 航空货运代理实务	杨鹏强	37.00 元	978-7-80165-707-7	2010 年 1 月第 1 版
12. 进出口商品归类实务——实训题参考答案	林 青	12.00 元	978-7-80165-692-6	2009 年 12 月第 1 版

待出：

供应链管理实务

“精讲型”国际贸易核心课程教材

书名	作者	定价	书号	出版时间
1. 进出口商品归类实务精讲	倪淑如 倪 波 田运银	48.00 元	978-7-5175-0016-2	2014 年 6 月第 1 版
2. 外贸单证实训精讲	龚玉和 齐朝阳	42.00 元	978-7-80165-937-8	2013 年 4 月第 1 版
3. 外贸英语函电实务精讲	傅龙海	42.00 元	978-7-80165-935-4	2013 年 2 月第 1 版
4. 国际结算实务精讲	庄乐梅 李 菁	49.80 元	978-7-80165-929-3	2013 年 1 月第 1 版
5. 报关实务精讲	孔德民	48.00 元	978-7-80165-886-9	2012 年 6 月第 1 版
6. 国际电子商务实务精讲	冯晓宁	45.00 元	978-7-80165-874-6	2012 年 5 月第 1 版
7. 国际贸易实务精讲(第 5 版)	田运银	45.00 元	978-7-80165-863-0	2012 年 2 月第 5 版
8. 国际贸易单证精讲(第 3 版)	田运银	45.00 元	978-7-80165-852-4	2012 年 1 月第 3 版
9. 国际商务谈判实务精讲	王 慧 唐力忻	26.00 元	978-7-80165-826-5	2011 年 9 月第 1 版
10. 国际贸易操作实训精讲	田运银 胡少甫 史 理 朱东红	49.80 元	978-7-80165-823-4	2011 年 8 月第 1 版

书名	作者	定价	书号	出版时间
11. 国际会展实务精讲	王重和	38.00 元	978-7-80165-807-4	2011 年 5 月第 1 版
12. 国际贸易实务疑难解答	田运银	20.00 元	978-7-80165-718-3	2010 年 9 月第 1 版
13. 集装箱运输系统与操作实务精讲	田聿新　杨永志 汤　玮	38.00 元	978-7-80165-642-1	2009 年 7 月第 1 版
14. 国际货运代理实务精讲	杨占林	39.00 元	978-7-80165-636-0	2009 年 6 月第 1 版
15. 海关法教程(第 2 版)	刘达芳	40.00 元	978-7-80165-605-6	2009 年 3 月第 2 版

待出：

1. 国际贸易规则与惯例实务精讲
2. 国际营销实务精讲
3. 国际投资实务精讲
4. 国际技术贸易实务精讲
5. 国际服务贸易实务

“实用型”国际贸易课程教材

书名	作者	定价	书号	出版时间
1. 外贸跟单实务	罗　艳	48.00 元	978-7-80165-954-5	2013 年 8 月第 1 版
2. 国际贸易实务	丁行政　罗艳	48.00 元	978-7-80165-962-0	2013 年 8 月第 1 版

电子商务大讲堂·外贸培训专用

书名	作者	定价	书号	出版时间
1. 外贸操作实务	本书编委会	30.00 元	978-7-80165-621-6	2009 年 5 月第 1 版
2. 网上外贸 ——如何高效获取订单	本书编委会	30.00 元	978-7-80165-620-9	2009 年 5 月第 1 版
3. 出口营销指南	本书编委会	30.00 元	978-7-80165-619-3	2009 年 5 月第 1 版
4. 外贸实战与技巧	本书编委会	30.00 元	978-7-80165-622-3	2009 年 5 月第 1 版

中小企业财会实务操作系列丛书

书名	作者	定价	书号	出版时间
1. 小企业会计疑难解惑 300 例	刘华　刘方周	39.80 元	978-7-80165-845-6	2012 年 1 月第 1 版
2. 做顶尖成本会计应知应会 150 问	张　胜	38.00 元	978-7-80165-819-7	2011 年 8 月第 1 版
3. 会计实务操作一本通	吴虹雁	35.00 元	978-7-80165-751-0	2010 年 8 月第 1 版

“关务通”品牌图书

关务通·原产地系列

书名	作者	定价	书号	出版时间
1.《原产地实务操作与技巧》	“关务通·原产地系列”编委会	70.00元	978-7-80165-981-1	2013年10月第1版
2.《原产地疑难解惑470例》	“关务通·原产地系列”编委会	70.00元	978-7-80165-983-5	2013年10月第1版
3.《如何从原产地淘金》	“关务通·原产地系列”编委会	90.00元	978-7-80165-982-8	2013年10月第1版

关务通·监管通关系列

书名	作者	定价	书号	出版时间
1.《便捷通关一本通》	“关务通·监管通关系列”编委会	60.00元	978-7-80165-984-2	2013年10月第1版
2.《快速通关自查手册》	“关务通·监管通关系列”编委会	60.00元	978-7-80165-979-8	2013年10月第1版
3.《进出境物品通关攻略》	“关务通·监管通关系列”编委会	60.00元	978-7-80165-978-1	2013年10月第1版
4.《通关典型案例启示录》	“关务通·监管通关系列”编委会	60.00元	978-7-80165-980-4	2013年10月第1版
5.《监管通关政策实用指导手册》	“关务通·监管通关系列”编委会	78.00元	978-7-80165-907-1	2012年10月第1版
6.《通关实务操作与技巧——货物、运输工具篇》	“关务通·监管通关系列”编委会	48.00元	978-7-80165-909-5	2012年10月第1版
7.《通关实务操作与技巧——进出境物品篇》	“关务通·监管通关系列”编委会	26.00元	978-7-80165-905-7	2012年10月第1版
8.《通关疑难解惑720例》	“关务通·监管通关系列”编委会	48.00元	978-7-80165-903-3	2012年10月第1版

关务通·加贸系列

书名	作者	定价	书号	出版时间
1.《<中华人民共和国审定内销保税货物完税价格办法>实用指南》	“关务通·加贸系列”编委会	80.00元	978-7-5175-0012-4	2014年6月第1版
2.《加工贸易及保监管税政策实务》	“关务通·加贸系列”编委会	70.00元	978-7-5175-0013-1	2014年6月第1版
3.《加工贸易典型案例启示录》	“关务通·加贸系列”编委会	60.00元	978-7-5175-0014-8	2014年6月第1版

书名	作者	定价	书号	版次
4.《加工贸易实务操作与技巧》	“关务通 · 加贸系列”编委会	60.00 元	978-7-80165-927-9	2013 年 3 月第 1 版
5.《海关特殊监管区域和保税监管场所实务操作与技巧》	“关务通 · 加贸系列”编委会	60.00 元	978-7-80165-926-2	2013 年 3 月第 1 版
6.《加工贸易疑难解惑 280 例》	“关务通 · 加贸系列”编委会	60.00 元	978-7-80165-928-6	2013 年 3 月第 1 版

关务通 · 稽查系列

书名	作者	定价	书号	版次
《小王在海关稽查的日子——企业如何配合海关稽查》	“关务通 · 稽查系列”编委会	70.00 元	978-7-80165-925-5	2013 年 3 月第 1 版

关务通 · 双语系列

书名	作者	定价	书号	版次
《国际海关新视野》	上海海关	60.00 元	978-7-80165-918-7	2012 年 12 月第 1 版

关务通 · 电子口岸系列

书名	作者	定价	书号	版次
1.《电子口岸实用功能》	“关务通 · 电子口岸系列”编委会	32.00 元	978-7-80165-904-0	2012 年 11 月第 1 版
2.《电子口岸实务操作与技巧——通关篇》	“关务通 · 电子口岸系列”编委会	55.00 元	978-7-80165-906-4	2012 年 11 月第 1 版
3.《电子口岸实务操作与技巧——加贸篇》	“关务通 · 电子口岸系列”编委会	55.00 元	978-7-80165-908-8	2012 年 11 月第 1 版
4.《电子口岸疑难解惑 400 例》	“关务通 · 电子口岸系列”编委会	38.00 元	978-7-80165-910-1	2012 年 11 月第 1 版

关务通 · 教材系列

书名	作者	定价	书号	版次
1.《中国电子口岸实务——QP系统全讲解》	“关务通 · 电子口岸系列”编委会	48.00 元		2014 年 7 月第 1 版

以上图书均可在中国海关出版社网上书店(www. hgcbs. com. cn)、当当网、卓越网、京东网及各地新华书店等处购买。若有其他购书意向,请与本社发行部联系,联系电话:(010)65195616/5127/4221/4238/4246。

若想了解更多书讯,可关注中国海关出版社官方微信平台,微信号:hgbook。